4

伊藤 真
実務法律基礎講座

ITO MAKOTO
JITSUMUHOURITSU
KISOKOUZA

BASiCS ▶▶▶▶▶▶

伊藤 真 監修 伊藤塾 著

国際私法

第4版

弘文堂

シリーズ刊行に際して

　本シリーズは伊藤真の試験対策講座シリーズの姉妹編である。司法試験、司法書士・社会保険労務士・行政書士・弁理士・公務員試験などさまざまな試験を突破して実務に就こうとされている方のために実務法律をわかりやすく解説した。また、企業の法務部や現場において日々、実務法律と格闘しているビジネスパーソンやこれからなろうとしている方、大学の試験対策として実務法律を効率的に学びたい学生のためにも有益であると信じている。

　どのような法律であっても、国民のためのものである以上は、わかりやすくなければならない。また、わかりやすく解説できるはずである。そこで、法律を使って仕事をする実務家の方がみずから実務法律を学習する際に、必要十分なレベルを保ちつつ、わかりやすく学習していけるように、ナビゲーターとして本シリーズ「実務法律基礎講座」を刊行した。本シリーズをきっかけとして新しい実務法律に興味をもっていただけるとうれしい。

　実務の現場はOJT（オン・ザ・ジョブ・トレーニング）による訓練が中心になることが多い。しかし、どんなに貴重な経験を積むことができても、その経験の意味がわからなければ、その経験の価値は半減しよう。実務の現場で起こるさまざまな問題もその理論的な背景が理解できてこそ、更に応用が利く貴重な財産となる。そこで、本書は、実務で起こるさまざまな紛争の理論的解決の糸口となるように、各種法律を使いこなせるようになることを目的としている。将来、自分の力で解決しなければならない紛争に直面したときに、自分の頭で考えることができるように基礎力をつけておくのである。本シリーズの各書はそのために必要な基礎知識を網羅している。実務に就く前に読んでおくなり、通勤途中で読むなりしておくことにより、実務法律の基礎固めができ、法律を使いこなせるようになる。

　法律を使いこなさなければならない実務家はみな忙しい。じっくりと体系書を端から端まで読んでいる時間はないのが普通である。そこで、本シリーズでは基本書、体系書の必要な部分を見つけて読みこなせるように、各種実務法律の全体像を短時間で把握できるように努めた。

　もちろん、本シリーズによる解説はある程度、概説的なものである。しかし、最初に短時間でその法律の全体像をマスターすることは、どのような法律の学習であっても必要なことだと考えている。本シリーズで全体像を学んだ後に、本格的な基本書・体系書で必要な知識の補充をすることにより、本シリーズで学んだ骨格に血肉がつき、より本格的な理解を伴った実務運用が可能となるはずである。

伊藤　真

『国際私法[第4版]』はしがき

　第3版を刊行した2013年からおよそ8年の年月が経過した。この8年間で国際私法をめぐる状況は大きく変化している。また、2022年から予備試験に選択科目が追加されることを受け、国際私法の入門書を手にとる方はますます増加していくと考えられる。そこで、これを機に本書の版を改めることとした。

　今回の改訂では、本格的な体系書への橋渡しの役割を担う入門書として、よりわかりやすく、より取り組みやすくすることに力を注いだ。図表を多く使い、細かすぎる説明は省き、平易な文章に書き改めた。

　また、近年、注目が集まっている論点や最新の重要判例と法改正にも対応させた。たとえば、知的財産をめぐる問題に関して第2章第7節を新設し、2019(平成31)年4月1日施行の「人事訴訟法等の一部を改正する法律」にあわせて第4章第2節の一部を全面的に改訂した。このほか、インコタームズ2020の策定に伴い、第5章第3節を新設してインコタームズとモントリオール条約についても説明を加えている。

　さらに、予備試験や司法試験に対応できるよう、試験において重要と思われる論点に詳しい説明を加えたほか、各条文の趣旨について、色のラインマーカーを引いて強調している。是非、試験対策をする際の一助にしていただきたい。

　本書が、国際私法を学ぼうと考えている学生や受験生、また、実務に携わるビジネスパーソンをはじめ国際私法に興味をもったすべての方々にとって、役立つ1冊となれば幸いである。

　今回の改訂にあたっては、司法試験予備試験合格後、2021年司法試験に合格された岡祐輔さん、厳佳恵さん、平松佳樹さん中心に伊藤塾の誇る優秀なスタッフ、そして、弘文堂のみなさんの協力を得て刊行することができた。また、本シリーズ知的財産法と経済法に引き続き、アマゾンジャパン合同会社にて社内弁護士として勤務されている渡部浩人氏(新63期)および伊藤塾の書籍出版に従前から貢献していただいている長尾浩行氏(59期)には、実務上の観点からさまざまなご意見をいただいた。ここに深くお礼を申し上げる。

　　2022年1月

　　　　　　　　　　　　　　　　　　　　　　　　伊藤　真

『国際私法[第3版]』はしがき

　第2版を刊行した2006年から6年間、国際私法を取り巻く法状況もいくつかの大きな進展があった。それらを受けて、本書も版を改めることとした。

　今回のもっとも大きな改訂部分は、国際裁判管轄である。国際裁判管轄に関する立法が、ついに民事訴訟法及び民事保全法の一部を改正する法律(平成23年法律第36号)により実現され、2012(平成24)年4月1日から施行されることとなった。この法改正に基づき、第4章2節などを大幅に書き改めた。

　また、司法試験における国際取引法分野の出題にも対応するべく、国際取引のなかでも特に重要な国際物品売買に重点をおき、第5章を新設した。そして、学習の便宜を図るべく、巻末に国際物品売買契約に関する国際連合条約の重要な条文をピックアップして新たに追加した。

　ただし本書は、実務の基礎を理解することや、本格的な体系書等への橋渡しを目的とするものであるため、内容はあくまでも概説的なものにとどめている。そのため、細部の論点や、議論が成熟していない論点については詳細を言及することは避けている。今後、学習を進めていくなかで各自フォローしてもらいたい。

　なお、本書の制作においては、平成24年司法試験の合格者で今後の活躍が期待される根元卓哉さんほか伊藤塾の優秀なスタッフ、また弘文堂の編集部の方々にお世話になった。ここに厚くお礼を申し上げる。

　　2012年12月

伊藤　真

『国際私法[第2版]』はしがき

　初版を刊行した2004年は、国際私法の改正・現代化に関する法制審議会の審議が始まったばかりの頃だった。初版でも、可能なかぎりこの審議会で検討されていた立法案を紹介したが、この改正法が今年（2006年）の通常国会で「法の適用に関する通則法」と法律名も変わり6月15日に成立した。そこで、本書もいち早くこれに対応するべく版を改めることとした。

　ただし、数は多くないが、本書の執筆段階ではまだ明らかになっていない論点、方向性がはっきりしていない論点もある。これらの論点については、今後の学界での議論が待たれるところである。今後、学習を進めていくなかで各自フォローしてもらいたい。

　また、本文中で、法例下の議論が維持されるであろうという判断に基づき、法例の解説書を参照文献としてあげている箇所もあるが、これらは「法の適用に関する通則法」の解釈として書かれたものではないことをお断りしておく。

　なお、本書の制作においては、新司法試験の第1回合格者で今後の活躍が期待される松本美樹さんほか伊藤塾の優秀なスタッフ、また弘文堂の北川陽子さんはじめ編集部の方々にお世話になった。ここに厚くお礼を申し上げる。

　2006年11月

伊藤　真

はしがき

1 本書の目的

【1】 実務の基礎として

　本書は、憲法・民法・刑法など基本的な法律をある程度勉強した方が、実務へ向けて国際私法をはじめて勉強する場合の手引書として利用することを目的としている。

　近年、グローバル化の進展に伴い、国際的な紛争が発生することが増えてきている。企業間の取引はもとより、市民の日常的な生活関係においても、なんらかの国際的要素が絡んでくることもある。そのような国際的な関係で紛争が発生した場合に、いかなる国の法律に従って紛争を解決するのか。それを決定するのが国際私法の役割である。国際私法には、これまで学んできた憲法・民法・刑法等の実質法の考え方とはやや異質な考え方をする場合もあり、最初から専門書を読んでも、理解するのに非常に時間がかかる。本書は、国際私法を効率よく理解できるように書かれたものである。

【2】 基本書への橋渡しとして

　本書は、主として実務家を対象としているので、内容的にはあくまでも概説的なものにとどめている。また、記述に際しては判例・実務の到達点を示すにとどまり、学説等理論的な説明は必要な限度にとどめた。読者は、更に本格的な体系書等にあたることにより、国際私法の理解をより深めることができるであろう。その意味では、本書は本格的な体系書・基本書への橋渡しとなりうるものであることを期待している。

2 本書の構成

　本書の構成は、おおむね代表的な体系書・基本書に準じている。そのほうが体系的な理解が得られやすいとの考慮に基づく。すなわち、序章において国際私法の意義、理念について説明した後、第1章でその事件にどこの国の法を適用するかを決定する基本的な手順を解説している。そして、第2章で財産、第3章で家族について、各論的に問題となる事項を解説する。最後に、第4章では国際民事訴訟法と題し、国際的な事件での裁判管轄、手続などについて解説している。

③ 本書の使い方

【1】本文について

　冒頭で述べた本書の目的を実現するため、本書の本文においては、国際私法の全体の構造を理解するために必要なことのみを記した。本書の本文のみを一通り読み、理解することができれば、国際私法の骨格は理解できる。あとは、必要に応じて細かな知識を補充してゆけばよいだろう。また、各論部分である第2章、第3章においては、適宜、設例を設け、具体的なイメージをもてるように配慮した。設例における問題の所在を念頭において本文を読み、余裕があれば実際に設例を解いてみると、より理解が深まるだろう。

　国際私法は、他のこれまで学んできた法律と役割が異なり、根本的に異なる考え方をすることがあり、全体のイメージがつかみにくい。そこで、個別の論点を学習しているときにも、第1章に示した準拠法決定の流れや、目次立てなどを活用して、全体像の喚起を行ってほしい。一見う遠なようにみえるが、これが国際私法のスムーズな理解に役立つことは間違いないであろう。

【2】囲み記事について

　本書では、2つの種類の囲み記事を設けている。

　まず、国際私法においても、他の法律分野と同様に判例がきわめて重要な意義を有していることから、囲み記事で重要判例の判旨を紹介している。囲み記事以外においても、個々の判例にはすべて出典を明記している。

　また、本書は、対立する学説を深く理解することを目的とするものではないため、本文中において細かい学説を紹介することには消極的である。同様に、国際私法の大枠を理解するために必要不可欠とはいえない論点について、全体像の理解を優先して割愛している部分がある。しかしながら、学説の対立や個々の論点の問題意識は、法律論としては興味深い側面があることも否定できない。そこで、国際私法の全体像をつかんだうえで更に発展的な学習をしたい読者のために、やや細かい論点の知識や学説の対立を紹介する「さらに詳しく」と題する囲み記事を設けた。

　一通りの流れを理解したい方は、これらの部分は飛ばして、まず最後まで読みとおすのがよいだろう。概略をおおまかに理解された方は、余力があればこれらの部分も読んでいただきたい。

【3】 章立ての意味

　本書の構成は章立てになっているが、まず最初に序章を読み、次に第1章から第5章までを順に読むのが望ましい。なぜなら、本書の各テーマの順序は、国際私法のオーソドックスな体系に従っているからである。ただ、本書は最初から読まなければ、個々のテーマを理解できないといった、いわゆる「概説書」ではない。序章と第1章の総則を読んだ後は、第2章・第3章のどちらを先に読んでも理解はできるであろうし、第4章・第5章はやや独立した分野であって、いつ読んでも理解はむずかしくない。

【4】 国際私法の特徴・考え方

　国際私法は、憲法・民法・刑法等の実質法とは異なり、それらの法律がそもそも適用されるかどうかを決定する法律である。その意味で、国際私法はこれまで学んできた法律とは次元の異なる法律である。したがって、これまで培ってきた法律に対する感覚からややはずれた部分があり、最初は理解に時間がかかるかもしれない。しかし、国際私法の究極の理念は、序章で詳しく述べるように、その事件に最密接関係地を発見し、その地の法を適用しようという点にある。この視点を忘れずに国際私法の学習を進めていけば、国際私法の全体を理解するのに長い時間は要しないであろう。

　なお、本書の刊行に際して、さまざまな方の助力を得た。現在、一橋大学で教鞭をとっておられる小林秀之先生には、お忙しいなか草稿の段階からご意見を賜り、全体に目をとおしていただいた。本書の制作においては、司法試験に最終合格しこれから法曹としての活躍が期待される久山亜耶子さん、澤山啓伍さん、川合正倫さん、そして出版の最終段階まで関わってもらった鈴木麻子さん、伊藤塾の優秀なスタッフ、また、弘文堂の北川陽子さんはじめ同編集部の方々にお世話になった。これらの方々の甚大なる協力がなければ本書が世にでることはなかった。ここに厚くお礼を申し上げる。

　2004年11月

伊藤　真

★参考文献一覧(略称)

澤木=道垣内　澤木敬郎=道垣内正人・国際私法入門[第8版](有斐閣・2018)

松岡　松岡博・国際関係私法入門[第4版補訂](有斐閣・2021)

溜池　溜池良夫・国際私法講義[第3版](有斐閣・2005)

木棚ほか　木棚照一=松岡博=渡辺惺之・国際私法概論[第5版](有斐閣・2007)

神前　神前禎・解説　法の適用に関する通則法(弘文堂・2006)

櫻田　櫻田嘉章・国際私法〈Sシリーズ〉[第7版](有斐閣・2020)

石黒　石黒一憲・国際私法[第2版](新世社・2007)

ポイント総論　道垣内正人・ポイント国際私法　総論[第2版](有斐閣・2007)

ポイント各論　道垣内正人・ポイント国際私法　各論[第2版](有斐閣・2014)

小林=村上　小林秀之=村上正子・新版　国際民事訴訟法(弘文堂・2020)

見直し(1)　法例研究会編・法例の見直しに関する諸問題(1)──契約・債権譲渡等の
　　　　　準拠法について(商事法務・2003)

見直し(2)　法例研究会編・法例の見直しに関する諸問題(2)──不法行為・物権等の
　　　　　準拠法について(商事法務・2003)

中西ほか　中西康=北澤安紀=横溝大=林貴美・国際私法〈リーガルクエスト〉[第2版]
　　　　　(有斐閣・2018)

久保田　久保田隆・国際取引法講義[第3版](中央経済社・2021)

百選　道垣内正人=中西康編・国際私法判例百選[第3版](有斐閣・2021)

NBL838号　NBL第838号(商事法務・2006)

別冊NBL110号　別冊NBL編集部編・法の適用に関する通則法関係資料と解説(商事
　　　　　法務・2006)

序　章　**国際私法の意義** ……………………001

1. 国際私法とは何か 001
　1　国際私法とは何か 001
　2　国際私法の位置づけ 002
　　【1】国際私法と抵触法
　　【2】国際公法と国際私法
　　【3】実質法と間接法
　　【4】絶対的強行法規
　3　国際私法の必要性 004
2. 国際私法の目的 006
3. 国際私法の基本理念 007
　1　内外法平等 007
　2　最密接関係地法 007
4. 法源 009
　1　国内法 009
　2　国際立法 010

第1章　**国際私法総論** ……………………011

1. 国際私法規定の構造 011
　1　4つのプロセス 011
　　【1】法律関係の性質決定
　　【2】連結点の確定
　　【3】準拠法の特定
　　【4】準拠法の適用
　2　抵触規則 012
2. 法律関係の性質決定 013
　1　法性決定問題の意義 013
　2　法性決定問題の解決 013
　　【1】考え方
　　【2】具体的基準
　　【3】裁判例
　3　先決問題 016
　　【1】先決問題の意義
　　【2】先決問題の解決
　4　適応問題 017
　　【1】適応問題の意義
　　【2】適応問題の解決
3. 連結点の確定 020
　1　総説 020
　　【1】連結点の意義
　　【2】連結政策
　　【3】連結概念の確定
　　【4】連結点の主張・立証
　　【5】連結点の不明

2 属人法　024
　【1】属人法の意義
　【2】国籍主義と住所主義
3 国籍、住所、常居所の確定　025
　【1】総論
　【2】国籍
　【3】住所
　【4】常居所
4 法律回避　029
　【1】法律回避の意義
　【2】法律回避論の検討
　【3】解決のための方法

4. 準拠法の特定　031
1 反致　031
　【1】反致の意義
　【2】反致の種類
　【3】反致の根拠
　【4】日本の国際私法における反致
2 不統一法国法の指定　038
　【1】不統一法国とは
　【2】地域的不統一法国法指定
　【3】人的不統一法国
　【4】時間的不統一法国
3 未承認国法の指定　041
　【1】問題の所在
　【2】判例と学説
　【3】分裂国家の国民の本国法

5. 準拠法の適用　043
1 外国法の扱い　043
　【1】外国法の法的性質
　【2】外国法の主張・立証
　【3】外国法の解釈
　【4】外国法の欠缺・不明
　【5】外国法の適用違背と上告
2 外国法の適用排除──公序　047
　【1】公序則とは何か
　【2】外国法の適用排除の場合
　【3】外国法の適用排除後の適用法規
　【4】判例による公序則の適用

第2章　財産　……………………………………051

1. 国際取引の主体　051
1 はじめに　051
2 自然人　051
　【1】権利能力
　【2】行為能力

　　3　法人　　　060
　　　　【1】総説
　　　　【2】法人の従属法
　　　　【3】外人法
2.　**法律行為**　064
　　1　法律行為の実質　　　　064
　　　　【1】総説
　　　　【2】代理
　　　　【3】条件および期限
　　2　法律行為の方式　　　　068
　　　　【1】総説
　　　　【2】通則法10条1項の規定
　　　　【3】通則法10条2項の規定
　　　　【4】行為地の決定
　　　　【5】行為地法の適用の例外
　　　　【6】設例の検討
3.　**取引活動**　072
　　1　契約準拠法の決定　　　　072
　　　　【1】当事者自治の原則
　　　　【2】準拠法の指定
　　　　【3】明示の指定がない場合
　　　　【4】特徴的給付の理論
　　　　【5】消費者契約の特例
　　　　【6】労働契約の特例
　　2　契約準拠法の適用　　　080
4.　**法定債権**　081
　　1　不法行為　　　　081
　　　　【1】総説
　　　　【2】準拠法の決定
　　　　【3】準拠法決定の特則
　　　　【4】準拠法の適用
　　2　事務管理　　　　087
　　　　【1】総説
　　　　【2】準拠法の決定
　　　　【3】準拠法決定の特則
　　　　【4】準拠法の適用
　　3　不当利得　　　　088
　　　　【1】総説
　　　　【2】準拠法の決定
　　　　【3】準拠法決定の特則
5.　**債権債務関係**　090
　　1　総論　　　090
　　2　債権の移転　　　090
　　　　【1】債権の法律による移転
　　　　【2】設例の検討
　　　　【3】債権譲渡

　　　　【4】債務引受
　　3　債権の対外的効力　　　094
　　　　【1】債権者代位権
　　　　【2】債権者取消権
　　4　債権の消滅　　　096
　　　　【1】総論
　　　　【2】相殺
　　　　【3】消滅時効
　　5　金銭債権　　　097
　　　　【1】貨幣の準拠法
　　　　【2】代用給付権
6.　物権　098
　　1　準拠法　　　098
　　2　目的物の所在地の決定　　　098
　　　　【1】総説
　　　　【2】船舶・航空機・自動車
　　　　【3】移動中または運送中の物
　　3　物権準拠法の適用範囲　　　100
　　　　【1】総論
　　　　【2】物権的請求権
　　　　【3】「登記をすべき権利」
　　4　担保物権　　　101
　　　　【1】総論
　　　　【2】法定担保物権
　　　　【3】約定担保物権
　　5　物権変動と所在地の変更　　　104
　　　　【1】総論
　　　　【2】法律行為による物権変動
　　　　【3】法律行為によらない物権変動
　　　　【4】所在地の変更
　　　　【5】設例の検討
　　6　物権の準拠法と他の準拠法との関係　　　107
　　　　【1】債権の準拠法との関係
　　　　【2】総括準拠法との関係
7.　知的財産　110
　　1　総論　　　110
　　2　知的財産権の帰属　　　111
　　3　知的財産権の侵害　　　113
　　4　設例の検討　　　115

第3章　家　族　……………………………………116

1.　婚姻　116
　　1　問題の所在　　　116
　　2　婚姻の実質的成立要件　　　117
　　　　【1】準拠法の決定
　　　　【2】準拠法の適用

【3】設例の検討
　　3　婚姻の形式的要件(方式)　　120
　　　【1】総説
　　　【2】準拠法の決定
　　　【3】準拠法の適用
　　　【4】設例の検討
　　4　婚姻の身分的効力　　122
　　　【1】準拠法の決定
　　　【2】準拠法の適用
　　5　婚姻の財産的効力(夫婦財産制)　　124
　　　【1】準拠法の決定
　　　【2】準拠法の適用
　　6　婚約・内縁　　127
2. 離婚および別居　128
　　1　問題の所在　　128
　　2　離婚　　128
　　　【1】準拠法の決定
　　　【2】設例の検討
　　3　別居　　134
3. 親子　135
　　1　問題の所在　　135
　　2　嫡出親子関係　　135
　　　【1】嫡出制度
　　　【2】準拠法の決定
　　　【3】準拠法の適用
　　　【4】設例の検討
　　3　非嫡出親子関係　　138
　　　【1】総説
　　　【2】準拠法の決定
　　　【3】準拠法の適用
　　4　準正　　140
　　　【1】総説
　　　【2】準拠法の決定
　　5　養親子関係　　141
　　　【1】養子縁組の実質的成立要件
　　　【2】養子縁組の形式的成立要件
　　　【3】離縁
　　6　親子間の法律関係　　144
　　　【1】総説
　　　【2】準拠法の決定
　　　【3】準拠法の適用
4. 親族関係の方式　147
　　1　単位法律関係の範囲　　147
　　2　準拠法の決定　　147
5. その他の親族関係　148
6. 扶養　149

　　　1　総説　　　149
　　　2　準拠法の決定　　　149
　　　　【1】単位法律関係の範囲
　　　　【2】扶養義務の準拠法に関する法律の規定
　　7. **氏名**　152
　　　1　氏名の変更・取得の問題　　　152
　　　　【1】総説
　　　　【2】身分変動に伴う氏の準拠法の決定
　　　2　戸籍実務の取扱い　　　153
　　8. **相続・遺言**　155
　　　1　相続　　　155
　　　　【1】総説
　　　　【2】準拠法の決定
　　　　【3】準拠法の適用
　　　2　遺言　　　160
　　　　【1】遺言の成立・効力
　　　　【2】遺言の方式

第**4**章　**国 際 民 事 訴 訟 法**　⋯⋯⋯⋯⋯⋯⋯⋯⋯163
　1. **はじめに**　163
　2. **国際裁判管轄**　164
　　　1　はじめに　　　164
　　　2　財産関係事件の国際裁判管轄　　　164
　　　　【1】新立法以前の状況
　　　　【2】新立法の判断枠組み
　　　　【3】主な管轄原因
　　　　【4】特別の事情による訴えの却下（民訴3条の9）
　　　3　人事訴訟事件の国際裁判管轄　　　172
　　　　【1】これまでの議論状況
　　　　【2】新規定における管轄原因
　　　　【3】特別の事情による訴えの却下（人訴3条の5）
　　　4　家事審判事件の国際裁判管轄　　　176
　　　　【1】これまでの議論状況
　　　　【2】新規定における管轄原因
　　　　【3】特別の事情による申立ての却下（家事3条の14）
　3. **訴訟手続**　178
　　　1　当事者能力・訴訟能力　　　178
　　　2　当事者適格　　　179
　　　3　送達・証拠調べ　　　181
　　　　【1】国際司法共助
　　　　【2】民事訴訟法の規定および国際司法共助との関係
　　　4　国際的訴訟競合　　　182
　4. **外国判決の承認・執行**　183
　　　1　はじめに　　　183
　　　2　外国判決の承認・執行の要件　　　183
　　　　【1】外国裁判所の確定判決であること（民訴118条柱書）

　　　　【2】外国裁判所の裁判権が認められること（民訴118条１
　　　　　　号）
　　　　【3】敗訴の被告が公示送達等によらないで訴訟の開始に必
　　　　　　要な呼出し・命令の送達を受けたこと、または、これ
　　　　　　を受けなかったが応訴したこと（民訴118条２号）
　　　　【4】外国判決の内容・訴訟手続が日本の公序に反しないこ
　　　　　　と（民訴118条３号）
　　　　【5】相互の保証があること（民訴118条４号）
　　　3　家事審判事件　　　　　192
　5.　裁判権免除　193
　　　1　はじめに　　　　193
　　　2　民事裁判権法の概略　　　　　194
　6.　国際商事仲裁　195
　7.　国際的な子の奪取　197
　　　1　ハーグ子奪取条約の概要　　　　　　197
　　　2　ハーグ条約国内実施法の概要　　　　　198
　　　3　ハーグ条約国内実施法改正の概要　　　　　199

第5章　　国際取引法 ……………………………………201

　1.　はじめに　201
　2.　ウィーン売買条約　202
　　　1　適用範囲および総則　　　　　202
　　　　【1】適用の要件
　　　　【2】適用範囲
　　　2　契約の成立　　　　203
　　　3　物品の売買　　　　204
　　　　【1】総則
　　　　【2】売主の義務
　　　　【3】買主の義務
　　　　【4】危険の移転、売主および買主の義務に共通する規定
　　　　【5】おわりに
　3.　インコタームズとモントリオール条約　206
　　　1　インコタームズ　　　　206
　　　　【1】意義
　　　　【2】特徴
　　　　【3】内容
　　　2　国際海上物品運送法　　　　　208
　　　　【1】適用範囲
　　　　【2】運送人の責任
　　　3　モントリオール条約　　　　209
　　　　【1】適用範囲
　　　　【2】運送人の責任と裁判管轄地

事項索引　　　　211
判例索引　　　　217

1. 国際私法とは何か

1 国際私法とは何か

　あなたの友人AがB商店で高価なつぼを買い、代金を支払い、1週間後に引き取りに行くことにしていたところ、その日の夜に原因不明の出火によりB商店が全焼し、つぼが焼けて跡形もなくなってしまった。代金を取り戻したい友人Aに相談されたあなたは、まず何を考えるべきだろうか？

　つぼは不特定物で……、所有権の移転時期は……、危険負担は……、等と考えるその前に、まず考えるべきことがあるのではないだろうか。

　はたして、この事件に、日本の民法は適用されるのだろうか？　あなたの友人Aは日本人なのか？　B商店はどこの国にあって、どこの国の法律に基づいて設立された法人なのか？　つぼは一体どの国にあったのか？

　大学の講義や基本書で学んできた民法や商法は、当然にそれが適用されることを前提としてその解釈適用を学ぶものであった。たしかに、日本人同士が日本において売買契約を締結したり、結婚したり、あるいは誤って自動車の運転中に事故を起こしてしまった場合、日本の民法や商法の規定が適用されることに疑いの余地はない。しかし、昨今の国際化した社会においては、このような内国的な事柄だけを考えていたのでは処理できない問題が生じてくる。

　たとえば、日本人が外国で結婚式をあげることもあれば、国内であれ外国であれ、日本人と外国人が婚姻することもある。そのような場合に、婚姻が有効に成立するのか、あるいは、子どもが生まれた場合に母子関係・父子関係はいかなる要件のもとに生じるのか、はたまた、離婚は認められるのか。

　あるいは、日本人が外国を旅行中に交通事故を起こすこともあるし、日本を旅行中の外国人が日本において他人に違法に損害を与える場合もある。このようなときに、不法行為責任が成立するのか。成立するとして、損害賠償額はいかなる基準で決定されるのか。

　さらに、日本と外国との企業間の取引において危険負担はどうなるのか。契約不適

合責任はいかなる要件で生じるのか。

　以上のような、構成要素の少なくともひとつが外国と関わっている法律関係を渉外的法律関係という。このような渉外的法律関係について、当事者がその事件についての訴訟を日本の裁判所に提起した場合、日本の裁判所にその事件を裁く権限があるのか。また、権限があるとして、裁判所は、その渉外的法律関係に適用される法、すなわち準拠法をいかに決定するのか。これが国際私法が解決する問題である。

　すなわち、狭義の国際私法とは、複数の国に関連をもつ生活関係に適用されるべき国家の法律を決定する法規全体をいう。これに日本の裁判所の裁判管轄権を論じる国際民事訴訟法を含めたものが、広義の国際私法といわれる。本書が扱うのはこのような問題である。

2 国際私法の位置づけ

【1】 国際私法と抵触法

　上記の意味の国際私法と同じ意味の言葉として、抵触法という語が用いられることもある。複数の国の法が適用できる場合に、その調整を図って準拠法を定めるという見方もできるからである。本書では、基本的に国際私法という語を用いる。かりに抵触法という語を用いる場合にも、その意味は同じである。

【2】 国際公法と国際私法

　国際私法と対比される言葉として、国際(公)法という語がある。国際(公)法は国家間や国際機関との関係を規律するルールであり、国際私法は準拠法の決定に関するルールであるから、その性質はまったく異なるものといえよう。国際私法は、一国の立法者が自国における、自国の私法あるいは外国の私法の適用に関して定めた法律であって、国際法ではなく、むしろ国内法にあたるのである。

【3】 実質法と間接法

　国際私法は適用される法を指定する法律であって、通常の法の上位にある、いわば「法の法」にあたる。この点を考慮して、国際私法は間接法とよばれ、民法や商法のように当事者間の法律関係を直接規律する実質法と区別される。

【4】 絶対的強行法規

　国際私法によって準拠法が決定されるのはあくまで私法だけである。どの国の刑法が適用されるかが国際私法によって決められることはなく、刑法にはその適用範囲について属地主義を基本とする独自のルールが定められている(刑法第1章)。

　民法や商法には、当事者の格別の合意がない場合に適用される任意法規と、当事者の合意の有無にかかわらず適用される強行法規とが並存している。国際私法によって準拠法が決定された場合、任意法規のみならず通常の強行法規も、法廷地(裁判が行われる地。日本において国際私法を論ずる場合には、通常日本で裁判が行われる場合を想定するので、法廷地は日本であることが多い)の法ではなく、その準拠法の規定が適用されることになる。たとえば、債権譲渡の対抗要件を具備する方法は、日本法上は強行法規として規定されているが、渉外的関係を有する事件については、決定された準拠法に規定されている方法によることになる。

　渉外的関係を有しない法律関係のみを考える際には上記のような任意法規と強行法規の区別を考えれば足りるのであるが、国際的な事案では更に強行法規性の程度を考える必要がでてくる。

　たとえば、利息制限法の適用は国際私法によって回避できるのか。利息制限法が私法であり、単なる強行法規であるとすれば、回避は可能であるように思われる。すなわち、消費貸借契約の契約書に「この契約については A 国法を準拠法とする」(A 国には利息制限法に値するものが存在しないとする)という条項を加えればよいのである。

　しかし、このようなことを許してしまうと、法廷地国の政策目的が達成できなくなってしまい不都合である。そこで、自国で適用しなければならない強い政策目的を有する法規は、国際私法の選択する準拠法にかかわらず適用されると考えるべきである。このような法規は絶対的強行法規とよばれ、準拠法が他国法であるならばその適用が回避される相対的強行法規とは区別されるのである。絶対的強行法規にあたるかどうかは個別の法律・規定ごとに判断されるべきであるが、利息制限法のほか、資産凍結措置などに関する外国為替及び外国貿易法(外為法)、労働者の保護を目的とする労働関連の法律等がこれにあたりうるであろう。また、このような強行法規が、国際私法の選択する準拠法とは別枠で事案に適用されることを、強行法規の特別連結という。

　第1章で後述するように通常の連結では、契約や相続などのいくつかの単位法律関係ごとに、国籍や行為地などの連結点を用いて法域単位で準拠法を定めているのに対し、特別連結においては、強行法規により当該国家がめざす政策の意図を実現するため、例外的に法規自体の適用意思を出発点に法規からのアプローチがとられている。

通則法には、絶対的強行法規の特別連結に関する規定は設けられていない。もっとも、わが国が法廷地である場合、わが国の強行法規については、通則法に明文の規定がなくとも、解釈論として特別連結することは可能であるとの見解が多数説である。なぜなら、わが国が法廷地である場合、わが国の強行法規は、準拠法を選択する通則法の特別法の関係に立つと考えればよいので、特別連結をすることに解釈論上の問題は生じないためである。他方で、同じくわが国が法廷地である場合、わが国でもなく、通則法が指定する準拠法の所属国でもない第三国の強行法規については、上記のような説明は困難であり、特別連結を認める明文規定を有さないわが国では、特別連結は解釈論的には困難であるという見解が多数説である（東京地判平成30年3月26日金融・商事判例1596号17頁〔百選15事件〕）。

たとえば、日本企業とA国企業の契約について、日本の裁判所で争われ、準拠法がB国となっている場合、日本の絶対的強行法規は特別連結が可能であるが、A国の絶対的強行法規は特別連結が困難であるということになるのである。

このように、私法とよばれるもののなかにも、絶対的強行法規・相対的強行法規・任意法規の3種があり、国際私法によって準拠法として選択されるのは相対的強行法規・任意法規のみであり、絶対的強行法規は準拠法を超えて適用されることとなる。

3 国際私法の必要性

将来的に諸国家が統一され、あるいは少なくとも諸国の私法が完全に統一されてしまえば、狭義の国際私法の必要性はなくなってしまうかもしれない。実際、さまざまな場でそのような構想が練られたことはある。日本の現行の手形法、小切手法のもとにもなっている1930年の「為替手形及び約束手形に関し統一法を制定する条約」や1931年の「小切手に関し統一法を制定する条約」はそのような構想に基づいて制定されたものである。しかし、他の分野でこのような統一法を制定することは難航しており、特に家族法のように現実社会と密接に関連する法分野では、統一法の制定はほとんど不可能であろう。また、たとえ手形法、小切手法のように統一法が制定されたとしても、それについて解釈を示す司法機関が各国ごとで異なれば、その統一法は各国で別個の法発展を果たすことになり、結局のところ統一法としての機能を果たしえないことになる。

このように、現代にいたるまで私法が統一される状況はなく、別個の原理からなるさまざまな私法が世界中に並存している。一夫多妻制を認める法制もあるし、離婚を

許さない法制もある。意思表示のみで契約が成立する法制もあれば、契約の成立に書面を必要とする法制もある。

　このような現状のもとでも、常に裁判を行う地の法律を適用すれば、問題は生じないようにも思われる。しかし、これではどこで裁判を行うかによって同一の紛争の解決方法が異なることになってしまい、妥当ではない。また、国際裁判管轄権を厳格に定めることで、一国でしか裁判ができないようにすればよいようにも思えるが、これでは、他国で裁判をすることを強いられる当事者が多くなり、時間・労力・資力の浪費が大きく、泣き寝入りを強いられる場合も考えられる。

　以上のような現状を考えると、国際裁判管轄を適度な幅で考え、法廷地においてその事案に適用すべき適当な法を定める方法で、渉外的法律関係を解決するほかに道はない。そして、ここにこそ国際私法の必要性があるのである。

さらに詳しく
法の抵触の原則にかかわらず/ without regard to principles of conflict of laws
　実務では、国際取引に関する契約書の準拠法条項において、without regard to principles of conflict of laws（法の抵触の原則にかかわらず）という文言が盛り込まれることが多い。当事者の合意により抵触法（日本では「法の適用に関する通則法」）の適用を排除することで、契約の準拠法を一義的に決定するためである。

2. 国際私法の目的

　国際私法の目的は、渉外的法律関係に生じる紛争を円滑に解決することにあり、それによって渉外的法律関係の予測可能性を高めることにある。渉外的法律関係に適用される法律が予測できなければ、国際的な私人活動は制限されかねないからである。また、訴訟が提起される場所によって準拠法が異なり、判決内容が変わってきてしまうのでは、やはり国際的な私人活動は抑制されてしまう。そこで、国際私法学は、同一の渉外的法律関係については、その裁判地がどこであろうと、できるだけ同一の準拠法を適用し、同一の解決がなされるように努力している。このような判決の国際的な調和は、国際私法の究極の理念ではあるが、国際私法が内国法にとどまり、各国が別個にこれを制定している現状においては、これが十分に達成されているとはいいがたい。

　なお、司法試験などの試験においては、通則法の条文の趣旨を的確に理解して表現することが求められているため、本書では、ラインマーカーを引いて法律や条文の趣旨を強調している。いずれも重要なものであるため、しっかりと確認してほしい。

3. 国際私法の基本理念

1 内外法平等

　国際私法は、並存する各国の内国法を前提として、そのなかで、その渉外的法律関係について適用すべき法、すなわち準拠法を選択する。この場合、いずれかの国の法が客観的に優れているという判断ができるのであれば、それを適用するのがもっとも適切なのかもしれない。しかし、価値の多様な現代社会において、そのような客観的な優劣の判断は不可能である。

　そこで、国際私法は、価値中立的な視点に立ち、法廷地法を含め諸国の法を価値的に対等のものとして考える。

　これを内外法平等という。

2 最密接関係地法

　この内外法平等を前提とすると、国際私法は法内容の妥当性を基準に準拠法を決定することはできない。そのかわり、国際私法がめざすのは、当該渉外的法律関係にもっとも密接な関係を有する地の法(略して、最密接関係地法)を適用することである。たとえばこれから述べていくように、物権行為についてはその物の所在地の法を準拠法とするのが原則であるとされる。これは、一般的に考えて、そのような地が当該渉外的法律関係の最密接関係地であると考えられているためなのである。

　このように、国際私法の究極の理念は、当該渉外的法律関係の最密接関係地法を適用するという点にあり、条文の解釈、立法論においてもこの視点が重要である。

　とはいえ、最密接関係地は、事案によっては一義的に定まるものではない。もし、事案ごとにそのつど最密接関係地を探していくと、渉外的法律関係について紛争が生じた場合に予見可能性がなくなり、国際的な私人の活動を抑制してしまうことになって、国際私法の究極的な目的が達成できないかもしれない。

そこで、現在の国際私法では、包括的・類型的にもっとも密接な関係を有する地を定めるという方法をとっている。すなわち、物権行為については一律に物の所在地を、というように当該法律関係の性質に応じて、最密接関係地法を準拠法として指定しているのである。

4. 法源

1 国内法

　現状においては国際私法は各国の国内法として成立している。日本の国際私法の基本法であった「法例」は、1898（明治31）年に制定されて以来、1989（平成元）年の婚姻および親子に関する部分についての一部改正を除き、全面的な見直しはされてこなかった。しかし、その後のわが国を取り巻く社会経済情勢の変化は著しく、交通手段および情報通信技術の発展等に伴って国境を越える人・物・情報の移動が増加し、国際的な取引の内容は複雑多様化し、財産的な法律関係に関する国際的な紛争も増加していった。また、国際私法は、渉外的な法律関係がどの国で問題となっても適用される準拠法は同一であることを理想とし、国際的な法制の調和が特に強く求められる法分野であるが、諸外国の立法動向をみると、ヨーロッパ諸国を中心にしてその近代化の動きが目立った。そこで、日本においても法例の全般的な見直しおよび現代語化の必要性が指摘されるにいたった。

　以上の動きを受けて、法務省は、法例所要の見直しをすることとし、法制審議会に国際私法部会が設けられた。同部会による詳細な検討を経て「国際私法の現代化に関する要綱」が採択され、2006（平成18）年6月15日、衆議院本会議において「法の適用に関する通則法」（以下、「通則法」という）が全会一致で可決され、成立した（平成18年法律第78号）。

　通則法は、法例中の財産法分野の準拠法決定ルールの実質改正およびほかの分野を含むすべての規定の現代用語化を図ったものである。

　国際私法に関する成文規定は、上記通則法のほか、民法（35条、741条、801条）、会社法（817条、818条）、民事訴訟法（33条、108条、118条、184条）、民事執行法（24条）にも存在する。

　以上のように、国際私法に関する成文規定の数は必ずしも多くはない。そこで、国際私法の法源としては、判例法が次に重要であり、その形成もない分野では条理、学説が法源としての価値をもつ場合がある。

2 国際立法

　本章第2節で述べたように、国際私法の目的は、渉外的法律関係に生じる紛争を円滑に解決することにあり、それによって渉外的法律関係の予測可能性を高めることにある。このことから、判決の国際的な調和が国際私法の究極理念であることもすでに述べた。そのためには、国際的な国際私法の統一が必要とされる。なぜなら、どの地で裁判をしようとも、その法廷で準拠法として指定される法律が同じでなければ、判決の国際的な調和は得られないからである。

　国際私法は技術的な性格を有する法規であって、家族法のように現実社会と密接に関係を有するものではないから、その統一が不可能であるとは考えられていない。19世紀後半以来の努力にもかかわらず、全分野を網羅し主要国がほとんど参加するような完全な国際私法統一条約はいまだ制定されていないが、オランダのハーグで開かれるハーグ国際私法会議には主要国が参加し、個別事項ごとに国際私法に関する条約を作成している。ここでは、婚姻、離婚、法人格の否認、扶養、養子縁組等の準拠法に関する条約や、子の奪取、養子縁組における子の保護のための国際協力に関する条約等が作成され、その多くが発効している。日本も「子に対する扶養義務の準拠法に関する条約」や「遺言の方式に関する法律の抵触に関する条約」等7つの条約を批准している。

　そのほか、国際連盟・国際連合のもとでもいくつかの国際私法統一条約が締結され、「外国仲裁判断の承認及び執行に関する条約」や「難民の地位に関する条約」等、日本が批准した条約もある。

序—1　法源

国内法	国際立法
通則法、民法、会社法、民事訴訟法、民事執行法、判例法、条理、学説	遺言の方式に関する法律の抵触に関する条約 民事訴訟手続に関する条約 子に対する扶養義務の準拠法に関する条約 扶養義務の準拠法に関する条約 外国仲裁判断の承認及び執行に関する条約 難民の地位に関する条約　等

1. | 国際私法規定の構造

1 4つのプロセス

　国際私法は、複数の国に関連をもつ渉外的生活関係に適用される法、すなわち準拠法を指定し、適用する法である。この準拠法の指定・適用のプロセスは以下の4つの段階に分けられる。

【1】法律関係の性質決定

　国際私法規定は、婚姻や相続、養子縁組、物権、不法行為等、概括的な法律関係（このような、準拠法を決定する単位となる類型的、包括的な法律関係を単位法律関係という）を単位として、準拠法を指定している。そこで、第1段階として、その事件で問題となっている生活関係がいかなる単位法律関係に該当するかを決定する必要がある。これが法律関係の性質決定といわれる問題であり、第2節で扱う。

【2】連結点の確定

　国際私法規定は、各種の単位法律関係を基準にして準拠法を指定するが、この準拠法の指定は、当事者の国籍、目的物の所在地、行為地等の法律関係のなんらかの要素（単位法律関係を準拠法に連結するための媒介要素を連結点という）を媒介にしてなされる。そこで、第2段階として、法律関係と準拠法を結びつける連結点を確定することが必要になる。第3節ではこの問題について扱う。

【3】準拠法の特定

　通常は、第2段階で連結点が確定されれば準拠法が特定される。しかし、例外的に、第2段階で準拠法国とされた国の国際私法規定を考慮する必要がある場合（反致）や、準拠法国がアメリカのように州によって法律が異なる国である場合（不統一法国法の指定）等には、更に準拠法の特定という、もう1段階の処理が必要になる。第4節ではこの問題について扱う。

【4】準拠法の適用

　最後の段階として、準拠法が適用される。外国法が準拠法として適用される場合には、その内容の確定、内容が不明の場合の処理、更には、外国法の適用の結果が国内の公序良俗に反する場合の処理が問題となる。第5節ではこの問題について扱う。

1-1　準拠法の指定・適用のプロセス

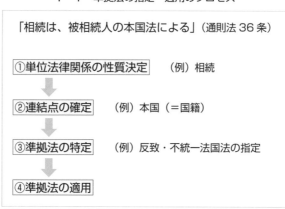

「相続は、被相続人の本国法による」（通則法 36 条）

①単位法律関係の性質決定　　　（例）相続

②連結点の確定　　　（例）本国（＝国籍）

③準拠法の特定　　　（例）反致・不統一法国法の指定

④準拠法の適用

2　抵触規則

　民法や商法は、直接に私人間の法律関係を規律する点で、実質法とよばれる。これに対して、通則法4条以下のような国際私法の規則のことを抵触規則（法選択規則）という。抵触規則は、適用される実質法を、その内容に関係なく指定することによって、渉外的生活関係を間接的に規律するものである。そこで、抵触規則は、間接法または法適用規範ともよばれる。

2. 法律関係の性質決定

1 法性決定問題の意義

　国際私法規定は、ひとまとまりの法律関係(法律行為、物権、不法行為、婚姻、養子縁組、相続など)を単位として準拠法を指定している。このような準拠法決定の単位となる法律関係を単位法律関係という。通則法36条に関していえば、36条は、「相続は、被相続人の本国法による」と規定しており、まず、問題となっている生活関係が「相続」という単位法律関係に該当するかを決定する必要がある。つまり国際私法規定における単位法律概念(単位法律関係の概念。指定概念ともいわれる)が何をさすのかを決定する必要があるということである。

　たとえば、ある外国人が、死亡した夫が日本に残した財産についての権利を主張した場合に、このような妻の権利を通則法36条の相続の問題とみるべきか、通則法26条の夫婦財産制の問題とみるべきかが問題となる。この問題は、この事件がどちらの単位法律関係に該当するかの問題とみることもできるし、通則法26条の「夫婦財産制」や通則法36条の「相続」という単位法律概念の解釈の問題であるとみることもできる。

　このような、対象となる生活関係の性質決定・単位法律概念の内容確定の問題を、法律関係の性質決定の問題、あるいは略して法性決定問題とよぶ。この問題は、適用されるべき国際私法規定を明らかにするために不可欠の段階である。

2 法性決定問題の解決

【1】考え方

　法性決定問題について、従来は、どこか特定の国を選んで、その地の実質法を基準に法性決定すべきとする考え方があったが、現在の判例・通説は、法性決定は特定の国の実質法によるべきではなく、国際私法それ自体の立場において独自になすべきであるとする(国際私法自体説)。

ただ、国際私法自体説は単に法性決定を国際私法独自の観点から行うべきとするだけで、この説に立ったとしても法性決定を具体的にいかなる基準で行うか、という問題は残ることになる〈木棚ほか35頁以下〉。

さらに詳しく

　以下では法性決定問題についての諸説を紹介する。

(1)法廷地(実質)法説

　法性決定問題について、まず、早くから主張されていた伝統的通説は、法律関係の性質決定は法廷地の実質法を基準にするべきであるとする。その理由は、たとえば、民法典にある「債権の譲渡」という文言と、通則法にある「債権の譲渡」という文言などのように、一国の法体系のなかで用いられている同一語句は同一に解釈すべきであるとする点にある。

　しかし、国際私法は、原則として内外法を平等なものとみているのであるから、法廷地法を優先することは国際私法の精神に反する。さらに、法廷地法によるのでは国内法には規定がない法制度(たとえば、フィリピンで認められている「別居」の制度は日本法にはない)の法性決定は困難になり、渉外的法律関係を規律する国際私法の役割が果たせないことになってしまう。

(2)準拠法説

　次に主張されたのが、国際私法がその法律関係の準拠法として指定した実質法によって法性決定をなすべきであるとする見解である。これにより、準拠法として指定された実質法の精神を正しく適用することになると主張するのである。

　しかし、この説は理論的に循環論法に陥ると批判されている。すなわち、準拠法を決定するために法性決定が必要であるのに、この見解では、法性決定をする前提として準拠法が決定されていることを想定しているのである。

(3)国際私法自体説(国際私法独自説)

　上記2つの説が特定の国の実質法を基準に法性決定をしようとしているのに対して、国際私法自体説は、法性決定は特定の国の実質法によるべきではなく、国際私法それ自体の立場において独自になすべきであるとする。

　国際私法は、一国の国内法規のかたちをとっているとはいえ、実質法とは異なる独自の目的、機能を有する法律であることからすれば、その規定の解釈も国際私法独自の観点から行う必要がある。したがって、この説が妥当であり、わが国の判例・通説である。

【2】具体的基準

　国際私法自体説に立ったうえで、法性決定の具体的基準については、大きく分けて2つの見解がある。

　第1に、諸国の実質法の比較研究により共通の法律概念を導き出して、それにより法性決定をすべきとする見解がある(比較法説)。この説によれば、諸国の国際私法が共通の概念によって判断されることになるので、国際私法の統一が図られることになる。

しかし、はたしてすべての法制度について常にこのような共通概念が存在するのか、という点に根本的な疑問がある。また、少なくとも現在の比較法学の現状では、この説によって現実的に問題を解決することはできないとされている。

そこで、第2に、法性決定の問題は関連する抵触規定のなかでどのような事項にその規定を適用するかという適用範囲の画定の問題であり、各規定の趣旨・目的を基準としてその適用範囲を画定することにより解決すべきとする見解がある(抵触規則目的説)。

この見解は、比較法説と比べて実行可能で実際的な考え方であるが、その規定の趣旨・目的をどう考えるかという点に主観的判断が入り、客観性が担保できないという批判もある〈櫻田78頁以下〉。

以上のように、どちらの説にも長所・短所があり、すべての事例において妥当する一般的な解決方法は存在しないように思われるというのが現状である。いずれにせよ、法性決定の具体的解決は各論において個別に検討する。

【3】 裁判例
法性決定について問題となった裁判例としては、以下のものがある。

★重要判例(東京地判平成2年11月28日判時1384号71頁)
「離婚の際の親権の帰属については、法例〔通則法〕は、離婚の準拠法(16条〔通則法27条〕、14条〔通則法25条〕)と親子関係の準拠法(21条〔通則法32条〕)のいずれによるべきかにつき、明言していないが、離婚の際の親権の帰属問題は、子の福祉を基準にして判断すべき問題であるから、法例21条〔通則法32条〕の対象とされている親権の帰属・行使、親権の内容等とその判断基準を同じくするというべきである」として、法例21条〔通則法32条〕を適用した。
【争点】 離婚の際の親権の帰属についていかに準拠法を定めるべきか。
【結論】 通則法32条〔親子間の法律関係〕による。

★重要判例(横浜地判平成3年10月31日家月44巻12号105頁)
「離婚に伴う財産分与及び離婚そのものによる慰謝料請求については」、前者について、夫婦財産制の問題として法例15条〔通則法26条〕によるのではなく、後者についても不法行為に基づく損害賠償の問題として法例11条〔通則法17条〕によるのではなく、「いずれも離婚の際における財産的給付の一環を成すものであるから、離婚の効力に関する問題として、……法例16条本文(14条)〔通則法27条本文、25条〕によるべきものと解するのが相当で」ある。
【争点】 離婚に伴う財産分与および離婚そのものによる慰謝料請求についていかに準拠法を定めるべきか。
【結論】 通則法27条〔離婚〕本文(25条を準用)による。

3 先決問題

【1】先決問題の意義

たとえば、ドイツに住所をもつフランス人AがBを養子とする縁組をし、その後養親Aがペルーに帰化した後に死亡したので、Bが養子として日本でAの遺産の相続を主張した場合を考えてみよう。

養子縁組が有効に成立していなければ、AとBの間に相続の法律関係は発生しない。このように、相続という単位法律関係に属する問題に論理的に先立って解決されなければならない独立の単位法律関係（上記例では養子縁組の成立）が存在する場合に、この問題を先決問題とよび、後続の問題を本問題という。そして、この先決問題が国際私法上いかなる準拠法により決定されるべきであるかが問題となる。

1—2

【2】先決問題の解決

この問題については、本問題の準拠法をそのまま適用すればよいという見解（本問題準拠法説）、本問題の準拠法所属国の国際私法が指定する準拠法によるべきとする見解（本問題準拠法所属国国際私法説）、先決問題を本問題とは別個独立に考え、法廷地の国際私法によって準拠法を定めるべきとする見解（法廷地国際私法説＝先決問題否定説）、後2説の折衷説が主張されている。

このなかで多数説は法廷地国際私法説であり、最高裁も、一般論として明確に法廷地国際私法説を採用している（後出重要判例、最判平成12年1月27日）。この見解によれば、養子縁組の準拠法は、相続の先決問題として問題となる場合でも、そうでない場合でも、縁組当時の養親の本国法によるとする通則法31条［養子縁組］1項によって決定されることになる。このことは、先決問題という問題自体を否定するのに等しい

〈溜池228頁以下〉。

　法廷地国際私法説は、国際私法は、問題となっている生活関係を単位法律関係に分解してそれぞれについて準拠法を定めるという構造を有しているため、先決問題も、本問題とは別個独立に考えて、法廷地の国際私法によって定まる準拠法によって解決すべきと主張する。

　先の例では、法廷地は日本であるから、養子縁組の有効性は縁組当時の養親の本国法によるとする通則法31条１項に従い、フランス法によることになる。

1―3　法廷地国際私法説＝先決問題否定説

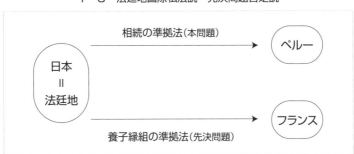

★**重要判例**（最判平成12年１月27日民集54巻１号１頁〔百選２事件〕）
　相続の前提として親子関係の成立が問題となった事件において、本判決は、「渉外的な法律関係において、ある１つの法律問題（本問題）を解決するためにまず決めなければならない不可欠の前提問題があり、その前提問題が国際私法上本問題とは別個の法律関係を構成している場合、その前提問題は、本問題の準拠法によるのでも、本問題の準拠法が所属する国の国際私法が指定する準拠法によるのでもなく、法廷地である我が国の国際私法により定まる準拠法によって解決すべきである。」とした。
【争点】先決問題についていかに準拠法を定めるべきか。
【結論】法廷地であるわが国の国際私法による。

4　適応問題

【1】適応問題の意義

　未成年の女性が親の同意を得て結婚した場合、その女性の夫との婚姻の効力の問題は通則法25条〔婚姻の効力〕により、その両親との関係は通則法32条〔親子間の法律関係〕により定まることになる。ここで、通則法25条ではA国法が指定され、A国法では未

成年で婚姻した女性の配偶者には、その女性に対する同居請求権を認めているとする。同時に、通則法32条ではB国法が指定され、B国法では未成年で婚姻した女性の親には、その女性に対する親権に基づく居所指定権を認めているとする。この場合、この女性に対して配偶者の同居請求権と親の居所指定権が併存することになるが、配偶者と親の意向が一致しなかった場合、彼女の身体は1つしかないのに、2つの場所に居住しなくてはならないという矛盾が生じる。

　このように、国際私法はそれぞれの単位法律関係ごとに異なる国の実質法を準拠法として指定するという構造をとっているため、1つの問題が国際私法上複数の単位法律関係としての側面をもち、そのために複数の準拠法を適用する必要があるときには、その準拠法相互間の矛盾・不調和が生じうることになる。そこで、この矛盾・不調和をいかにして解決すべきかが問題となるのである。このように複数の準拠法の間に矛盾が生じることを一般に適応問題または調整問題とよぶ。

1－4　適応問題

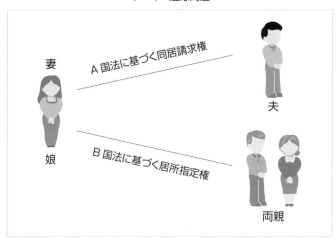

【2】 適応問題の解決

⑴抵触法レベルの解決

　まず、抵触法の解釈によって、単位法律関係の設定の段階で同一の準拠法が適用されるようにすることにより、そもそも適応問題が生じないようにして解決を図る方法がある。

　先の例では、夫婦間における利益を親子関係における利益より重要なものとみて、通則法32条を解釈するにあたって、通則法32条の「親子間の法律関係」に含まれる親

の居所指定権は、未婚の子に対するものだけであると解釈することにより、配偶者の同居請求権のみが認められるようにすることで問題を解決するのである。

(2)準拠法レベルの解決

しかし、国際私法がそれぞれの単位法律関係ごとに、異なる国の法秩序に属する実質法を準拠法として指定するというモザイク的構造をもっている以上、適応問題を完全に回避することはできない。そこで、次の処理として、適用される複数の準拠法のうち、いずれかの解釈を工夫することによって問題を解決する方法がある。

先の例では、親子間の法律関係についての準拠法を以下のように解釈すれば問題が解決できる。すなわち、親の居所指定権は、その対象となる子に配偶者がいても、配偶者の同居請求権に服さないことを前提としており、配偶者の同居請求権について別の法律が適用されてその前提が崩れる場合には、親は居所指定権を行使できない、という解釈をするのである。

また、たとえばアメリカ人が日本人を普通養子にする場合には、アメリカ法上の養子決定という手続が必要とされているが、この手続は法廷地たる日本の手続法にはない。このような準拠外国法と法廷地手続法との間の適応問題については、一般に手続法は実体法の実現のためにあるので、可能なかぎり法廷地手続法を修正して問題解決を図るべきであるとされている。したがって、先の場合には、日本の家庭裁判所の養子縁組許可の審判の手続を、アメリカ法上の養子決定の趣旨に沿うように修正することで、日本の家庭裁判所の許可審判の手続をもってアメリカ法上の養子決定があったものとみなすのである。

(3)まとめ

適応問題は、準拠法適用の際に個別具体的に検討されるべき問題であって、この解決について一般化するのは困難であり、個別具体的な利益衡量によるしかない。ただ、準拠法の内容をあまりに修正し、その国では通常解釈されていないような解釈をしたり、条理上の規定をつくったりすると、その判決の執行にあたって、その解釈や条理上の規定がその国では受け入れられず、判決の実効性が失われるおそれがある。そこで、原則としては可能なかぎり(1)の方法、すなわち抵触法の解釈によって問題を解決すべきであり、それが不可能、あるいは、適当でない場合に(2)の準拠法レベルでの解決を図るべきであるとされる〈木棚ほか82頁以下〉。

3. | 連結点の確定

1 総説

【1】連結点の意義

　国際私法は各単位法律関係の構成要素のうち、もっとも重要と思われる要素を取り出し、それを媒介として準拠法を定めている。ここで、準拠法決定のための媒介として選ばれた要素を連結点または連結素とよぶ。たとえば、「相続は、被相続人の本国法による」と規定する通則法36条は、「相続」という単位法律関係について「被相続人の本国」という連結点を媒介として準拠法を定めているのである。

　個々の単位法律関係について何を連結点として選ぶべきかという問題は、各法律関係の類型ごとに検討されるべき問題であり、各論で論じる。ここでは、連結点一般に関する問題を検討する。

【2】連結政策

⑴各種の連結方法

　上記の通則法36条のように、1つの単位法律関係に1つの連結点しか定めていない場合には、あまり問題は生じない。しかし、どの国の法律が最密接関係地法といえるかを判断するにあたっては多様な価値基準がありうるので、1つの単位法律関係が、複数の準拠法に連結されたり、準拠法に連結される過程で別の準拠法が考慮されたりする場合などもある。以下、このような連結方法を概観する。

⒜累積的連結

　まず、1つの単位法律関係に複数の連結点が定められ、各々の連結点によって定まる準拠法が同時に適用される場合がある。たとえば、不法行為は、原則的な準拠法上は不法な場合であって、日本法上も不法である場合にのみ成立が認められる（通則法17条、22条）。このように、複数の連結点によって定まった複数の準拠法のすべての要件がみたされる場合にその法律関係の成立を認める連結方法を累積的連結という。

⒝ **配分的連結**

　他方、たとえば、通則法24条1項は、「婚姻の成立は、各当事者につき、その本国法による」と規定している。すなわち、婚姻を有効に成立させる要件について、夫となる者についての要件はその夫となる者の本国法により決定し、妻となる者についての要件はその妻となる者の本国法により決定するのである。このように、1つの単位法律関係が、2つの準拠法に配分的ないし結合的に連結される場合を配分的連結という。

⒞ **選択的連結**

　また、通則法28条1項は、「夫婦の一方の本国法で子の出生の当時におけるものにより子が嫡出となるべきときは、その子は、嫡出である子とする」と規定している。すなわち、子の嫡出性はなるべく認められるほうがよいという価値判断から、子の出生当時の父の本国法か母の本国法のどちらかにより嫡出親子関係の成立が認められれば、法廷地たる日本においても嫡出親子関係が有効に成立したものと認められるのである。このように、連結すべき準拠法を複数あげ、いずれかにより要件がみたされる場合にその法律関係の成立を認める連結方法を選択的連結、または択一的連結とよぶ。

⒟ **任意的連結**

　選択的連結と似ているが異なる連結方法として、任意的連結とよばれるものがある。これは、ある法律関係の成立および効力について、連結すべき準拠法を当事者の任意の選択により決定することを認める連結方法のことである。たとえば、「法律行為の成立及び効力は、当事者が当該法律行為の当時に選択した地の法による」と規定する通則法7条がこれにあたる。選択的連結では、あげられた準拠法のうち自動的に有利な法律によることが決定されるのに対して、任意的連結では当事者による積極的な準拠法の選択行為が必要とされるのである。

⒠ **段階的連結**

　さらに、ある法律関係について、準拠法を複数かつ段階的にあげ、第1段階の準拠法がないときには、第2段階の準拠法により、それもないときには第3段階の準拠法による、というように、段階的に補充的な準拠法を定める場合がある。たとえば、通則法25条は、第1段階の連結として「婚姻の効力は、夫婦の本国法が同一であるときはその法により」とし、その法律がない場合に「夫婦の常居所地法が同一であるときはその法により」として第2段階の連結を定め、更に「そのいずれの法もないときは夫婦に最も密接な関係がある地の法による」と第3段階の連結を規定する。このような連結方法を段階的連結、補充的連結、または、その提唱者の名前をとって「ゲーゲルのはしご」という。

累積的連結	不法行為（通則法 17、22）、養子縁組（31 I）
配分的連結	婚姻の成立（24 I）
選択的連結	法律行為の方式（10 I、II）、嫡出である子の親子関係の成立（28 I）
任意的連結	法律行為の成立および効力（7）
段階的連結	婚姻の効力（25）

⑵変更主義、不変更主義

　次に、準拠法の決定のためにいつの時点での連結点を用いるか、という時間的な問題がある。たとえば、通則法36条は「相続は、被相続人の本国法による」と規定しているところ、被相続人の国籍が変化している場合には、いつの時点での国籍を「本国」と考えるのか、という問題が生じるのである。

　現行法では、特に規定がおかれていないかぎり、現在、すなわち事実審の口頭弁論終結時の連結点を用いるとされる。このように、裁判においても事実審の口頭弁論終結時までは準拠法が変わることを認める制度を変更主義という。

　たとえば、通則法27条［離婚］は特に規定を設けず、離婚について変更主義を採用しているので、当事者は帰化や移住をすることによって本来適用されるべき準拠法から逃れることができることになる。そのため、この点には立法論的批判もある。

　これに対して、養子縁組の解消について、縁組の当時における養親となるべき者の本国法によることとする通則法31条２項・１項前段は、過去のある時点に連結点がさし示していた法律を準拠法とする不変更主義を採用している。これによって、厳格な要件で成立した特別養子縁組（民817条の２以下）を、ゆるやかな要件で離縁を認める国の法律によって簡単に離縁されることがないようにしたものである。

【3】 連結概念の確定

⑴問題の意義

　連結点が、不動産の所在地や法廷地等のような事実概念である場合には、その内容は明らかであるから特に問題は生じない。これに対して、連結点が行為地や国籍などのような法律概念である場合には、その概念を確定する必要が生じる。

　たとえば、通則法36条は被相続人の国籍を連結点としているので、被相続人がいずれの国の国籍を有していたかを各国の国籍法に照らして判断し、その結果、二重国籍者や無国籍者であるということになると、通則法38条［本国法］１項および２項を適用

して、その本国法を確定していかなければならないのである。

(2)問題の解決

　このような連結概念の確定の問題は、各国際私法規定の解釈・適用の問題であるという点では、法律関係の性質決定と同様の性質をもっているといえる。この点、法性決定は、適用される国際私法規定が確定される前の段階で問題となるのに対して、連結概念の確定の問題は、適用されるべき国際私法規定を確定したうえで、その内容の解釈が問題となる。よって、いずれかの国の実質法により連結概念を確定することも論理的には可能であるといえる。しかし、連結点の確定は、具体的事件の最密接関係地法を選択し、適用するという国際私法の理念を実現する重要な過程である。したがって、この問題も、法廷地の実質法や準拠法ではなく、法廷地の国際私法自体の立場から解決されるべきである〈木棚ほか41頁〉。

【4】連結点の主張・立証

　連結概念の決定がなされた後、その連結点が具体的にどこの国にあるのかを確定するためには、その前提として、事実を確定する必要がある。では、この事実の認定には、当事者の主張・立証が必要か。

　裁判例では、契約準拠法の決定に関する当事者の意思（通則法 7 条[当事者による準拠法の選択]）につき、事実問題として当事者の主張・立証を要するものとしているものがある（大阪地判昭和35年 4 月12日下民11巻 4 号817頁）。

　しかし、多数説は、連結点確定の前提となる事実についても、それは準拠法決定のためのものである以上、国際私法規定の適用プロセスの一部と考え、職権調査・探知の対象とすべきであるとする。

【5】連結点の不明

　具体的事案において、国際私法上規定された連結点がさし示す地が確定できない場合には、その連結点が規定されている趣旨や比較法的な考慮をして、補充的な連結点を決定すべきである。たとえば、本国法を適用すべきとされているが、その当事者の本国がどこであるか審理を尽くしても不明である場合には、常居所（⑶【4】参照）を補充的連結点とすべきである。また、物の所在地が不明である場合には、最後の所在地や所有者の住所を補充的連結点とし、その国の準拠法を適用すべきである。

　なお、前掲大阪地判昭和35年は連結点が不明の場合に請求を棄却したものであり、妥当でないという批判がある〈澤木＝道垣内33頁〉。

2 属人法

【1】属人法の意義

　前述したように、個々の単位法律関係について何を連結点とすべきかについては、各法律関係の類型ごとに検討すべき問題ではあるが、いくつかの単位法律関係を横断的に考察することは講学上有用である。そこで、以下では各論に先立ち、人の身分や能力に関する単位法律関係について横断的に考察するための属人法という概念について説明する。

　国際私法学における伝統的な考え方として、人に関する一定の法律関係についてはその者がどこにいようとも常に同一の法により判断されるべきという見解がある。このときに適用される法を属人法という。

　属人法の意義は、国際私法上の学説の変遷に伴い変化したが、現在の国際私法において属人法とは、連結点を媒介に指定される、人と恒久的な関係に立つ法規の総体を意味する。属人法の具体的適用範囲については各国の法制により異なるが、伝統的に人の身分や能力に関する問題については属人法が適用されるとされてきた。人の身分や能力といった問題に対しては、それと密接な関係をもつとともに常に一定して固定した法律を適用することが妥当だと考えられてきたからである。

【2】国籍主義と住所主義

　それでは、人と恒久的な関係に立つ法規として、具体的にはどの地の法を属人法とすべきか。属人法の決定基準としては、諸国の国際私法上、本国法主義と住所地法主義が対立している。

　本国法主義とは、ある者が国籍を有する国の法をその者の属人法として適用する主義である。属人法決定のための連結点として国籍を基準とすることから、国籍主義ともいわれている。この主義は、1804年のフランス民法ではじめて採用されて以来、広く大陸法系の諸国により採用されており、わが国の国際私法もこの主義を原則としている。

　これに対し、住所地法主義とは、ある者が住所を有する地の法をその者の属人法として適用する主義である。属人法決定のための連結点として住所を基準とすることから、住所主義ともいわれている。この主義は、19世紀初頭にいたるまで属人法の決定の唯一の基準であり、今日でも広く英米法系の諸国で採用されている。

　それでは、両主義のどちらが妥当だろうか。本国法主義の主な論拠としては、一国

の法律はその民族的特性、倫理意識、習慣、風俗、宗教等を考慮してその国の国民のために制定されるものであるため、本国法がその国の国籍保有者ともっとも密接な関係をもつと考えられること、属人法には安定性が要求されることから、住所に比してその変更が容易ではない国籍を基準にすべきこと等があげられる。

　これに対して、住所地法主義の論拠としては、国籍は人と国家を政治的公法的に結びつける概念にすぎないから、私法上の問題に適用される属人法の決定基準としては、人の私的生活関係の中心地である住所のほうが適当であることがあげられる。また、属人法の安定性の点でも、住居概念の決定いかんで、英米法のドミサイル（単なる居住の事実があるだけでなく永住の意思をもって居住する地域を住所とする）のように一定の安定性を確保できる場合があり、必ずしも国籍に劣るとはいえないともいわれる。

　このように、本国法主義と住所地法主義の優劣は一概には決められず、それぞれの歴史的経緯により各国に定着している。そのため、両主義の対立は国際私法統一の最大の障害であるといわれている。ハーグ国際私法会議においても、両主義の統一が試みられたが、成功してこなかった。そこで、同会議は、属人法の基準として常居所という新たな概念をつくりだし、多くの国際私法統一条約でこの第3の連結点を利用することで、両主義の対立を回避しようとしている。

　常居所については、③【4】で論じる〈澤木=道垣内74頁以下〉。

3 国籍、住所、常居所の確定

【1】総論
　個々の単位法律関係で採用されている連結点の確定は、各論でそれぞれ論じるべき問題であるが、連結点としてもっともよく使用されている国籍、住所、常居所については個々の抵触規定に共通する問題として総論で扱う。

【2】国籍
⑴国籍の確定
　国籍とは、人を特定の国家に結びつける法的なつながりであり、特定の国家の構成員としての資格をいう。国籍は、その国の重大な利害に関わる問題であるため、国際法上、国籍の決定は各国独自の権限に委ねられている国内管轄事項であるとされてきた。その結果、国籍の取得、喪失等について各国の法制は統一されていない。実際、国籍の取得や喪失に関する各国の規定は、その国の伝統、人口政策、人権思想、国際

的諸条件等を反映し、かなり大きな相違がある。

　しかも、国際私法上の連結点としての国籍の確定についての支配的な見解は、それを各国の国籍法の定めるところによるとしている。よって、各国の国籍法の内容が異なる以上、それらの間で離齬を生じ、ある者が複数の国籍を有するという国籍の積極的抵触(重国籍)や、まったく国籍を有しないという国籍の消極的抵触(無国籍)が生じる。そこで、国際私法上、国籍の抵触の解決が問題になる。

⑵国籍の積極的抵触(重国籍)

　ある者が複数の国籍を有する場合、すなわち国籍の積極的抵触(重国籍)が生じる場合に、その者の本国法をいかに決すべきか。

　このような重国籍が生じるひとつの原因として、出生による国籍取得の場合に、諸国で血統主義と生地主義という異なる2つの法制が採用されていることがある。

　血統主義とは、子の血統によって国籍を決定する主義であり、この場合、子は父または母の国籍国の国籍を取得することになる。

　これに対して、生地主義とは、子がみずからの生まれた国の国籍を取得する主義である。

　たとえば、A国とB国は父と母両方の国籍を受け継ぐ父母両系血統主義を採用しているのに対し、C国は生地主義を採用しているとする。A国の国籍を有する父との間に、B国の国籍を有する母が、C国で子を出産した場合には、子が三重に国籍を取得するということも起こりうるのである。

　このような重国籍者の本国法の決定については、重複している国籍が日本の国籍を含む内外国籍である場合と、外国国籍ばかりである場合を区別して考えるのが一般的である。

　まず、重国籍者について、日本国籍がそのなかに含まれる場合には、通則法38条[本国法]1項ただし書により、日本の法律を本国法とする旨が規定されており、日本国籍が優先される。これは、日本で問題になる事案では日本法が最密接関係地法であることが多いと考えられることを根拠としている。また、日本国民については、その本国法を容易に決定できるようにという戸籍実務上の必要性に対する配慮もある。

　このような内国国籍優先主義に対しては、内外法の平等や、最密接関係地法を適用すべきという国際私法の建前に反するとの批判もあるが、このような立法は各国の国際私法上広く認められている。

　次に、複数の国籍がすべて外国国籍である場合には、本国法をいかなる基準によって決定すべきかについて見解の対立がある。その判断基準としては国籍取得の前後、住所あるいは常居所の存在、過去の住所や常居所、父母の住所等の存在、血統等があげ

られている。この点に関して、通則法38条1項は複数の国籍国のうち当事者が常居所を有している国の国籍を優先し、そのような国籍がない場合にはそのなかから当事者ともっとも密接な関係を有する国の国籍を優先すると規定している。

⑶国籍の消極的抵触（無国籍）

　無国籍者については国籍を連結点として属人法を決定することができないので、これに代わる連結点が必要になる。この点についても学説が分かれるが、通則法38条2項が「当事者の本国法によるべき場合において、当事者が国籍を有しないときは、その常居所地法による」と規定し、更に通則法39条が「当事者の常居所地法によるべき場合において、その常居所が知れないときは、その居所地法による」と規定して、常居所あるいは居所を連結点として採用しており、明文で解決している。

　ただし、通則法38条2項ただし書により、これらの規定は通則法25条［婚姻の効力］（26条［夫婦財産制］1項、27条［離婚］で準用される場合を含む）、または32条［親子間の法律関係］の段階的連結の場合には適用されず、当事者が無国籍の場合には第二段階あるいは第三段階の連結が適用される。

⑷難民

　難民は無国籍者でないのが通常だが、それまでの本国と事実上の関係を失い、また関係を絶ちたいと望んでいる場合が多いので、国籍によって属人法を決定するのは妥当ではない。そこで、1982年に発効した「難民の地位に関する条約」12条1項は、難民の属人法を住所地法とし、住所がない場合には居所を有する国の法とする旨を規定しており、日本もこの条約に加入している。

⑸同一本国法と共通本国法

　扶養義務の準拠法に関する法律は、扶養義務の準拠法として、当事者の共通本国法によるべき場合を規定している（扶養準拠2条1項ただし書、3条1項）。ここでいう共通本国法とは、当事者が有する国籍のなかに一致するものがあれば、その国の法をさすといわれている。たとえば、日本とアメリカの二重国籍者とドイツとアメリカの二重国籍者の間の共通本国法はアメリカ法ということになる。

　これに対して、通則法25条［婚姻の効力］は「夫婦の本国法が同一であるときは」と規定し、同一本国法ともよぶべき概念を採用している。

　この共通本国法と同一本国法という概念は、以下の点で異なるので注意が必要である。すなわち、共通本国法の決定にあたっては、上記の例のように、まず二当事者に共通の国籍があるかが検討され、それが存在すれば、その国の法律が共通本国法とされる。

　これに対して、同一本国法の決定にあたっては、まず二当事者のそれぞれにつきそ

の本国法が決定され、その本国法が同一であればそれが同一本国法とされる。たとえば、日本と韓国の重国籍者とアメリカと韓国の重国籍者については、前者について通則法38条1項ただし書により日本国籍がその本国法になるため、両者の間の同一本国法は存在しないことになる。

このように、共通本国法とは別に同一本国法という概念が設けられたのは、複数国籍のうち関連性が薄い国籍がたまたま一致して準拠法として採用されることを防ぐことが主な理由である。

【3】住所

わが国では、属人法に関して本国法主義を採用するので、住所地法主義を採用する国に比べて、連結点としての住所の重要性は低い。かつては無国籍者の本国法として住所地法が用いられるなど、国籍の次に重要な連結点とされていた。しかし、現在、住所を連結点として用いているのは、難民の属人法の決定基準(難民の地位に関する条約12条1項)と、遺言の方式の準拠法に関する法律2条3号くらいであり、通則法に住所を連結点とする規定はない。

【4】常居所

常居所という連結点は、本節②【2】で述べたようにハーグ国際私法会議によって創出された概念である。通則法において常居所を連結点として用いている規定は、特徴的給付の推定規定(通則法8条[当事者による準拠法の選択がない場合]2項)、消費者契約の特例(通則法11条)、事務管理又は不当利得の例外規定(通則法15条)、名誉又は信用の毀損の特例(通則法19条)、婚姻の効力(通則法25条)等、数多く存在する。また、遺言の方式の準拠法に関する法律や、扶養義務の準拠法に関する法律においても常居所を連結点として用いている。

常居所の概念は事実概念であり、住所のようにその決定について議論が生じる余地はないとされている。しかし実際には、常居所を認定する場合にいかなる事実の存在が必要なのかについて必ずしも明らかではない。常居所という以上、単なる一時的居所ではなく、相当期間の居住という客観的事実が必要であると解されるが、それ以外の要件として、たとえば、常居所取得の意思のようなものが必要なのかどうかについては明確にされていないのである。この点について、ハーグ国際私法会議は、そうした議論を避け、常居所はあくまで一事実概念として万国共通であるという建前をとっている。

4 法律回避

【1】法律回避の意義

　当事者が抵触規定を悪用して、本来適用されるべき不利な法規の適用を免れるために、故意に連結点を変更することによって他の有利な法規の適用を期待することを法律回避という。

　たとえば、19世紀前半のイングランド法では、婚姻に父母の同意と一定の儀式が必要とされていたため、父母の同意が得られないか、儀式のための費用がない者は、同法のもとでは婚姻ができなかった。しかし、そのような男女を救う規則がイングランドの国際私法のなかにあった。それは、「婚姻の方式は婚姻挙行地法によればよい」という規則である。そこで、スコットランドのイングランドとの国境近くのグレトナ・グリーンという村には、イングランドから多くの男女が挙式するためにやってきた。男女がここで簡単に挙式をすれば、その婚姻がイングランドでも有効に認められることになるのである。

　このような法律回避は、最密接関係地法を指定するという国際私法の精神を没却するものであって、望ましいものではない。そこで、このような準拠法の変更を無効とするべきかどうかが問題となる。

【2】法律回避論の検討

　フランス、ベルギー等では法律回避を違法とし、詐欺的に定められた連結点は無効であると考える見解が有力である。その理由としては、初期には詐欺、権利濫用など実質法上の観念があげられていたが、後には、内国強行規定からの逃避に対する制裁という理由が中心的に考えられるようになっている。

　これに対して、ドイツ、英米、日本等では法律回避を違法とはせず、このような連結点の変更も有効であるとする見解が有力である。その理由としては以下の3つがあげられている。

　第1に、その連結点の変更行為が法律回避であるかどうかは当事者に法律回避の意思があるかにより判断されることになるが、このような内心の意思を問題にすると、準拠法の決定における安定性が失われることになる。

　第2に、客観的に連結点の変更があれば、法律回避の意思がない場合には連結点の変更を認めるのであるから、法律回避の意思がある場合に準拠法の変更を認めたとしても、結論においては差がなく、結果的に弊害はない。

第3に、一般に法律回避を違法とする見解は内国法の回避を問題とするのであるが、これは外国法よりも内国法を重視する考えを前提としており、国際私法の根本精神である内外法平等に反するというものである〈溜池203頁以下〉。

【3】 解決のための方法
　フランス、ベルギーのように、法律回避を常に無効とすべきでないとしても、最密接関係地法を選択するという国際私法の理念からは、法律回避を助長すべきではない。そこで、法律回避を避けるための方法としては以下のものがある。
　まず、立法論としては、当事者が容易に変更できない連結点を選択することが必要である。たとえば、当事者が任意に変更しやすい常居所地を連結点とする代わりに、本国法など変更しにくい連結点を採用することで、法律回避が避けられる場合がある。また、不変更主義の採用など、客観的な要件によって法律回避を規制する規定を設けることも考えられる。さらに、解釈の問題として、最密接関係地法との実質的連結を可能とするように各抵触規則を解釈することによっても法律回避に対処することができる場合がある。たとえば、条文上の「国籍」という文言の解釈において、形式的に国籍をもっていても、実質的にその国との関係がないときにはその国籍を国際私法上の「国籍」とは解釈しないことで、法律回避を避けられる場合がある〈木棚ほか94頁以下〉。

4. 準拠法の特定

1 反致

【1】反致の意義

⑴国際私法の差異

　国際私法は結局のところ各国の国内法であり、各国独自の立法に委ねられている。したがって、各国の国際私法の内容は相互に一致しないことが通常である。その結果、同一の法律関係であっても、どこの国の裁判所に訴えが提起されるかによって準拠法が異なり、判決の内容が異なるという事態が生じてくる。

　このような国際私法の抵触は、たとえば日本人がフランスに不動産を残して死亡したときの相続問題のような場合に発生する。この場合、日本で訴えを提起すれば、日本の国際私法により被相続人の本国として日本法が準拠法となる（通則法36条［相続］）。これに対して、フランスで訴えを提起すると、同国の国際私法規定により不動産の所在地法としてフランス法が準拠法になることになるのである。このように、同一の法律関係について複数の国際私法によって指定される準拠法が外見上複数生じる場合を国際私法の積極的抵触という。

　また、国際私法の抵触にはもう1つの種類がある。たとえばアメリカ人同士が日本において結婚した場合の実質的成立要件が争われる場合、日本で訴訟になれば、日本の通則法24条［婚姻の成立及び方式］1項により各当事者の本国法たるアメリカの州法が準拠法となるが、アメリカ法の規定によれば、婚姻挙行地法たる日本法が準拠法となる。他方、アメリカで訴訟になれば、日本法が準拠法として指定されるものの、日本の通則法によりアメリカの州法が準拠法となる。このように、同一の法律関係について指定される準拠法が循環してしまい、見かけ上まったく存在しないようにみえる場合を国際私法の消極的抵触という。

　国際私法の積極的抵触から生じる判決の不調和を是正するためには国際私法を統一する以外の方法はない。これに対して、国際私法の消極的抵触への対策として考えだされたのが、以下に述べる反致という考え方である。

なお、以上のような国際私法の抵触を利用して自己に有利な準拠法を定める国際私法によるために、そのような国際私法をもつ国において訴訟を起こそうとすることを法廷地漁りという。法廷地漁りは第3節4で述べた法律回避と似ている。しかし、法廷地漁りが国際私法を統一することによって解決できる問題であるのに対して、法律回避は国際私法が統一されても、各国の実質法が統一されないかぎり、統一された国際私法上において依然として存在する問題であるという点で区別される。

⑵反致

　国際私法の消極的抵触が生じている場合に、準拠法の決定にあたり、自国の国際私法のみならず他国の国際私法をも考慮してその間の調和を図ろうとする立場を反致主義という。すなわち、法廷地国たるA国の国際私法によればB国法によるべき場合において、その事案についてB国の国際私法がA国法を準拠法として指定しているときには、B国国際私法に従ってA国法を準拠法とすることを認める原則を反致というのである。これに対して、他国の国際私法は考慮しない立場を反致否認主義という。

1—6　反致

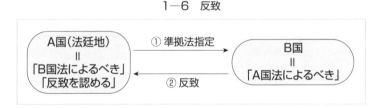

　ちなみに、この反致という言葉は「反対送致」の略である。すなわち、A国からB国へ送致したけれどもB国からA国に反対に送致するということで、このような言葉を使うのである。

　通則法41条本文は、「当事者の本国法によるべき場合において、その国の法に従えば日本法によるべきときは、日本法による」と定め、反致の原則を採用している。

【2】　反致の種類

　上記で述べた狭義の反致のほかにも、広い意味で反致とよばれるいくつかの類型がある。

⑴転致（再致）および再転致（再々致）

　A国の国際私法によればB国法を準拠法とすべき場合で、B国の国際私法によればC国法を準拠法とすべきとされる場合に、法廷地たるA国でC国法を準拠法とする場合を転致または再致とよぶ。

　また、上記例を前提として更にC国の国際私法によればD国法を適用すべきとして

いる場合に、A国でD国法を準拠法とする場合を再転致または再々致とよぶ。

通則法41条は転致や再転致を認めないが、手形法88条1項後段および小切手法76条1項後段は転致まで認めている。

1-7 転致・再転致

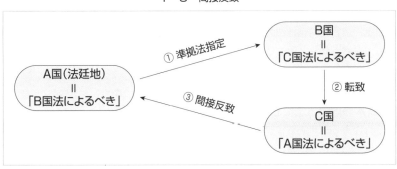

(2)間接反致

A国、B国の国際私法が(1)と同じ場合で、C国の国際私法によればA国法を適用すべきとしている場合に、A国でA国法を準拠法とする場合を、特に間接反致という。これは再転致のひとつの場合であるが、結局法廷地法に返ってくるので特に区別してよばれるのである。

1-8 間接反致

(3)二重反致

以上の反致は準拠法所属国の通常の国際私法の規定を考慮するものであるが、更に準拠法所属国の反致をも考慮する場合がある。つまり、A国の国際私法によればB国法を適用すべき場合で、B国の通常の国際私法の規定によればA国法によるべきであ

る(ここまでは狭義の反致と同じ場合である)が、B国がA国法からの反致を認め、B国法を適用すべきものとする場合に、A国でB国法を適用する立場を二重反致とよぶ。A国で反致をし、B国でも反致をするというように、反致を2回繰り返して結局元の指定のとおりの準拠法を採用しているのである。このような二重反致は、最初に準拠法で指定した国が反致主義を採用する場合に起こりうるのであって、その国が反致否認主義を採用する場合には狭義の反致に終わるのである。

1-9　二重反致

【3】反致の根拠

　反致は19世紀後半から諸国の判例で認められるようになり、実定国際私法にも取り入れている国が多い。しかし、このような取扱いを正当化する根拠をどう考えるかについては争いがある。

　これについて、これまで、総括指定説や棄権説といったさまざまな説が反致を理論的に根拠づける説として提唱されてきたが、結局のところ、理論的にも政策的にも反致原則には十分な根拠がないとする反致否認論がわが国の通説である。わが国の国際私法規定が最密接関係地法として決定した準拠法の指定が、準拠法所属国の国際私法によって左右されるとすることは、自国国際私法に対する不忠実であり、誤った国際主義であると考えるべきである〈澤木=道垣内46頁〉。

【4】日本の国際私法における反致

　以上のような学説の状況にかかわらず、通則法41条本文は、「当事者の本国法によるべき場合において、その国の法に従えば日本法によるべきときは、日本法による」として本国法主義の場合に狭義の反致を認めている。このような明文の規定がある以上、この規定の適用は免れない。この規定の解釈については、以下の点に注意が必要である。

⑴「当事者の本国法によるべき場合」

　通則法41条が適用されるためには、まず、日本の国際私法によって当事者の本国法

によるべきとされる法律関係が問題となっていることが必要である。具体的には、通則法4条、24条、28条から31条まで、33条、35条から37条までが適用、あるいは類推適用される法律関係の場合である。したがって、たとえば契約の方式（通則法10条）について行為地法が準拠法とされたり、物権行為（通則法13条）について目的物の所在地法が準拠法とされたりした場合など、本国法以外の法律によるべきとされている場合で、偶然にもその準拠法が当事者の本国法と一致するときであっても、本条の適用はない。また、無国籍者の場合も、現行法では単に「その常居所地法による」（通則法38条［本国法］2項本文）とされるだけであるから、反致は認められない。

(2)41条ただし書

「第25条（第26条第1項及び第27条において準用する場合を含む。）又は第32条の規定により当事者の本国法によるべき場合は、この限りでない」と規定する通則法41条ただし書の内容は、1989（平成元）年の法例改正により付け加えられたものである。ここであげられている各条文が適用される法律関係は、婚姻の身分的効力・夫婦財産制・離婚・親子関係という、いずれも 段階的連結 が採用されている場合である。この場合には、法が関係当事者に共通する最密接関係地法を準拠法として精選しているのであるから、反致を認めずそのまま準拠法を適用したほうがよいというのが本条ただし書の理由である。

なお、通則法24条［婚姻の成立及び方式］3項本文、28条［嫡出である子の親子関係の成立］1項、29条［嫡出でない子の親子関係の成立］2項前段、30条［準正］1項等における選択的連結において反致を認めることは、法律関係の成立を容易にするために選択的連結を採用した法の趣旨を没却することになるので、このような場合には反致を認めるべきではないとする見解がある。しかし、これらの条文の適用は明文の規定によって排除されていないから、解釈論としては無理があり、反致条項の適用があると考える見解が有力である。セーフガード条項（29条1項後段、2項後段、31条1項後段）に41条の適用があるかどうかについても争いがある（第3章第3節③【2】、⑤【1】参照）。

(3)「その国の法に従えば日本法によるべきときは」

通則法41条にいう「その国の法」とは、当事者の本国の国際私法をさし、「日本法」とは、日本の実質法をさす。つまり、通則法41条が適用されるためには、当事者の本国の国際私法によれば、日本の実質法が適用される場合であることが必要である。この際、外国国際私法の性質決定、連結点の確定などの解釈にあたっては、その国の解釈に従うことになる。

外国の国際私法によって日本の実質法が適用される場合に、どのような連結点が用いられるのかは、本条の適用について無関係である。すなわち、当事者の本国の国際

私法が住所地法主義を採用し、住所地たる日本の法律が準拠法となる場合がもっとも多いが、これにかぎらず、相続の場合の不動産所在地法として日本の法律が準拠法となる場合の反致等も認められる（後出重要判例、最判平成6年3月8日）。

★**重要判例（最判平成6年3月8日家月46巻8号59頁〔百選6事件〕）**

　中国籍のAは、日本に土地を遺して死亡した。Aの配偶者である同じく中国籍のXが、相続により本件土地の単独所有者になったと主張して、本件土地上の建物の共有者Yらに対し、本件土地の明渡し等を請求したのが本件であり、Aの相続に適用されるべき法律が争われた。

　「Aの国外財産（本件土地）の相続については、継承法〔中国人が中国国外にある遺産を相続するときは、不動産については不動産所在地の法律を適用する旨を定める中国法〕の規定がさかのぼって適用され、同法36条及び法例29条〔通則法41条本文〕の規定により、反致される結果、結局、不動産所在地法である日本法が適用されるべきこととなる。」

【争点】 中国人が日本に存在する不動産を相続した場合、中国法による不動産所在地法である日本法への反致が認められるか。

【結論】 認められる。

また、「日本法によるべきときは」という文言から、当事者の本国の国際私法が準拠法として第三国法を指定する場合である転致は認められないことになる。さらに、転致が認められない以上、再転致・間接反致・二重反致等も認められないのが原則である。ただ、間接反致・二重反致が認められるかについては、以下のように争いがある。

　まず、間接反致について、間接反致を認める見解であっても、日本の国際私法がA国法によるとし、A国の国際私法がB国法によるとし、更にB国の国際私法が日本法によるとしている場合に、すべて間接反致を認めるわけではない。A国の国際私法が転致主義を採用していて、この場合には必ずB国の国際私法に従って日本法を適用するとしているときにのみ間接反致を認めるのである。この場合には、「その国」であるA国の国際私法によってB国法を経由して日本法が指定されているところ、「その国

1—10　通則法41条と間接反致

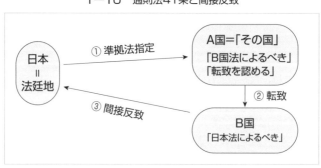

の法に従えば日本法によるべきとき」に該当すると考えられるからである〈櫻田122頁以下〉。

　次に、二重反致については次のような考え方がある。すなわち、通則法41条の「その国の法」には反致の規定も含まれるので、本国の国際私法が反致主義を採用している場合には、結局その国際私法によれば本国法が準拠法となるのであるから、「その国の法に従えば日本法によるべきとき」とはいえず、原則に戻って本国法が適用されることになり、結果として二重反致を認めたときと同じになるというのである。しかし、反致規定は国際私法の抵触を解決する規定であって、他の国際私法規定とは性質が異なるし、また、反致規定まで考慮してしまうと、本国法が二重反致を認めていた場合に循環論に陥るという批判がある。なお、東京高判昭和54年7月3日高民32巻2号126頁は二重反致を認めた唯一の裁判例である。

(4)隠れた反致論

　英米の国際私法では、離婚や養子縁組等の家族関係について、準拠法を決定するという規範を設けるのではなく、裁判管轄権に関する規範だけを定め、裁判管轄が認められれば当然にその法廷地法を適用することとされている。たとえば、このような法制度を有するアメリカのA州に養子の住所があれば、A州の裁判所に裁判管轄が認められ、その訴訟ではA州法が準拠法とされるのである。この規範は、A州に養子の住所があればA州法によるという一方的抵触規定が隠されていると理解できるのであるが、更にこれを双方化すると、A州の国際私法には、養子縁組は養子の住所地法によるという規定が隠されていると理解することができる。そうだとすれば、日本に住所を有する養子とA州法を本国法とする養親との間の養子縁組について訴訟が提起された場合、「養子縁組は、縁組の当時における養親となるべき者の本国法による」とする通則法31条1項前段によればA州法を準拠法とすべきことになるが、上記のようにA州の国際私法では養子の住所地法である日本法によるべきとされているのであるから、反致の成立を認め、日本法を準拠法とすることができる。これが、「隠れた反致」とよばれる理論である。

　このような隠れた反致は、日本の裁判例で多く認められている（徳島家審昭和60年8月5日家月38巻1号146頁、青森家十和田支審平成20年3月28日家月60巻12号63頁〔百選7事件〕等）。学説上もこれを肯定するのが通説的見解といえる。しかし、このようなA州の法制度は、結局1つの法的問題に対して法廷地ごとに異なる法が適用されることを認めるものであり、反致を認めても準拠法の一致、判決の調和は得られないから、隠れた反致を認めるべきではないという見解も有力である〈ポイント総論229頁〉。

(5)その他の反致

　手形法88条1項後段、小切手法76条1項後段は転致を認めている。また、親族関

係により生じる扶養義務、遺言の方式については、それぞれの特別法により反致の規定の適用がない。

2 不統一法国法の指定

【1】不統一法国とは

　同一国家内に内容の異なる複数の私法秩序が併存している国を、不統一法国または多数法国という。不統一法国には以下の2つの種類がある。

　まず、地域によって適用される私法が異なる場合があり、これを地域的不統一法国という。アメリカ、カナダ、オーストラリア等の連邦国家の多くはこれにあたる。また、戦前の日本等、海外属領をもつ国も本土との関係で地域的不統一法国となる場合がある。なお、このような地域的不統一法国には異法地域間の法律の抵触を解決するための法律が存在する。これを準国際私法という。たとえば、ニューヨーク州の市民とカリフォルニア州の市民の紛争にいずれの州法を適用すべきかを決定するのが準国際私法なのである。

　他方、同じ国の国民であっても、宗教・人種等の差異により適用される婚姻法等が異なる場合がある。インド、イスラエルや、インドネシア、エジプト等のイスラム諸国では宗教により異なる婚姻法・離婚法等をもつ。このような場合を人的不統一法国とよぶ。

　以上2つを不統一法国というが、このほかにも後述する時間的不統一法国という概念がある。

【2】地域的不統一法国法指定

⑴問題点

　地域的不統一法国の法が準拠法として指定された場合、その内部で並立している法のうち、どの地域の法を実際に適用すべきかを決定することが必要になる。そして、この問題を考えるにあたっては、その不統一法国の法が準拠法として指定されるために利用された連結点の性質によって、2つの場合に分けて考えることができる。すなわち、1つは国籍が連結点となり、国家という「面」を単位として準拠法を指定している場合であり、もう1つは行為地、所在地、住所地、事実発生地等「点」としての場所的概念を連結点として不統一法国の法が指定されている場合である。

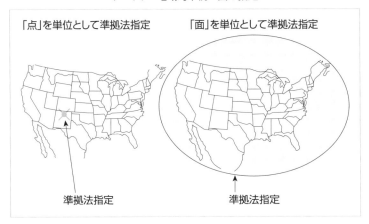

1—11　地域的不統一国の指定

「点」を単位として準拠法指定　　　　「面」を単位として準拠法指定

準拠法指定　　　　　　　　　　　準拠法指定

⑵場所的概念が連結点である場合――「点」

　ある一点の地を連結点として準拠法を指定している場合には、その地に適用されている法が国家の統一法であるのか、国家の構成単位の法であるのかとは無関係に、直接にその地の法が指定されているものと考えるべきである。このような考え方は直接指定主義とよばれる。場所的概念を連結点として準拠法が指定されている場合には、⑶で述べる本国法として準拠法が指定されている場合とは異なり、直接指定主義によっても、不統一法国内の１つの地域の法を指定することができる。

　通則法には後述の間接指定主義とどちらの立場によるべきかについての規定はないが、解釈上、直接指定主義によるべきとされている〈溜池177頁以下〉。

⑶本国法として地域的不統一法国法が指定された場合――「面」

　通則法38条３項は、「当事者が地域により法を異にする国の国籍を有する場合には、その国の規則に従い指定される法（そのような規則がない場合にあっては、当事者に最も密接な関係がある地域の法）を当事者の本国法とする」と規定している。国際私法により指定される準拠法は、常に国家を単位とした法律秩序であると考え、指定された国の法のなかでどの地方の法律を適用するかは、その不統一法国の準国際私法により決定すべきである。そこで、同項は間接指定主義を原則とし、そのような規則のないときには直接指定主義を採用するものとしている。なお、裁判例では、アメリカ国籍を有する者がアメリカに在住していたことがなく、本国と密接な関係にあるとはいえないような場合であっても、その者の本国法となる地方の法律はアメリカ合衆国内から指定すべきであると判断している（横浜地判平成10年５月29日判タ1002号249頁〔百選８事件〕）。

【3】 人的不統一法国

　人種、宗教等に従って人により適用される法が異なっている人的不統一国の法が、本国法として指定された場合についても、同様に間接指定主義と直接指定主義の対立がある。この点、人的不統一法国は地域的不統一法国とは異なり、地域的には統一された1つの国である。よって、法廷地国際私法がその国の法を指定したのであれば、あとはその国の実質法秩序の問題として処理すればよい。したがって、間接指定主義が妥当であり、この立場が有力である。

　通則法40条[人的に法を異にする国又は地の法]1項もまた「当事者が人的に法を異にする国の国籍を有する場合には、その国の規則に従い指定される法……を当事者の本国法とする」と定め、間接指定主義を採用している。通則法40条にいう「規則」とはその国の人際私法（人的不統一法国において人種・民族・宗教等により異なる法律相互間の適用関係を定める法律）をいう。

　なお、人的不統一法国の場合には、連結点が国籍である場合のほか、常居所や「夫婦に最も密接な関係がある地」（通則法25条[婚姻の効力]、26条[夫婦財産制]1項、27条[離婚]）である場合にも、これらの連結点により直接に1つの法を決定することができないから、間接指定主義による処理が必要である。そこで、これらの場合にも通則法40条1項を準用するという2項が定められているのである。

【4】 時間的不統一法国

　どのような国であっても、多かれ少なかれ法改正があり、時間的に複数の法律が存在しているといえる。その意味で、どの国も時間的不統一法国であるといえる。そこで、どのような連結点によるにせよ、指定された国の法律のうちいつの時点での法律を適用すべきかがいちおう問題となる。この点については、もっぱらその国の実質法秩序のなかにおかれた時際法（時間的に前後の関係において存在する2つ以上の法律相互の適用関係を定める法律）によって決定すべきであるということで、学説は一致してい

る。

3 未承認国法の指定

【1】問題の所在

　日本政府は、朝鮮民主主義人民共和国（北朝鮮）や台湾に現存する中華民国政府を国家として承認していない。それでは、これらの国の法律を、日本において準拠法として指定することができるのであろうか。すなわち、国際私法により準拠法として指定される法律は、法廷地国により国際法上承認された国家または政府の法律にかぎられるのかが問題となる。

【2】判例と学説

　国際私法は、国際（公）法ではなく、国際的私法関係について抵触する諸国の法律のなかから、問題となっている法律関係にもっとも密接な関係を有する地の法律を選び、適用するためのルールを定める各国の国内法である。そうだとすれば、ここで選択されるべき法は、国際（公）法上承認された国家・政府の法律にかぎられる必要はなく、法秩序としての実効性があればよいはずである。また、かりに承認の有無によって準拠法が左右されることになれば、法廷地によって準拠法が異なることが起こりうるので、判決の国際的調和が図れないことになる。したがって、未承認国・政府の法律といえども、国際私法上これを適用すべきである。判例・通説（京都地判昭和31年7月7日下民7巻7号1784頁等）は、この立場に立つ。

【3】分裂国家の国民の本国法

　未承認国の法律の適用が可能であるとしても、在日韓国・朝鮮人あるいは在日中国・台湾人について、その本国法をどう考えるべきかが問題となる。朝鮮を例にとると、朝鮮半島には現在大韓民国（以下「韓国」という）政府と朝鮮民主主義人民共和国（以下「北朝鮮」という）政府が、それぞれ半島全体を正当に代表する政府であると主張しながら存在している。両者はそれぞれに国籍法を定めているため、日本に居住する朝鮮半島出身者やその子孫は、二重の国籍をもつことが多い。そこで、このような人々の本国法をどのように定めるのかが問題となるのである。

　この点についてはさまざまな見解があるが、有力なのは以下の2つの見解である。第1に、朝鮮および中国のような状態を、1つの国のなかに2つの政府・法域が存

在する不統一法国とみて、通則法38条［本国法］3項を適用ないし類推適用し、最密接関係国法を指定しようとする見解がある。第2の見解は、朝鮮および中国のような状態を、2つの政府を中心とする2つの国家とみる立場から、二重国籍となることを認めるものの、通則法38条1項本文をこの場合に適用するのは適切でないとして、属人法決定の一般原則に従って、最密接関係国の国籍から本国法を定めるというものである。

　2つの見解は、結局のところ当事者にもっとも密接な関係を有するほうの国籍を基準に本国法を決定するという結論においては一致している。

　そして、具体的な決定方法としては、当事者の現在および過去の住所・常居所・居所、親族の住所・常居所・居所、当事者の意思等を考慮して、本国法を決定すべきと解されている（東京地判平成23年6月7日判タ1368号233頁〔百選3事件〕）。

5. 準拠法の適用

1 外国法の扱い

　これまで論じてきた、①法律関係の性質決定、②連結点の確定、③準拠法の確定という3つの作業によって、渉外的生活関係が問題となっているすべての場合に適用すべき法律を決定することができる。ここで日本法が準拠法として指定されていれば、あとは原則として国内問題と同様に処理をすればよい。しかし、準拠法として外国法が適用される場合には、その適用をめぐっていくつかの問題が生じることになる。

【1】外国法の法的性質

　外国法の性質について、従来から外国法事実説と外国法法律説との対立があった。両説の対立は、外国法の主張立証のあり方や解釈など、外国法をどう取り扱うかという具体的問題と関連するものとして争われていた。しかし最近では、外国法の取扱いの問題はその法的性質から単純に結論が導かれるものではなく、外国法を調査し適用する際に裁判所や当事者の役割分担をどうするかという法政策の問題でもあるという認識が一般化してきている。そこで、この問題の解決は国際私法規定が外国法を準拠法として選択している趣旨や、渉外事件における手続法的要請を考慮して行われるべきであるとされ、法的性質の議論の重要性はさほど高くないとされる〈櫻田125頁〉。

> #### さらに詳しく
> 　それでも、関心のある方のために、両説の内容を記しておこう。
> 　まず、**外国法事実説**は、外国法を単なる事実であるとし、当事者が主張立証しなければ裁判所がこれを適用することはできないと考える。この説に対しては、国際私法が前提とする内外法平等の理念からは、外国法にも法としての性質を認めるべきであるという批判がある。
> 　そこで、**外国法法律説**は、外国法は内国（法廷地の国内）においても法としての性質を有すると考える。この立場のなかにも2種類の考え方がある。第1の立場は、内国において法であるのは内国法だけであるという前提に立ち、外国法は、内国の国際私法によって準拠法として指定されると内国法に変質し、または内国法に編入されることになり、その結果、内国法とし

て適用されると考える。しかし、立法者が外国法を内国において法と認めることは可能なので、あえて「変質しまたは編入される」というように考える必要性はない。また、この考え方では、内国憲法に反する外国法はいっさい適用できなくなってしまう。そこで、第2の立場は、外国法は内国の国際私法によって準拠法として指定されることによって、内国においても外国法として適用されると考える。国際私法が、そのままでは内国において効力が認められない外国法に法としての効力を与えると考えるのである。判例・通説はこの立場に立つ。

【2】 外国法の主張・立証

　英米においては、外国法は事実と同様に当事者が主張立証すべきであり、裁判所が職権で調査すべきではないと考えられていた。わが国の裁判例においても同様に考え、当事者の証明がないとして請求を棄却したものがある（大阪地判昭和35年4月12日下民11巻4号817頁）。しかし、外国法は内国においても法であり、裁判所の判断の対象でなく、判断の基準、すなわち裁判規範である。その点において、外国法は内国法と同様の性質をもつ。したがって、外国法の内容は裁判所の職権で調査され、その内容が確定されるべきである。

　実務上は、外国法の調査には困難が伴うので、当事者に資料を提出させ、その真否について当事者間で争いがない場合にはそれによるという手続がとられている。しかし、これは当事者に挙証責任を負わせているものではなく、単に当事者の協力を求めているにすぎないものと考えるべきである。

【3】 外国法の解釈

　外国法の解釈においては、その外国法が当該外国において現実に適用されているように解釈すべきであるとされる。すなわち、外国法の法文のみを日本語に翻訳して、それをわが国の解釈手法に従って理解するのではなく、外国裁判所において適用されるのと同じように解釈するのである。

　また、外国法とされるものの法源もその外国の法秩序により決定される。すなわち、成文法のみならず、判例法、慣習法、条理が法源とされるかどうか、あるいは上位規範との関係等もその外国で考えられているのと同じように考慮されなければならない。

　もっとも、以上のことは、外国法を、その国における純粋の国内的私法関係に適用される場合の解釈と同じように解釈すべきということを意味するのではない。場合によっては事件のもつ渉外的要素を考慮し、その国における国際的私法関係に適用される場合の解釈と同じように解釈すべきである。

【4】外国法の欠缺・不明

(1)外国法の欠缺

　まず、外国法に成文法規が存在していない場合には、その国の判例・学説を参照し、その国の法秩序全体からいかに規律すべきかを判断することができる。たとえば、フィリピン民法には離婚に関する規定がないが、これはフィリピンでは離婚が認められていないのだというように、条理による解釈をすることで対処できる。

(2)外国法の不明

　外国法の欠缺とは区別される問題として、外国法が不明の場合の問題がある。裁判所は外交ルートや文献によって外国法の内容を調査するが、実際に外国法を内国において調査することには困難が伴う場合がある。たとえば、その外国とわが国との間に国交がない場合や、その外国が新興独立国であったり、あるいは政情不安定であったりする場合もある。そこで、裁判所が努力を尽くしても外国法の内容を明らかにできなかったときにどのような処理をすべきかが問題になる。

　この点については種々の説が主張され、いまだ定説はない。裁判例では、得られた情報をもとに不明な外国法の内容を合理的に推認すべきといいながら、結局のところ条理にかなった規範として法廷地法を適用するものが多い。学説はこれを批判しており、学説においては、以下に述べる最近似法適用説や補充的連結説が有力である〈溜池248頁以下〉。

> ### さらに詳しく
>
> 　外国法が不明な場合の処理については、以下のような説が主張されている。
>
> #### ①請求棄却説
> 　この説は、外国法が不明な場合には当事者の請求を棄却すべきであるとする。しかし、上記のように外国法の調査適用を裁判所の職務であると考えるのならば、これは不当な裁判拒否ということになろう。
>
> #### ②内国法適用説
> 　この説は、外国法が不明の場合には内国法を適用すべきであるとするものである。しかし、この考え方は内外法平等を前提とする国際私法の根本精神に反する。
>
> #### ③条理説
> 　従来の多数説、多くの裁判例は、外国法の不明の場合を法欠缺の場合と同視し、条理によってこれを補充すべきとする。この考え方は条理説とよばれる。ここにいう条理とは普遍的な法の一般原則ということではなく、その外国の法秩序における条理であると考えられている。この説に対しては、条理を適用するというのでは具体的客観的判断基準が不明確であり、結局恣意的判断に流れ、内国法を適用するに等しいという批判がある。
>
> #### ④最近似法適用説
> 　最近の学説・裁判例では、法の継受、社会体制の類似性などから本来の準拠法にもっとも近

似している法秩序を探求して、その国の法律を適用するという立場が有力である。この見解は最近似法適用説とよばれる。たとえば、北朝鮮の法が不明である場合に、民族が同じ大韓民国法や、あるいは同じ社会主義体制をとるソ連法を適用するのである。この説に対しては、内容が不明である外国法にもっとも近似している法をどうやって見つけだすのか、という批判もある。

なお、この見解は条理の内容として最近似法を適用するのであり、条理説の一種であるとの見方もできる。

⑤補充的連結説

準拠法とされた外国法の内容が不明であるときには、その外国法を準拠法として適用することをあきらめ、補充的準拠法として別の国の法律を採用することで問題を解決すべきだとする見解を補充的連結説とよぶ。しかし、本来の準拠法がまったく存在しない場合とは異なり、準拠法がある場合には、他の説のような方法でその法律になるべく近い解決をめざすべきであり、連結のやり直しはあくまで最後の手段であると考えるべきであるとされる〈溜池249頁以下〉。

【5】外国法の適用違背と上告

裁判所が外国法の適用を誤った場合に、それを理由として上告できるか。外国法も高裁への上告理由や上告受理事由たる「法令」(民訴312条3項、318条1項等)にあたるのかどうかが問題となる。

この点、外国法の適用を誤ったという場合でも、本来A国法を適用すべき場合にB国法を適用したという場合には、内国法たる国際私法の適用を誤ったということであるから上告できることについて問題はない。そこで、実際に問題となるのは、準拠法とされたA国法の解釈を誤って適用がなされた場合である。

この問題について、諸外国の判例では、否定説に立ち、外国法の適用違背は上告審の審理対象にならないとするものが多い。その理由としては、①上告審裁判所は内国法の解釈適用の統一を図ることを任務とするのであって、外国法の解釈適用の統一を図ることは任務としていないこと、②上告を認めると上告審にとって負担となることなどがあげられている。

しかし、国際私法学者の間では肯定説が有力である。国際私法のもとでは内外法は平等とされるのであるし、外国法が適用されるのはそれが準拠法として内国の国際私法から指定されたからであり、その解釈適用の誤りを放置したのでは、結果として国際私法の目的が達成できないからである。したがって、高裁への上告理由や上告受理事由たる「法令」には、外国法も含まれるものと考えるべきである。

最高裁も、改正前の大韓民国民法を適用すべき場合に改正後の同法を適用した原判決に対して、「原判決は、準拠法である韓国民法の解釈適用を誤った違法がある」とす

る上告理由を認め、肯定説を採った(最判昭和56年7月2日民集35巻5号881頁)。

2 外国法の適用排除 ── 公序

【1】 公序則とは何か

　世界にはさまざまな法制度がある。たとえば、離婚をまったく認めないカトリック系の法制度もあれば、一夫多妻制をとるイスラムの法制度もある。しかし、国際私法における準拠法の指定は、指定される法の内容を問題にせずに行われる。そこで、場合によっては準拠法とされた法制度の適用の結果が内国法の秩序からはまったく受け入れられない場合も生じうる。このような場合に、内国の基本的法秩序を守るため、例外的にその外国法規定の適用を排除することを可能にするのが国際私法上の公序則という概念である。通則法42条は、「外国法によるべき場合において、その規定の適用が公の秩序又は善良の風俗に反するときは、これを適用しない」としてこの概念を採用している。

　このような公序則の発動は、実際の必要性からやむをえないものではある。しかし、内外法平等を志向し、普遍主義をめざす国際私法の理念からすると、国内法秩序の維持という国家主義に基づいて、最密接関係地法の適用を排除することには慎重でなくてはならない。

【2】 外国法の適用排除の場合

⑴適用結果

　国際私法は内外法平等を志向しているのであるから、公序則が発動される場合であっても、それは外国法の内容を非難しているということではない。問題となるのはその法規が適用された具体的な結果である。たとえば、一夫多妻制自体は日本の内国法秩序からはまったく受け入れられないとしても、本国で一夫多妻制をとっている国で第二妻から生まれた子が、日本で父の遺産に対する相続権を主張した場合、これを認めること自体は内国法秩序に反するとは考えられない。通則法42条が、「その規定が」ではなく、「その規定の適用が」と規定しているのも、上記のようなことを意味しているといえる。

⑵実質法上の公序良俗との違い

　次に、国際私法上の公序則は、民法90条のような実質法上の公序良俗規定とは以下の点で異なる。第1に、物権法や親族・相続法等内国法の強行法規に違反する行為は

一般に実質法上の公序良俗違反となるが、必ずしも国際私法上の公序違反になるとはかぎらない。もし、すべての強行法規違反が公序違反になるとすれば、国際私法が外国法を準拠法とすることの意味が失われてしまう。

第2に、民法90条は個人の自由な意思による法律行為を制限するものであるのに対して、国際私法上の公序は外国法の適用結果を対象としている。したがって、ある契約条項の有効性は、準拠法とされた外国の実質法上の公序良俗規定に反しないかどうかが判断されたうえで、国際私法上の公序則の規律を受けることになる。

⑶内国関連性

公序則が発動されるかどうかは、外国法適用の結果の不当性と事案の内国との関連性の強さとの相関関係で決定される。外国法適用の結果が多少不当であったとしても、その適用の結果と内国との関連が希薄であれば、公序則の発動を正当化するだけの利益がない。たとえば、離婚を認めない法制であるフィリピン人の夫から在日韓国人である妻に対する離婚請求をまったく認めないことは公序に反すると考えられているが、韓国に常居所をもち日本に数か月在住しているにすぎない韓国人女性とフィリピン在住のフィリピン人男性との離婚について公序則を発動するには、十分な内国関連性の存在があるのかどうかが問題となる。

⑷まとめ

以上のように、国際私法上の公序則の発動は、具体的な適用結果と内国関連性との相関関係を勘案して決定されるべきものであるから、時代と社会に応じて相対的に判断されるべきであり、一律に明確な基準を設けることは不可能であるとされている。

【3】 外国法の適用排除後の適用法規

公序則が発動されて外国法の適用が排除された場合、当該事案はどのような基準に従って処理すべきかが問題となる。

この点について、従来の判例・通説はこの場合に法の欠缺が生じると考え、この欠缺は内国実質法で補充されると考えてきた。この考え方は内国法適用説とよばれる。

これに対して、最近では、そもそもこの場合に法規の欠缺は生じないとする欠缺否認説が有力に主張されている。すなわち、公序則により外国法の適用を排除する場合には、その判断の基準となったわが国の実質法判断があるはずであり、すでに結論はでているのであって、改めて補充すべき規範の欠缺はないとするのである。現在ではこれが通説とされる。

以上の2つの説の違いは、請求をどの程度認めるのかなど、解決の仕方が1つにかぎられていない場合に生じてくる。たとえば、離婚を認めない外国法を排除すると

いう場合には、離婚を認めるという結論に達することはどちらの説に立っても同様であるが、慰謝料をまったく認めない法制を排除した場合、内国法適用説によれば日本民法における算定基準に従って慰謝料が算定されるのに対し、欠缺否認説の場合にはわが国の公序に反しない最低限度での慰謝料が認められることになるのである。

そうだとすると、内国法適用説に立った場合には、以下のような逆転現象が生じる。すなわち、慰謝料をまったく認めない外国法が準拠法とされた場合には日本法に基づく高額の慰謝料が認められる。これに対し、慰謝料を日本法よりは低額であるが、日本の公序には反しない限度の額で認める外国法が準拠法とされた場合には、その外国法で算定される額がそのまま適用されることになる。内国法適用説にはこのような不都合が生じることから、欠缺否認説のほうが妥当であると考えられる〈澤木=道垣内59頁以下〉。

【4】判例による公序則の適用

裁判例で公序則が適用された事例の多くは、家族法関係の事件である。

まず、最高裁で争われた事件では、旧韓国民法において離婚後の親権者を父に限定していたところ、父親が親権者として不適当であるとされた事案で、この規定の適用を排除している（最判昭和52年3月31日民集31巻2号365頁）。さらに、離婚の際の財産分与をまったく認めていない旧韓国民法を適用することは公序に反する可能性があるとした最高裁判決（最判昭和59年7月20日民集38巻8号1051頁〔百選13事件〕）もある。

これに対して、死後認知の出訴期間が1年に限定されている韓国民法の適用は公序に反しないとされ（最判昭和50年6月27日家月28巻4号83頁）、認知された子が当然に父の戸籍に入るとする朝鮮慣習法の適用はただちに公序に反するものではないとされた（最判平成10年3月12日民集52巻2号342頁）。

下級審の裁判例では、離婚を認めないフィリピン、チリ（当時）、スペイン（当時）などの国籍をもつ夫が一方当事者となった離婚事件に関して、公表されたほとんどの例で公序則が発動されている（たとえば、後出重要判例、神戸地判昭和54年11月5日）。このほか、異教徒間の婚姻を禁止するエジプト法の適用を排除した事例（東京地判平成3年3月29日家月45巻3号67頁〔百選10事件〕）もある。近時では、重婚を無効とするフィリピン法の適用は公序に反するとして、フィリピン人と日本人との婚姻を有効とした事例（熊本家審平成22年7月6日判例集未登載）や、韓国法を適用すると複数の実母が併存する結果となる場合に、そのような状態が公序に反するとして韓国法の適用を排除した事例（大阪高判平成26年5月9日判時2231号53頁〔百選11事件〕）などがある。

ただ、1989（平成元）年の法例改正によって、それまで公序則が適用される典型例で

あったフィリピン人夫に対する日本人妻からの離婚請求の事例について、公序則の発動にいたる前に準拠法の選択段階においてフィリピン法の適用自体が否定されることになった。すなわち、通則法27条〔離婚〕ただし書は、「ただし、夫婦の一方が日本に常居所を有する日本人であるときは、離婚は、日本法による」と規定して、上記のような事例で日本法を適用すべきことを定めているのである。

このほか、認知について規定する法例18条２項〔通則法29条２項〕で選択的連結を規定するなど、1989年の法例改正によって公序則を発動する必要がある場合はほとんどなくなったといえる。

★重要判例（神戸地判昭和54年11月５日判時948号91頁）

フィリピン人X男は、在日韓国人であるY女と日本国内で同棲し、婚姻するにいたった。当初は将来フィリピンで婚姻生活を送るという同意があったが、Yは異国での生活に不安を覚え、Xからの移住の申出を拒否した。種々の事情からXに愛想をつかしたYはXと別居することにし、Xとの離婚を望んでいる。しかし法例16条〔旧規定〕、29条〔通則法38条〕によって準拠法となるフィリピン法では離婚は許されないこととなっている。以上のような状況下で、XがYを相手取り離婚の請求をした。

「まずフィリッピン法の離婚禁止の法制それ自体が公序に反するとは解されない。しかし、本件の具体的事案についてみるに……本件事案は我国における私法的社会生活とかなり密接な牽連性もあり、本件につき原告の本国法たるフィリッピン法に準拠して原・被告間の離婚を永久に認めないとすることは我国における婚姻（離婚）に関する基本的な道義観念に悖る結果となって、ひいては我国の公の秩序又は善良の風俗に反するものというべきである。そうすると、本件に関しては原告の本国法であるフィリッピン法の適用は法例30条〔通則法42条〕により排除さるべく、かかる場合、法廷地法たる日本民法770条１項２号、４〔現５〕号の該当の離婚事由がある以上、原告が被告と離婚することは許容すべきものと考えられる。」

【争点】離婚を認めないフィリピン法の適用が本件事案において公序則に反するか。

【結論】反する。

1. | 国際取引の主体

1 はじめに

　日本の民法においては、自然人には権利能力(権利を取得し義務を負うことができる資格)が認められる。また、未成年者や成年被後見人等は行為能力(単独で契約などの法律行為をすることができる資格)を制限されている。しかし、外国の法のなかには、これらが認められる要件が異なるものが存在する。そこで、日本人がそのような国の者と取引をする場合等に、いずれの国の法律により権利能力や行為能力の存否を決し、取引の効力を定めるのかが問題となる(準拠法の決定)。

　また、現実社会では、大規模な国際取引を行うのは、大抵の場合、法人である。この法人においても、自然人と同様に、各国で法人格が認められる要件が異なる。そこで、その法人格の準拠法を定める必要がある。

　もっとも、決定された準拠法により外国人等が権利能力を認められたとしても、国家的利益に関わる権利等については、実際の権利取得や取引活動が制限されることがある。このような国内における外国人の地位を定める法律を、外人法という。

2 自然人

【1】権利能力

⑴権利能力の決定

　国際私法上の権利能力は、伝統的に、権利義務の主体となることができる人格そのものを意味する一般的権利能力と、相続権や損害賠償請求権等の個別的な権利を享有する資格を意味する個別的権利能力の2つの概念を含むといわれる。

　このうち、個別的権利能力に関しては、問題となっている権利とまったく別個の問題として決するものではなく、その問題とされる権利の準拠法を基準に決するべきであるとすることに、ほぼ争いはない。

一般的権利能力に関しては、個別的権利能力とは別に、その者の本国法によるべきとの説も存在する。しかし、今日の文明諸国においてはどこの国でも一般的権利能力は認められているし、かりに奴隷制を認める法律があっても、その適用は公序に反するとして排斥すればよい。したがって、一般的権利能力の準拠法をあえて決定する必要性は乏しく、個別的権利能力の準拠法に従うとするのが通説である。たとえば、胎児の相続について、日本法が準拠法となるならば、胎児は一般的・個別的権利能力を認められることになるのである（民886条1項）。胎児の相続について、出生後24時間の経過を必要とするスペイン法によるとすれば、出生後24時間以内に死亡すれば、胎児には一般的・個別的権利能力が認められないことになる。

⑵権利能力の終了（失踪宣告）

⒜総説

　通常、権利能力は死亡により消滅するが、人が行方不明の場合には、権利能力がいつ終了するのかが問題となる。

　失踪宣告制度は、人が行方不明であった場合に、一定の要件をみたしたときに、国家機関の宣告によりその者が死亡したものと扱い、その者をめぐる不安定な法律関係を確定するものである。

　この失踪宣告は、国家機関が宣告するものであるから、まず、どの国が管轄権（国際裁判管轄）を有するのかを定める必要がある。これは、本来、国際民事訴訟法（第4章第2節）の問題であるが、便宜上、本節で扱うことにする。

⒝通則法6条1項の規定

　この点、通則法6条1項は、原則として、「不在者が生存していたと認められる最後の時点において、不在者が日本に住所を有していたとき又は日本の国籍を有していたとき」に、日本の裁判所の管轄権を認めている（原則的管轄）。

　①不在者が生存していたとされる最後の時点において日本の国籍を有していた場合に、日本の管轄を認める理由としては、相続人として利害関係を有する不在者の親族等が日本に所在することが多く、また、失踪宣告による戸籍の整理も可能となるので、定型的に日本で失踪宣告をする利益があることがあげられる。

　また、②不在者が生存していたとされる最後の時点において日本に住所を有していた場合に、日本の管轄を認める理由としては、定型的に利害関係人が日本に集中しているので、そのような場所で公示催告を行い、不在者の法律関係を処理することが合理的であることがあげられる。

　そして、上記①②につき、いずれかをみたす場合に日本に管轄を認めるべきとしたのは、失踪宣告については、国際裁判管轄を広く認めても濫用の危険が少なく、比較

法的にも、これら双方を管轄原因として認める国が多いからである。

(c) 通則法6条2項の規定

　もっとも、通則法6条2項は、1項の場合にあたらないときも、例外的に、①不在者の財産が日本に在るときはその財産についてのみ、②不在者に関する法律関係が日本に関係があるときはその法律関係についてのみ、日本法により失踪の宣告ができるとしている（例外的管轄）。

　まず、①「不在者の財産が日本に在るとき」に日本の裁判所に管轄権を認める趣旨は、日本の裁判所がその権利関係を確定できない事態を防ぎ、日本にある財産の法律関係の不安定化を防止することにある。

　次に、②不在者に関する法律関係が「日本に関係があるとき」については、「日本法によるべきときその他法律関係の性質、当事者の住所又は国籍その他の事情に照らして日本に関係があるとき」と、具体的に規定されている。

　なお、②につき、かつての法例の規定では、不在者に関する法律関係が「日本の法律によるべき」ときには、日本法により失踪宣告ができるとされていた。たとえば、日本に永年住んでいたオーストラリア人同士の夫婦のうち、夫が失踪した場合を検討しよう。この場合、通則法25条［婚姻の効力］（「婚姻の効力は、夫婦の本国法が同一であるときはその法によ」る。第3章第1節[4]参照）によりオーストラリア法が婚姻関係の準拠法になるから、「日本の法によるべき法律関係」にあたらない。そして、かりに通則法の規定が「日本の法によるべき法律関係」に管轄原因を限定しているとすれば、失踪宣告について日本の裁判所に管轄権が認められず、本国であるオーストラリアにのみ管轄権が認められることになる。しかし、これでは、永年の住居地である日本で、妻は失踪宣告により婚姻関係を解消することができず、妥当でない。

　そこで、通則法は、日本に「関係がある」法律関係と規定して、管轄を拡大したのである〈別冊NBL110号130頁以下〉。

(d) 失踪宣告の要件および効力の準拠法

　失踪宣告の要件および効力の準拠法は、原則的管轄の場合も、例外的管轄の場合も、日本法によることが明文で規定されている（通則法6条1項、2項）。

　なお、失踪宣告の効力が、死亡の擬制という直接的効果のみをさすのか、あるいは、相続の開始や婚姻の解消といった間接的効果をも含むかは、改正前から争いがあった問題である。また、改正後の通則法においても、6条の文言上必ずしも明確ではない。しかし、「失踪の宣告をすることができる」という表現は、失踪宣告の効果は、いずれの管轄原因に基づく場合も死亡の擬制という直接的効果にとどまり、相続の開始や婚姻の解消といった、本来別個の単位法律関係として規律する事項の一部にまで及ぶも

のではないことを前提としているとされている。すなわち、通則法6条が、1項においても2項においても、「失踪の宣告をすることができる」との同一の文言を用いている理由は、その宣告の効果が同一であり、ともに直接的効力のみに及ぶと考えたためと解されるのである。したがって、相続の開始や婚姻の解消は、それぞれ相続の準拠法、婚姻の効力の準拠法により判断されることとなる。

(e)外国でなされた失踪宣告の効力

わが国の法には、外国でなされた失踪宣告の効力に関する明文の規定はない。そこで、民事訴訟法118条1号（外国裁判所に裁判権が認められること）および3号（判決内容および訴訟手続が日本における公序良俗に反しないこと）の要件（詳細は第4章第4節②参照）をみたせば、民事訴訟法118条の準用により、このような失踪宣告も、わが国で効力が認められるとするのが通説である。

【2】 行為能力

(1)総説

行為能力とは、人が単独で法律行為をなしうる能力をいう。法律行為は、身分的法律行為と財産的法律行為の2つに区別されるため、行為能力も、身分的行為能力と財産的行為能力に分類するのが一般である。そして、通則法4条1項は「人の行為能力は、その本国法によって定める」と規定しているところ、本条にいう「行為能力」には、財産的行為能力の一部を含むが、身分的行為能力は含まれないと解されている。

まず、身分的法律行為については、各国において、個々の身分行為ごとに、個別に行為能力が定められているのが一般である。たとえば、わが国においては、婚姻能力については、男女ともに満18歳とされており（民731条）、また、遺言能力については、満15歳とされている（民961条）。このような身分的行為能力に関して、一律に準拠法を定めるのは妥当でない。そこで、身分的行為能力に関しては、個々の身分行為と切り離さず、それぞれの身分関係の準拠法によるべきとされるのである。したがって、一律に準拠法を定める通則法4条は、身分的行為能力についての規定ではないと考えられている。同様に、不法行為能力については、別個不法行為の準拠法によるとされる。

次に、財産的法律行為については、契約の種類によって個別に異なる国は、ほとんどない。そこで、財産的行為能力について、一律に準拠法が定められることには問題はない。ただ、財産的行為能力としては、一般に、①年齢に基づく行為能力（未成年者）、②心神の欠陥に基づく行為能力、③婚姻に基づく行為能力、の3つの場合が存在するとされるところ、通則法4条の「行為能力」に、財産的行為能力の3つの場合のうち、いずれが含まれるかについては、学説上争いがある。

また、通則法 4 条の「行為能力」とは、年齢に基づく行為能力の場合と、婚姻に基づく行為能力の場合をさすとする見解が有力である。そして、心神の欠陥に基づく行為能力(たとえば、成年被後見人、被保佐人、被補助人など)は通則法 5 条[後見開始の審判等]により定められるとする。

⑵行為能力の制限(未成年者)

[設例]

1. A国人甲は、日本において、日本国内にある動産の売買契約を締結した。甲が15歳である場合、甲は、日本法上未成年者であることを理由にこの契約を取り消すことができるか。なお、A国法によれば、甲は行為能力者であるとする。

   また、甲が21歳であるが、A国法上は成人年齢に達しておらず、行為能力が認められていない場合にはどうか。

2. B国人乙は、日本において、日本国内にある動産の売買契約を締結した。乙は15歳であり、B国法上は成人年齢に達しておらず、行為能力が認められていない。乙が詐術を用いて行為能力者であることを相手に信じさせて契約を締結した場合、乙は、未成年者であることを理由に、この契約を取り消すことができるか。なお、B国法によれば、未成年者は詐術を用いた場合でも契約を取り消すことができるものとする。

⒜通則法の規定

　通則法 4 条 1 項は、「人の行為能力は、その本国法によって定める」とする。したがって、未成年者の行為能力は、その本国法によることになる。たとえば、19歳のイタリア人が日本で売買契約をした場合、準拠法はイタリア民法となる。そして、イタリア法では18歳で成年とされるので、この売買契約は、行為能力者によるものとなる。なお、この場合の本国というのは、行為当時の本国のことである。

　一方で、通則法 4 条 2 項は、「法律行為をした者がその本国法によれば行為能力の制限を受けた者となるときであっても行為地法によれば行為能力者となるべきときは、当該法律行為の当時そのすべての当事者が法を同じくする地に在った場合に限り、当該法律行為をした者は、前項の規定にかかわらず、行為能力者とみなす」と規定する。

　この趣旨は、取引安全の保護にある。すなわち、外国人が本国法により制限行為能力者であったとしても、取引の相手方は外国法の制限を知らない場合も多いので、制限行為能力を理由に法律行為を取り消せるとすると、取引の安全が害される。そこで、本国法では制限行為能力者でも、行為地法によれば行為能力者であれば、行為地にお

いては行為能力者として扱い、法律行為を有効とし、これによって取引の安全を図ることとしたのである。

　この点、改正前は内国取引保護のみを目的とした法例3条2項があったが、これが通則法4条2項に改正され、内国のみならず外国で行われる取引をも対象とした双方的な取引保護規定となった。この改正は、改正前の内国取引保護主義が内外法平等という国際私法の基本的理念に反し、また、取引保護の要請は外国における取引にも妥当するため合理性を欠く、という学説の批判があったことを受けて、取引安全の保護の対象を、内国から行為地に拡大したものである。

　なお、通則法4条2項の要件としては、文言が要求していない以上、善意無過失は必要ない。

　また、「すべての当事者が法を同じくする地に在った場合に限り」という限定は、異法地域間においてされた法律行為（隔地的法律行為）を取引保護の対象としないことを、規定上明らかにしたものである。なぜなら、異なる法域にいる者と取引をする者は、取引の相手方の行為能力について、みずからが行為をする地の法と異なる法が適用されるおそれを予期すべきであり、取引安全を図る必要がないからである。

(b)通則法4条2項の類推適用

　通則法4条2項は、「行為地法によれば行為能力者となるべきとき」と規定している。この文言から考えれば、本国法のみならず行為地法においても行為能力者でない場合には、通則法4条2項の直接適用はない。

　しかし、改正前に、法例3条2項の趣旨である取引の保護を重視し、日本法において行為能力者でない場合でも、法例3条2項を類推適用するという見解があった。

　そして、通則法4条2項に改正され、保護の対象が内国から行為地に拡大された後も、趣旨が取引安全の保護にあることは変わりない。そうだとすれば、通則法4条2項のもとでも、行為地法において行為能力者でない場合につき、類推適用の議論は基本的に維持されるものと考えられる。

　このような類推適用の場面として、まずあげられるのは、本国法において定められる行為能力制限の範囲や程度が、行為地に定められている制限よりも大きい場合である。この場合、通則法4条2項を類推して、本国法の行為能力制限の範囲や程度を行為地の範囲程度まで引き下げることにより、取引の安全を図るべきであるとの見解が有力である。たとえば、行為地が日本であり、法律行為をした外国人が、日本法・本国法のいずれによっても制限行為能力者である場合を検討しよう。この場合、その者の行為は、かりに本国法によれば無効であったとしても、日本法上は取り消しうるにすぎない（民5条2項等）。そこで、取引の安全を考慮して、その者の行為は、無効

ではなく取り消しうるにすぎないと解すべきである。

　また、妻の無能力については、それが婚姻における夫の主導権を確保するという趣旨をもつ制度であることから、婚姻の問題として通則法25条［婚姻の効力］によって準拠法を決定するのが通説である。日本では現在、妻の法律行為は有効であるが、妻は無能力者であるとする法をもつ国も存在するため、25条の適用の結果、本国法上無能力とされる妻が日本においてした法律行為の効力が認められず、取引の安全が害されるおそれがある。そのため、この場合も、通則法４条２項類推適用により売買契約を有効とすることも考えられる。

　次に、成年擬制について、かつての通説は、妻の無能力と同様に通則法25条の問題としていた。この場合も、日本では現在、未成年者は婚姻により成年に達したものとみなすという成年擬制の制度が定められているが、このような制度のない国も存在するため、25条の適用の結果、本国法上は制限行為能力者とされる外国人夫婦が日本においてした売買契約の効力が認められず、日本における取引の安全が害されることとなりかねない。そこで、通則法４条２項を類推適用して取引の安全を保護する見解があった。これに対し、現在の通説は、成年擬制が認められる趣旨が、みずからの判断で婚姻し生活を営む者は未成年であっても精神的に成熟しているため、これを成年と同様に扱うということにあることから、通則法25条ではなく４条の問題とし、４条２項を類推適用するのではなく、単に直接適用する。

　なお、2022年４月１日より、成人年齢が18歳に引き下げられることに伴い、成年擬制の制度は消滅する。

(c)通則法４条３項

　通則法４条３項では、２項による例外を適用しない２つの場合を定めている。

　第１の場合は、「親族法又は相続法の規定によるべき法律行為」である。しかし、そもそも通則法４条１項の「行為能力」には身分的行為能力は含まれないと解釈する以上、この規定には、特に意味はないものと考えられている。

　第２の場合は、「行為地と法を異にする地に在る不動産に関する法律行為」である。行為地と法を異にする地にある不動産については、行為地との関連性が弱く、通則法４条２項の取引保護の要請が弱まるためである。

　通則法４条３項が適用される場合、通則法４条１項の原則に戻って、当事者の本国法が準拠法とされる。

(d)設例の検討

　設例の１前段において、A国人甲は15歳であり、日本法上は未成年者として行為能力が制限されているが、本国法であるA国法によれば行為能力者である。そして、

通則法 4 条 1 項は、未成年者の行為能力はその本国法によるとしているので、A国法により、甲は行為能力を有することになる。したがって、甲は、日本法上未成年者であることを理由に、設例の売買契約を取り消すことはできない。

　これに対して、設例の 1 後段においては、前段の場合とは逆に、甲は、日本法上は行為能力を有するが、本国法であるA国法によれば行為能力を認められていない。これは通則法 4 条 2 項が規定する「法律行為をした者がその本国法によれば行為能力の制限を受けた者となるときであっても行為地法によれば行為能力者となるべきとき」にあたる。また、甲は日本において売買契約を締結しているので、相手方が日本にいれば、「当該法律行為の当時そのすべての当事者が法を同じくする地に在った場合」といえる。そうすると、この場合には、甲は、行為能力者とみなされることになる。したがって、甲は本国法上行為能力が認められないことを理由に設例の売買契約を取り消すことはできない。

　次に、設例の 2 について検討する。B国人乙は、本国法たるB国法によっても、行為地法たる日本法によっても、制限行為能力者である。したがって、形式的には、通則法 4 条 2 項の「その本国法によれば行為能力の制限を受けた者となるときであっても行為地法によれば行為能力者となるべきとき」に形式的にはあたらない。そこで、原則規定である通則法 4 条 1 項により、乙の行為能力については本国法たるB国法によるべきことになりそうである。この場合、B国法上は未成年者が詐術を用いた場合でも契約を取り消しうるので、乙は、設例の売買契約を取り消すことができる。

　もっとも、これでは取引の安全を害する。そこで、②(b)で述べたように、通則法 4 条 2 項を類推して、本国法の行為能力制限の範囲や程度を日本の範囲程度まで引き下げることにより、取引の安全を図るべきと解する。設例において、B国法上は乙の行為が取り消しうるが、日本法上は制限行為能力者が詐術を用いた場合にはその行為は取り消せない(民21条)。したがって、行為能力制限の程度を日本法に合わせて、乙は、設例の売買契約を取り消すことはできないと解すべきである。

③行為能力の制限(成年後見・保佐・補助)

　日本法上、判断能力が十分でない者を保護する制度として、成年後見・保佐・補助の制度がある。しかし、外国には、同様の制度を有しながらも別の分類をしている国もあり、3 つの制度を国際私法上区別することは適切でない。そこで、以下では、成年後見の場合に限定して、これらの制度の国際私法上の問題点について述べるが、ここで述べることは、保佐・補助についてもあてはまる。

(a)後見開始審判の管轄権および原因等の準拠法(5条)

　後見開始の審判等の国際管轄の有無や、行為能力を制限する際の要件・手続、行為

能力制限の効果などは、通則法 5 条に従って準拠法が決定される。成年後見制度では、一定の事由の存在によって当然一律に行為能力の制限が生じるわけではなく、後見開始の審判の確定によって、行為能力の制限が生じる。そこで、いずれの国の国家機関がこの審判をする管轄権を有するのかが問題となる。

この点、通則法 5 条は、「成年被後見人、被保佐人又は被補助人となるべき者が日本に住所若しくは居所を有するとき又は日本の国籍を有するとき」に、わが国の裁判所に後見開始の審判等の国際裁判管轄を認めている。通則法 5 条の趣旨は、後見開始の審判等の管轄原因を明確化し、また、成年被後見人等の保護と日本の家庭裁判所における後見開始の審判等の実効性を図ろうとする点にある。

通則法は、後見開始の審判等の原因および効力の準拠法について、端的に「日本法によ」ることを規定している。

準拠法が日本法とされた理由としては、①原因と効力とは、同一の、しかも単一の準拠法によるべきと考えられること、②わが国に国際裁判管轄が認められ、日本法上保護の必要があるとされた者については、その者の本国法上の規律のいかんを問わずに後見開始の審判等をなすべきと考えられること、③かりにわが国の裁判所が外国法により後見開始類似の判断をすることとされると、その判断の効力についても外国法によることとなって煩雑であり、取引の安全を害するということがあげられる。

⒝成年後見の準拠法（35条）

このように、通則法 5 条により後見開始の審判がなされるが、後見人の選任・解任、後見人の資格や権利義務の範囲や後見等の終了に関しては、通則法35条に従って準拠法が決定される。

そして、このような保護措置たる後見の準拠法は、制限行為能力者保護の見地から、制限行為能力者の最密接関係地法として、原則として被後見人の本国法となる（通則法35条 1 項）。ただし、通則法 5 条の規定に従って日本で後見開始の審判がなされた場合には、5 条により定まる後見開始の審判等に関する準拠法との整合性を図るため、例外的に日本法が準拠法として適用される（通則法35条 2 項 2 号）。

なお、未成年後見の準拠法の適用範囲については、第 3 章第 3 節 6 で述べる親権（通則法32条）との関係を考慮する必要がある。

まず、後見の準拠法である子の本国法（通則法35条 1 項）によれば後見人たる親権者が存在するために後見が開始しないが、親権の準拠法である子の常居所法（通則法32条）によれば親権者を欠くといった場合に、後見を開始すべきかという問題がある。この点、未成年後見は子の保護のために親権を補充するための制度であることから、たとえ後見の準拠法によれば後見開始の原因がない場合であっても、通則法32条で定

められる準拠法に従って後見を開始すべきであると考えられる。

一方、後見の準拠法である子の本国法(通則法35条1項)によれば後見人たる親権者が存在しないために後見が開始するが、親権の準拠法である子の常居所法(通則法32条)によれば親権者が存在する場合に、後見を開始すべきかという問題もある。これについては、前述のように未成年後見は親権を補充するための制度であり、親権者が存在する場合には親権による保護が原則とされていることから、通則法32条が35条に優先して適用されるため、後見は開始されないと解される〈中西ほか367頁〉。

(c)外国でなされた後見開始審判の承認

外国で後見開始の審判を受けた者が日本に来た場合に、その者を制限行為能力者として扱うべきかどうか、つまり、その外国での審判を承認すべきかどうかが問題となる。

この点については、承認説よりも否認説が有力である。能力制限制度は公示制度と密接に関連するものであり、外国の公示の効力が日本には及ばない以上、能力制限の効力を認めたのでは内国の取引の安全を害することになることが理由としてあげられている〈木棚ほか110頁〉。

この説によるとしても、わが国における行為ではなく、その者が審判を受けた地たる外国でした行為を制限行為能力者の行為として認めるべきことには、異論はない。したがって、厳密な意味での承認ではないが、場合を限定して外国での後見開始審判の効力を認めるべき場合が存在することになる。

(d)後見開始審判の取消し

審判の取消しについての管轄権は、審判を行った機関の所属する国にあり、外国でなされた後見開始の審判を、日本の裁判所が取り消すことはできない。

日本でなされた審判は、通則法5条[後見開始の審判等]の趣旨に従い、日本法または本国法のいずれかの取消原因がある場合に、取り消すことができるものと解される。

3 法人

【1】総説

団体に法人格が与えられる要件は、国によって異なる。また、法人格が与えられても、社員間の法律関係、代表者の権限等も、国によって異なることがある。そこで、これらの問題を、いずれの国の法律によって判断するのかが問題となる。

【2】法人の従属法
⑴従属法の決定

　自然人についての属人法と同様に、特定の法人の人的法律関係に一般的に適用される法として、従属法なる法律が観念できることが認められている。1つの法人に対して1つの国の法を従属法として統一的に適用することで、法人に関するルールが混乱するのを防ぐのがその趣旨である。この従属法は、法人の一般的権利能力の存否、法人の内部組織・消滅原因を規律することになる。しかし、日本の国際私法上、どこの国の法を法人の従属法と決定するかの基準についての明文規定はなく、解釈が争われている。

　第1の考え方は、設立準拠法説とよばれるものである。この説は、法人に法人格を付与するのは設立の際に準拠した法であり、その法がそのままその法人の従属法になると考える。

　第2の考え方は、本拠地法説とよばれるものである。この説は、法人ともっとも密接な関係を有する地はその法人の活動の中心たる地であるから、法人の本拠地の法を従属法にすべきであると考える。

　本拠地法説は、法人の法律回避的な設立を阻止する点を強調する。しかし、ある法人の本拠地をどこと考えるかは明確ではない。また、この説によったのでは従属法が状況によって変化しうることになり、たとえば法人の内部組織や代表者の権限などが不安定になって妥当でない。そこで、従属法を一義的に決定でき、固定性も確保できる設立準拠法説が通説である。この説には法律回避的な設立を可能にしてしまうという難点があるが、これに対しては現実の本拠の所在する国の実質法に監督規定を定めることによって対処が可能である〈溜池296頁〉。

⑵従属法の適用範囲

　法人の従属法は、法人の設立・内部組織・代表者の権限から解散にいたるまで、幅広く法人の抵触法上の問題を規律する。

　一般的権利能力すなわち法人格の存否および範囲についても原則として法人の従属法により定まる。しかし、取引の相手方は外国法人の一般的権利能力の範囲を行為地国の法律によって考えていることもある。そこで、内国取引保護の観点から、自然人に関する通則法4条2項を類推適用し、権利能力を従属法よりも拡張する場合を認める見解が多数説である。

　次に、個々の権利の享受能力が個々の権利についての準拠法によって定まるという点については、法人においても自然人の場合と同様である。たとえば、ある不法行為を受けた法人が損害賠償請求権を取得できるかどうかは、その不法行為についての準

拠法によって定まる。ただ、権利の性質上法人が享受することも可能であるが、従属法上は法人に認められていない権利は、その法人には認められないものと解されている。たとえば、相続の準拠法によって法人に相続権が認められていても、従属法上は法人に相続権が認められていなければ、その権利は認められないのである。

　法人の行為能力すなわち法人の機関の権限についても、原則としては従属法により決定されるのであるが、内国取引の保護の観点から、行為の相手方との関係においては通則法4条2項の類推適用がなされる場合がある。

　さらに、法人の不法行為能力については、従来は原則どおり従属法によるとする見解が有力であったが、最近では被害者保護の観点から不法行為の準拠法、すなわち結果発生地法（例外の場合は加害行為地法）（通則法17条）によるとする見解が有力である。つまり、かりに法人の従属法上不法行為能力が認められないとしても、結果発生地法によれば不法行為能力が認められる場合、法人の不法行為を認めるのである。

　なお、以上のような通説的な説明に対し、そもそも法人の従属法の射程は会社の内部関係、あるいは組織法上の問題にかぎられ、外部の取引相手や第三者との関係については当該取引の準拠法によるべきとする見解もある。会社が設立された場所に関わりのない外部の第三者が、従属法を理由にその法的地位を左右されるのは不当であることを考えると、この説は説得的である〈石黒384頁〉。

③法人格否認の法理

　現在ではグローバル化の進展に伴い、多国籍企業が増加している。そこで、外国子会社の行為についての責任追及を多国籍企業の親会社に対してするケースが考えられる。その際、子会社と親会社は本来別個の法人格であるため、法人格否認の法理を用いて子会社の法人格を否認することが必要になるが、その際の準拠法をどのように決定するかが問題となる。

　この点につき、法人格否認の法理を法人の一般的権利能力の存否の問題と同様に捉えて、法人格が否認される会社の従属法に一律によらしめるとする見解もあるが、法人格否認の法理が適用される場面は多種多様であるから、法人格否認の法理が果たす機能に応じて準拠法を決定すべきである。たとえば、過小資本の会社の債権者が、生じた損害の責任を株主に対して追及する場合は、もっぱら会社と株主との間の事情が問題となる場面であることから、法人格が否認される会社の従属法によるべきである。

　一方、子会社の契約責任や不法行為責任につき親会社も責任を負うかが争われる場合、特定の債権者を保護するために法人格否認の法理が適用されることから、契約や不法行為の準拠法によるべきである（東京高判平成29年6月29日自保ジャーナル2006号85頁〔百選20事件〕参照）。

【3】外人法

　外人法とは、外国人や外国企業が内国において権利を享有し、あるいは活動を行うことを規制する法である。したがって、外人法は国際私法ではなく実質法であるが、外国法人の私法上の問題に関係するため、ここで簡潔に論じる。

　わが国では、民法3条2項が「外国人は、法令又は条約の規定により禁止される場合を除き、私権を享有する」と定めるように、外国人についても、原則として、内国人と同等の権利の享有が認められている(内外人平等主義)。また、外国会社についても同様である(民35条2項、会社823条)。

　もっとも、国家的利益に関わる権利については、外国人・外国法人による権利享有が法律によって禁止あるいは制限されている。たとえば、船舶所有権や航空機所有権について、外国人・外国法人所有のものにかぎらず、日本法人所有であっても、その役員や議決権者の一定割合以上が外国人・外国法人である場合には、日本の船舶・航空機としての登録を認めないこととしている(船舶1条、航空4条)。

2. 法律行為

1 法律行為の実質

【1】総説

　法律行為の準拠法を決定するにあたっては、その実質の問題と形式の問題が区別して論じられる。ここで、実質の問題とは、法律行為の成立要件のうち実質的成立要件と法律行為の効力の問題をいい、形式の問題とは、法律行為の成立要件のうちの形式的成立要件をいう。たとえば、契約の成立の前提としての意思表示の瑕疵の有無、代理権の存否、成立した契約による当事者の権利義務の範囲は、法律行為の実質の問題である。これに対して、意思表示に書面を要するか、あるいは届出を要するかは、法律行為の形式の問題である。

　この2つの問題が区別して論じられるのは、実質の問題については、国際私法上すべての法律行為に共通する一般的な規則が存在せず、物権法上の法律行為・債権法上の法律行為など、個別に論じなければならないのに対して、形式の問題については、すべての法律行為に共通する一般的な規則が存在すると考えられているからである。

　以下では、まず、法律行為の実質の問題について論じ、その後、法律行為の形式の問題について論じる。

【2】代理

⑴総説

　わが国の国際私法には、代理による法律行為についての準拠法を定める規定は、存在しない。そこで、そもそもその行為について代理が許されるのかという代理の可否自体が問題となる。また、かりに代理が許されるとしても、代理の効力、代理権の存否・範囲、無権代理の処理、表見代理の成否等を、いかなる法律により判断すべきかが問題となる。

　なお、国際私法上何をもって代理というかは、若干困難な問題である。国内実質法上の議論だけをみても、法人の代表関係、信託の委任者・受任者間の関係、名板貸し、

営業の賃貸借等、代理と似ている法制度は多いし、諸国の実質法を考えてみれば何をもって代理とよぶかにはさまざまな考え方がありえよう。そのような状況のなか、ここで論じるのは、広く、一定の内部関係にあるABについて、その一方たるBが第三者Cと一定の行為を行った場合に、その行為の効力がABのいずれに帰属するのかをめぐる、三者間の法律関係である。

2—1

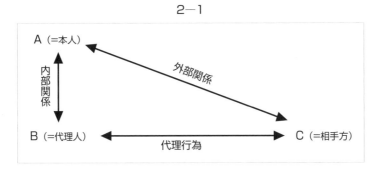

そして、ここでは、本人・代理人・相手方という三当事者が登場するので、それぞれの関係について、いかなる準拠法により問題を解決すべきかを、必要に応じて区別して論じていく必要がある。

まず、ある法律行為に代理が許されるかどうかや、代理行為の成立・効力については、法律行為の実質の問題として、代理の準拠法ではなくその法律行為の準拠法によって決定される。たとえば、代理行為によって売買契約がなされたとすれば、契約債権の準拠法(通則法7条)により、代理行為の成立・効力の問題も決せられることになる。

次に、代理権の存否、およびその範囲の問題については、法定代理と任意代理とで区別して論じる必要がある。

⑵法定代理

法定代理は、本人の意思に基づかずに直接法律の規定により発生する代理である。したがって、代理権の存否・範囲の問題は、その代理権発生の原因となった法律関係の準拠法による。たとえば、親権者の代理権の有無・範囲は、通則法32条[親子間の法律関係]により定まる準拠法により、後見人の代理権の有無・範囲は、通則法35条[後見等]により定まる準拠法により判断される。

⑶任意代理

任意代理とは、代理権の発生が本人の意思に基づく場合をいう。この場合の準拠法の決定については、三当事者のそれぞれの関係を考えていく必要がある。

まず、本人と代理人間の法律関係については、代理権の発生が本人による授権行為に基づくことから、その授権行為の準拠法を考えればよい。すなわち、本人と代理人間で委任契約や雇用契約によって代理権が授権されるのであれば、授権行為も法律行為であるから、一般の契約の準拠法と同様に、通則法 7 条［当事者による準拠法の選択］により、当事者の意思に従って、その準拠法を決定する。

　次に、代理人と相手方との間の関係、すなわち、代理権があることを前提とした代理人による代理行為の成立と効力の問題については、一般の法律行為と同様であり、その性質によって定まる実質の準拠法による。たとえば、なされた行為が契約であれば通則法 7 条によるし、物権行為であれば通則法13条［物権及びその他の登記をすべき権利］の適用を受けることになる。

　最後に、相手方と本人との関係、すなわち、いかなる要件で相手方と本人との間に直接の法律関係の成立を認めるかについては、見解が分かれている。従来の通説は、代理権は授権行為によって発生するのであって、授権行為の準拠法が認めていない要件によって本人に責任が発生するのでは本人保護に反するとして、授権行為の準拠法を適用すべきと考えていた。これに対して、相手方の立場に立てば、授権行為の準拠法を知ることは困難であって、むしろ相手方保護・取引の安全の観点から、代理行為地法を準拠法とすべきとする見解が現在では通説である。代理行為地法であれば、代理人を利用し、代理行為地を制限できる立場にある本人も知りうるというのである。さらに、後出重要判例（神戸地決昭和34年 9 月 2 日）では、基本的には授権行為の準拠法によるが、相手方保護のために法例 3 条 2 項〔通則法 4 条 2 項〕を類推し、代理行為地法上本人の責任が認められるときには代理行為地法によるべきとしており、これを支持する見解も多い。

2—2

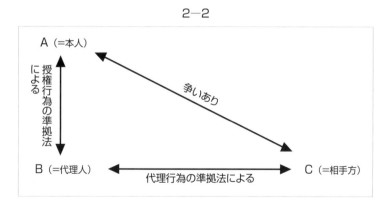

★重要判例（神戸地決昭和34年9月2日下民10巻9号1849頁〔百選22事件〕）

「わが国際私法上、代理人あるいは、代理人と称するものの行為により本人と右行為の相手方がどのような法律関係に立つかについての準拠法の決定につき考えるに、任意代理を原因とするものについては、まず法例第7条〔通則法7条、8条〕の適用又は類推適用により代理権を授与する法律行為あるいは第三者に対して他人に代理権を与えた旨を表示した者の責任についてはその表示行為の成立及び効力の準拠法によってこれを決するのが相当と解されるから、代理授権行為等の準拠法は、その当事者の意思により定まるものといわなければならない。しかしこの場合には第三者たる代理行為の相手方にとって、有効な代理権の存否はこれを知ることが必ずしも容易でなく、いきおい渉外的取引の円滑化の要請が脅やかされるに至るべく、かくては国際私法の本旨にももとる結果となるから取引行為の相手方の保護のためには更に法例第3条第2項〔通則法4条2項〕を類推して、代理行為のなされる場所の法律において本人が相手方に対し代理行為による責任を負うべきものと定められている場合には本人と取引行為の相手方との法律関係について右行為地法を適用すべきものとするのが最も相当と解せられる。」

【争点】相手方と本人との間に直接の法律関係の成立を認めるかどうかについて、いかに準拠法を定めるべきか。

【結論】基本的には授権行為の準拠法によるが、相手方保護のために通則法4条2項を類推し、代理行為地法上本人の責任が認められるときには、代理行為地法によるべきである。

⑷表見代理・無権代理

以上のように代理権の存否・範囲の準拠法が定められた場合、その準拠法によれば代理権が存在しないとき、あるいは設定された代理権の範囲を超えて代理人の行為がなされたときでも、その法律関係が本人に帰属すべきとされることがある。このような表見代理・無権代理の要件をいかなる準拠法で考えるかが問題となる。

従来の通説は、これを代理行為の効力の問題として捉え、代理行為の準拠法、すなわち、前述の代理人と相手方との関係を規律する準拠法によるべきであるとしていた。これを基礎に、本人保護の見地から、表見代理の場合にはその基礎となる授権行為または代理権授与の表示の準拠法を、あわせて累積的に適用するべきとする見解もある。しかし、この見解に立つとあまりに表見代理が認められにくくなり、有権代理の場合に代理行為地法を準拠法とする現在の通説からは、本人保護に偏りすぎる。そこで、この場合にも、代理行為地法を準拠法とすべきとする見解が有力である〈櫻田193頁〉。

そもそも、先に論じた代理権の存否・範囲の問題と表見代理・無権代理の問題とは、いずれも、代理人と称する者の行為について、本人と第三者の利益調整の観点から、本人に第三者との関係で責任を負わせるべきか否かを問題にする点で同一であって、これをわざわざ区別して論じる必要性は乏しい。そうだとすれば、代理行為地法説は、両者を同一の準拠法で扱おうとする点で優れており、支持できる。

なお、表見代理・無権代理がなされた場合、本人と代理人との間の内部関係につい

ては、なんらかの授権関係があれば当該内部関係の準拠法により、まったく授権関係がなければ、本人の利益になる場合には事務管理、不利益になる場合には不法行為の準拠法によるべきとされている。

【3】 条件および期限

　条件および期限を法律行為につけることができるかという問題、また、つけることができた場合の法律行為の効力の問題は、各法律行為の準拠法による。そのほか、期限の期間の計算方法の問題も、同様である。

2 法律行為の方式

> ［設例］
>
> 　日本在住のA国人甲、乙が、「この契約の成立と効力はA国法による」との合意のもとで、20万円の金銭消費貸借契約を口頭で締結した。この金銭消費貸借契約は有効に成立するか。A国法によると金銭消費貸借契約は書面によらなければ有効に成立しないものとする。

【1】 総説

　法律行為の方式の問題とは、法律行為が有効に成立するために必要な外部的形式としての意思表示の表現方法の問題であり、法律行為の形式的成立要件の問題である。たとえば、法律行為が書面によりなされる必要があるのか、書面について自署・なつ印を要するか、証人の立会いが必要か、等についての準拠法に関する問題が、ここでの問題である。

　ここでいう方式とは、意思表示の表現方法をいうから、単なる証拠方法や、公法上の制度は法律行為の形式の問題ではない。もっとも、たとえば公正証書が単なる証拠方法であるのか、それとも意思表示の方法であって形式の問題であるのかは、国によって考え方の違いがありうるので、法律関係の性質決定の問題になる。

　この問題について、通則法は10条に一般的な規定をおいている。すなわち、そこでは、法律行為の方式は、その行為の成立の準拠法（1項）または行為地法（2項）のいず

れかに合致していればよい、という選択的連結がとられている。ただ、この規定は一般原則であって、別段の定めがあるときにはそのかぎりでなく、婚姻の方式(通則法24条2項、3項)、親族関係についての法律行為の方式(通則法34条)、遺言の方式(遺言準拠2条)、手形・小切手行為の方式(手89条、小78条)については、それぞれの規定によって、準拠法が決定される。

【2】 通則法10条1項の規定

　通則法10条1項は、「法律行為の方式は、当該法律行為の成立について適用すべき法(当該法律行為の後に前条の規定による変更がされた場合にあっては、その変更前の法)による」として、方式の準拠法を成立の準拠法としている。方式は、法律行為の実質と密接に関連するからである。

　なお、ここでいう法律行為の「成立」の準拠法は、法律行為の当時におけるものにかぎられ、通則法9条によって変更されたものを含まない。この趣旨は、方式の有効性を法律行為の成立時点で固定するという点にある。

【3】 通則法10条2項の規定

　上記のように、法律行為の方式の準拠法をその法律行為の成立の準拠法と一致させると、不都合が生じる場合がある。たとえば、契約の成立の準拠法がA国法であり、A国法ではその契約の成立に公正証書が必要とされているのに、当事者の所在するB国では公証人制度がなく、公正証書が得られないという場合も考えられる。このような場合に通則法10条1項の原則だけでは、およそその法律行為はなしえないという結果になってしまう。

　そこで、このような不都合を回避して当事者の便宜を図るため、諸国の国際私法において、「場所は行為を支配する」という原則が古くから認められてきた。すなわち、法律行為がなされた行為地の法律に従えば方式上有効であると認められるならば、その法律行為の形式は有効であると考えるのである。

　通則法10条においても、その2項で、「前項の規定にかかわらず、行為地法に適合する方式は、有効とする」と規定しており、この原則を採用している。

【4】 行為地の決定
⑴通則法の規定

　以上のように、法律行為の方式を行為地法によって決する場合、その行為地とはいかなる地であるかが問題となる。特に、手紙等を利用した隔地的法律行為の場合に、

申込地と承諾地のいずれを行為地とすべきかが問題となるのである。

　この点について、まず、通則法10条3項が、「法を異にする地に在る者に対してされた意思表示については、前項の規定の適用に当たっては、その通知を発した地を行為地とみなす」と規定している。このように、隔地的な意思表示についての規定がおかれたのは、法律行為の行為地を決定するための前提として、法律行為の要素たる意思表示について、それが異なる法域に所在する者に対してされた場合に、発信地と到達地のいずれの地においてされたかを決定する必要があるためである。そして、方式について行為地法によることを定めた通則法10条2項の趣旨が、【3】で述べたように当事者の便宜を図る点にあることにかんがみれば、異なる法域に所在する者に対する意思表示については、意思表示を行った者が現実に所在していた場所である発信地を行為地とすることが妥当である。そこで、通則法10条3項は、「通知を発した地」を行為地としている。

⑵行為地の決定

　以上のように、法律行為が単独行為である場合には、意思表示の発信地が行為地であるとみなされる。

　次に、隔地的契約における行為地をどことするかが問題となる。これに関して、通則法10条4項は、「法を異にする地に在る者の間で締結された契約の方式については、前2項の規定は、適用しない」としたうえで、「この場合においては、第1項の規定にかかわらず、申込みの通知を発した地の法又は承諾の通知を発した地の法のいずれかに適合する契約の方式は、有効とする」として、選択的適用を認めている。この規定は、申込みについては申込地法、承諾については承諾地法の方式によるとするよりも、準拠法の適用関係が明確になるというメリットがある。

　ここで、「通知を発した地」とは、表意者によって行為がなされた地を意味すると考えられる。意思表示が郵送された場合には、郵便が付された地、電子メールでされた場合には、表意者がメール送信の操作を行った地がそれにあたることになるであろう。

【5】行為地法の適用の例外

　通則法10条5項は、「前3項の規定は、動産又は不動産に関する物権及びその他の登記をすべき権利を設定し又は処分する法律行為の方式については、適用しない」と規定している。したがって、物権行為の方式については、行為地法の要求する方式に従って有効であっても、通則法10条1項により、「当該法律行為の成立について適用すべき法」たる目的物の所在地法(通則法13条)の要求する方式に従って有効でなければ、方式を具備したことにならない。

この規定の趣旨は、物権行為については、その性質上、目的物の所在地がもっとも密接な関係を有する地であり、登記等の公示方法もその地でなされるのであって、取引の安全の観点から、目的地の所在地法を排他的に適用すべきと考えられる点にある。

【6】 設例の検討

設例の金銭消費貸借契約が有効に成立するためには、法律行為の形式的成立要件（方式）をみたしている必要がある。

ここまでに述べたように、法律行為の方式については、第1次的には法律行為の成立の準拠法（通則法10条1項）が適用される。設例においては、契約の当事者甲、乙が「この契約の成立と効力はA国法による」と合意しているので、通則法7条［当事者による準拠法の選択］によって当事者が選択したA国法が甲乙間の金銭消費貸借契約の成立および効力の準拠法となる。そして、A国法によれば金銭消費貸借契約は書面によらなければ有効に成立しないので、口頭でなされた甲乙間の金銭消費貸借は、法律行為の方式の要件をみたさず、有効に成立しないことになる。

しかし、それでは、契約の準拠法をA国法にすることを合意した甲乙の便宜を図ることができない。そこで、法律行為の方式について第2次的に適用される行為地法（通則法10条2項）によって、本契約が有効に成立するかどうかを検討する。設例の金銭消費貸借契約は日本において締結されたので、行為地は日本である。そして、日本法によれば、金銭消費貸借契約は書面を作成せずに口頭でなしても有効に成立するので（民587条参照）、口頭でなされた甲乙間の金銭消費貸借契約は、行為地法である日本法上は、法律行為の方式の要件をみたす。したがって、甲乙間の金銭消費貸借契約は、「行為地法に適合する方式」によるものとして、有効に成立する。

3. | 取引活動

1 契約準拠法の決定

【1】当事者自治の原則

　国際的な取引が増大してきたことに伴い、契約の成立・効力をいかなる法に基づいて決定するかが重要になってきている。私法の内容は国によって大きく異なるので、準拠法をいかに選ぶかが、紛争の解決に決定的な役割を果たすこともあるからである。

　これについて、通則法7条は、「法律行為の成立及び効力は、当事者が当該法律行為の当時に選択した地の法による」と規定している。ここにいう「法律行為」には、ほかに明文のある物権的行為・身分行為等は含まれない。しかし、債権的法律行為、とりわけ契約を含むことに争いはなく、したがって、契約の準拠法は当該契約の当事者がその意思によって定めることができることになる。

　このような準拠法決定のあり方は、当事者自治の原則といわれる。国際私法の理念は、当該法律関係にもっとも密接な関係を有する地の法を適用することにあるが、契約の場合にはその内容・種類・形態はさまざまであり、どのような客観的要素を連結点にとってみても、それが常に最密接関係地法を指定すると断言できない。そこで、日本法では、他の法律関係の場合のような、客観的な要素を連結点とする客観主義をとらず、準拠法の決定を当事者の意思に委ねる主観主義、すなわち当事者自治の原則が採用されたのである。

　このような当事者自治の原則は、当事者の予測可能性を担保し、法的安定をもたらす点で、国際取引の安全に資する。また、裁判所としても、準拠法の決定が容易になる。

　もっとも、当事者の意思を絶対視し、国際私法上の当事者自治の原則を過度に強調することには問題がある。実質法上の当事者自治の原則は、あくまで任意法規の適用を排除し、あるいは法に規定のないルールを定める自由を当事者に与えるものである。これに対して、国際私法上の当事者自治は、特定国の強行法規の適用をも回避する点で、実質法上の当事者自治の原則とは異なる、より強い効果をもつものである。かりに、特定の契約について、当事者の意思によってそれと何の客観的関連性のない第三

国の法律を準拠法とすることを認めるとすれば、その当事者は、労働法や経済法など、経済的弱者保護のために定められた公法上の強行規定による規制を、容易に潜脱することが可能になるのである。

　そこで、国際私法上の当事者自治の原則には一定の制限を加えるべきであるという考えが有力になっている〈石黒315頁以下〉。

【2】準拠法の指定
(1)実質法的指定と準拠法指定

　通則法7条によって、当事者は、みずからの締結する契約について準拠法を指定することができる。ここで指定される準拠法は必ずしもその契約と関連性をもたない地の法であってもよいとされるが、上記のように強行法規の回避を防止する観点から、契約との関連性を要求する見解もある。

　ただ、契約中に、「この契約に関する紛争の解決についてはA国法に従う」という規定がおかれている場合であっても、必ずしもそれが準拠法指定であるとはかぎらない。実質法上、契約自由の原則が認められていることから、契約条項にA国の法令や判例を書き込むことは許されるのであり、それを行うかわりに、一括して契約内容に取り込む場合があるからである。このような指定を実質法的指定とよぶ。

　たとえば、日本の損害保険業界では、いわゆる外航貨物海上保険契約について、「この保険は、すべての塡補請求に対する責任及びその処理についてはイングランド法及び慣習に従う」という条項をおいている。これは、契約準拠法の指定ではなく、イングランド法を契約内容に取り込むという意味の実質法的指定であると解されている。この条項がイングランド法を実質法的指定したものと解すると、契約準拠法(ここでは日本法とする)の絶対的強行法規のみならず相対的強行法規(強行法規のうち、絶対的強行法規以外のもの。当該強行法規の属する法が国際私法によって準拠法として指定されたときのみ適用される)に反しない範囲で、イングランド法が契約内容に取り込まれることになる。これに対して、この条項がイングランド法を準拠法指定したものであると考えると、相対的強行法規はイングランド法の規定が適用されるのであって、日本法の相対的強行法規は適用されない。ここに、両者の違いがある。

(2)準拠法指定の時期および変更

　まず、準拠法指定の時期については、訴訟における口頭弁論終結時までの間であれば、いつでもよいと解されている。なぜなら、当事者が法律行為を行った後においても、実質法上の私的自治が否定されるわけではないため、抵触法上の当事者自治も認められるべきだからである。

次に、いったん選択した準拠法を変更できるかについては、通則法に明文の規定がある。すなわち、通則法9条本文は、「当事者は、法律行為の成立及び効力について適用すべき法を変更することができる」として、準拠法の事後的変更を認めている。法律行為の当事者自治を尊重する趣旨である。

もっとも、準拠法の事後的変更が、準拠法の変更に関与できない利害関係を有する第三者の権利を害することは、適当ではない。そこで、通則法9条ただし書は、「第三者の権利を害することとなるときは、その変更をその第三者に対抗することができない」と規定している。

(3)分割指定

契約の部分ごとに異なる準拠法を当事者が選択することを、分割指定という。通則法7条は、伝統的な準拠法単一の原則に従って規定されており、成立と効力をすべて単一の準拠法によらしめている。しかし、たとえば、当事者が債務不履行責任についてはA国法により、危険負担についてはB国法によるとする合意をした場合には、このような分割指定も認められるとする説が有力である〈櫻田222頁〉。

ただし、このような分割指定を認めると、統一的な契約関係について準拠法選択をする際に分断が生じてしまい、複数の準拠法の接合面で矛盾・抵触が生じうるし、法廷地国裁判官への負担も重くなる。そこで、分割指定を無制限に認めるべきではないとする見解も主張されている〈石黒324頁〉。なお、国際海上運送契約において、特段の事情がないかぎり、準拠法の分割指定を認めるべきではないと判断した裁判例がある（東京地判平成13年5月28日判タ1093号174頁）。

【3】明示の指定がない場合

(1)通則法8条1項の規定

通則法に改正される前は、明示の指定がない場合について、法例7条2項で行為地法主義が採用されていた。しかし、無理にどこかを行為地と一律に決めるのでは、契約の実態に則さない不合理な準拠法選択がなされる可能性があり妥当でない、等の立法的批判にさらされていた。そこで、この解釈として、当事者による明示の指定なき場合についても、法例7条2項をただちに採用するのではなく、準拠法の指定についての黙示の意思を探求すべきとする学説が多く、判例もこのような考え方を採用していた（後出重要判例、最判昭和53年4月20日等）。

通則法8条1項は、批判のあった行為地法主義を排除し、「前条の規定による選択がないときは、法律行為の成立及び効力は、当該法律行為の当時において当該法律行為に最も密接な関係がある地の法による」と規定している。すなわち、当事者による

準拠法選択がされていない場合には、客観的に法律行為の最密接関係地法とみられる法が、準拠法とされるのである。これによって、準拠法を柔軟に決定しうる。

そもそも法例7条のもとでの黙示の当事者の意思の探求は、結局のところ真実の意思の探求というよりは、契約に関する客観的な諸事情をふまえて当事者の合理的意思として解釈される仮定的意思を考慮することで、行為地法主義の規律の硬直性を緩和し、最密接関係地法を具体的事情から探求して客観的連結をめざしていたにほかならず、通則法8条1項で最密接関係地を決定するのと実質的に変わらない場合が多い。そうだとすれば、当事者の黙示の意思を探求する場面は、それが契約の態様から明確に導かれる場合に限定され、そうでない場合は通則法8条1項を適用すればよいので、通則法7条の黙示の意思による法選択にあたって、あえて仮定的意思まで考慮する必要性は乏しい。

なお、近時では、当事者間の売買契約について明示の意思による準拠法選択がなかった場合に、当事者の黙示の意思を考慮して日本法を準拠法として認めた事例（東京地判平成30年10月25日〔百選26事件〕）がある。この事案では、当該売買契約と密接な関連があった販売代理店契約においては、両当事者が日本法を準拠法とすることに明示的に合意していたという事情があり、この判例も準拠法を選択するにあたって、仮定的な意思を探求したわけではないといえる。

次に、通則法8条1項の最密接関係地を決定するにあたって、いかなる要素を考慮すべきかが問題となる。この点については、解釈に委ねられることとなるが、最密接関係地という連結点の採用の趣旨が、連結政策の柔軟化にある点を重視するならば、準拠法が問題となっている法律行為に関するあらゆる要素を、考慮の対象とすることとなろう。具体的には、最密接関係地という連結点が客観連結としての位置づけを与えられるとしても、当事者の意思的要素を客観的な事実として考慮することは排除されないこととなる。また、法律行為がされた後に発生した事実等の要素についても考慮できることとなる。

⑵通則法8条3項の規定

通則法8条3項は、「第1項の場合において、不動産を目的物とする法律行為については、前項の規定にかかわらず、その不動産の所在地法を当該法律行為に最も密接な関係がある地の法と推定する」と規定する。この規定の根拠としては、不動産に関する物権関係が不動産所在地法（通則法13条）によるため、それを目的とする債権的法律行為についても同一の準拠法で規律することが適切であること等があげられる。諸外国の立法例等でも、不動産に関する契約は、不動産の所在地と密接に関係すると考えられている場合が多い。この規定は、通則法8条2項の特徴的給付による推定に

優先して適用される。

　不動産を目的とする法律行為とは、具体的には、不動産の売買契約や不動産の賃貸借契約等をさす。複数国に所在する不動産を単一の売買契約の目的物にしたような例外的な場合には、通則法8条3項の規定ははたらかず、1項の原則に戻って最密接関係地を認定すべきことになろう。

　なお、最密接関係地法の推定規定としては、ほかに、特徴的給付の理論に関する通則法8条2項と、労働契約の特例としての通則法12条があるので、本節【4】および【6】にて後述する。

★重要判例（最判昭和53年4月20日民集32巻3号616頁〔百選37事件〕）

　日本に居住していた華僑であるAが、タイ国法により設立されたY銀行の東京支店と締結した、定期預金契約上の債権の準拠法が問題となった事案が本件である。

　「まず法例7条1項〔通則法7条〕に従い当事者の意思によるべきところ、……当事者の明示の意思表示を認めることはできないが、Y東京支店は、当時日本に居住していた華僑のAと円を対象とする本件定期預金契約をし、同預金契約は、Y東京支店が日本国内において行う一般の銀行取引と同様、定型的画一的に行われる附合契約の性質を有するものであるというのであり、この事実に加えて、外国銀行がわが国内に支店等を設けて営業を営む場合に主務大臣の免許を受けるべきこと、免許を受けた営業所は銀行とみなされること（銀行法32条）等を参酌すると、当事者は本件定期預金契約上の債権に関する準拠法としてY東京支店の所在地法である日本法を黙示的に指定したものと解すべきである。」

【争点】 通則法7条の当事者の選択は、黙示的なものでも足りるか。

【結論】 黙示的な指定でも足りる。

【4】 特徴的給付の理論

⑴通則法の規定

　通則法8条2項は、法律行為の成立および効力に関する当事者の準拠法の選択がない場合において、「法律行為において特徴的な給付を当事者の一方のみが行うものであるとき」は、給付を行う当事者の常居所地（事業所の所在地）を最密接関係地と推定するとして、いわゆる特徴的給付の理論を採用している。

⑵特徴的給付の理論

　特徴的給付の理論とは、商業上の行為に関しては、契約関係の重心が職業的行為を引き受ける者の側にあることから、契約の最密接関係地は商人が営業を営む地であるとする考察を基礎として、それを一般化し、契約に特徴的な給付（その種類の契約を、他の種類の契約から区別する基準となる給付）をすべき者が活動の拠点を有している地を契約の最密接関係地とする考え方である。諸外国にも、このような理論により、最密

接関係地法を推定する手法を採用する国は多い。

　特徴的給付の理論に基づく規定を通則法に設けることについて、現代における複雑な契約関係において何をもって特徴的な給付とするかが必ずしも明らかでない場合があることや、特徴的給付の理論が取引実務の感覚と必ずしも合致しない帰結を導出する場合があること等を理由として、批判的な見解もあった。しかし、通則法8条2項は、特徴的給付が一方当事者についてのみ観念できる法律行為について、最密接関係地法を推定する規定であり、そのような特徴的な給付が観念できない法律行為の場合には、そもそも適用されない。また、通則法8条2項が適用されて特徴的給付を行う当事者の拠点の法が最密接関係地と推定されたとしても、より密接に関係する地の法があることが認められれば、推定が覆ってその法が適用されうる。したがって、実際上の問題はそれほど大きくないといえる。

　この点について、冷凍うなぎの売買契約において、売主の常居所地法である中国法と買主の常居所地法である日本法のいずれが最密接関係地法として認められるかが問題となった事案で、目的物の引渡しという特徴的な給付を当事者の一方である売主のみが行うものといえるから、通則法8条2項により、中国法が最密接関係地法と推定されるとしたうえ、買主の主張する事情は、その推定を覆すには足りないと判示した事例(東京地判令和元年8月27日〔百選28事件〕)がある。

⑶特徴的給付

　ある法律行為について、何が特徴的給付とされるのかの判断基準については、原則どおり、わが国の国際私法独自の立場からこれを決定すべきと解される。

　「特徴的な給付」とは、契約を特徴づける給付をいうと解される。今日の契約においては、当事者の一方が金銭の反対給付を負うことは一般的であることから、双務契約において契約を特徴づけるのは、金銭債務の反対給付ということになる。金銭債務の反対給付とは、たとえば、売買契約における売主側の給付、賃貸借契約における貸主側の給付などである。そして、そのような特徴的な給付こそが、当該契約の内容の中心であり、契約準拠法を決定する基準として適切である、というのが特徴的給付の理論である。

　もっとも、実務で一般的に行われている多種多様な契約については、特徴的給付を観念することが困難である場合も当然考えられる。そのような場合においては、「特徴的な給付を当事者の一方のみが行うもの」にはあたらないとして、通則法8条1項に従って最密接関係地を判断すれば足りるであろう。特徴的給付は、あくまでも最密接関連地法を推定する手段にすぎないのである。

【5】 消費者契約の特例

(1)通則法11条1項

　通則法11条は、消費者契約について、経済的に弱い立場にある消費者の保護のための特則を設けている。

　まず、消費者契約については、当事者が消費者の常居所地法以外の法を消費者契約の成立および効力の準拠法として選択した場合であっても、消費者がその常居所地法中の特定の強行規定を適用すべき旨の意思を事業者に対して表示したときは、その規定が適用される（通則法11条1項）。

　消費者と事業者の間で契約が結ばれる場合に、当事者による法選択を自由に認めると、事業者があえて消費者保護に薄い実質法を選択するという弊害が生じかねない。したがって、通則法11条1項の趣旨は、消費者が馴染みのある常居所地法中の強行規定の適用を求めることを可能とする点にある。

(2)通則法11条2項

　次に、当事者が準拠法を選択しなかったときは、消費者の常居所地法によることとしている（通則法11条2項）。

　通則法11条2項は、準拠法の選択がない場合に最密接関係地法を準拠法とする通則法8条の規定の適用を排除し、消費者の常居所地法のみを準拠法とするものである。

　このような規定の根拠としては、準拠法選択がない場合に最密接関係地法と推定されるであろう事業者の事業所所在地法が準拠法となることは、消費者による十分な防御という観点からは適当ではないということがあげられる。

　また、事業者としても、消費者の常居所地法以外の準拠法を選択して、消費者の常居所地法中の強行規定の適用を消費者による意思の表示にかからせることが可能であるのに、あえて準拠法を選択しなかったのである。そうだとすれば、消費者の常居所地法のみを準拠法としても、あながち事業者にのみ不利益を強いることにはならないということも根拠としてあげられる。

(3)消費者契約の方式（通則法11条3項、4項、5項）

　消費者契約の方式についても、特則が設けられている。

　まず、通則法11条3項は、消費者契約の成立について消費者の常居所地以外の法が選択された場合でも、方式について消費者がその常居所地法中の特定の強行規定を適用すべき旨の意思表示をすることを認めている。消費者契約については、実質法上、その方式について厳格な規定をおいて消費者を保護している場合が多いため、1項と同様の要件で、強行法規の適用を肯定したのである。

　また、通則法11条4項は、消費者がもっぱらその常居所地法によるべき旨の意思

表示をすることを認めている。消費者契約の方式についての消費者の常居所地法上の規律が、行為地法等により潜脱される危険を防止するためである。

そして、通則法11条5項は、消費者契約の成立について当事者による準拠法選択がなかった場合には、行為地法との選択的連結を認めず、もっぱら消費者の常居所地法によるとしている。これは、通則法11条2項、4項と同様、消費者の常居所地法上の規律の潜脱を防止する趣旨の規定である。

⑷通則法11条6項

通則法11条6項1号・2号は、まず、いわゆる能動的消費者と評価される一定の場合を、前記消費者保護規定の適用除外としている（通則法11条6項各号）。

能動的消費者とは、みずからの意思に基づき、事業者の所在地に国境を越えて赴いて、そこで契約を締結し、または、その契約の履行のすべてをそこで受ける消費者をいうところ、このような消費者についてまで常居所地法の保護を受けられるとすると、事業者の予見可能性を阻害し、事業の遂行に支障をきたす危険性があるからである。

もっとも、能動的消費者の場合でも、事業者が消費者の常居所に向けて勧誘したときは、消費者保護規定の適用が確保される（通則法11条6項1号ただし書、2号ただし書）。

さらに、消費者の常居所地がどこにあるか、または契約の相手方が消費者であることについて事業者が知らず、かつ、知らないことにつき相当な理由がある場合には、消費者保護規定の適用は除外される（通則法11条6項3号、4号）。これは、事業者の準拠法に対する予測可能性に配慮したものである。

【6】労働契約の特例

通則法12条は、労働契約について、消費者契約と同様の弱者保護の見地から、特則を設けている。

すなわち、労働契約の成立および効力について当事者が労働契約の最密接関係地法以外の法を準拠法として選択した場合であっても、労働者が労働契約の最密接関係地法中の特定の強行規定を適用すべき旨の意思を使用者に対して表示したときは、その規定が適用されることとしている（通則法12条1項）。労働者と雇用者との間には、交渉力等の点で圧倒的な格差があるため、労働契約について準拠法指定を無制限に認めては、雇用者に一方的に有利な法が準拠法として指定されるおそれがある。そこで、通則法は、労働契約についての特定の国の保護規定が潜脱されないように、このような規定を設けたのである。

また、労働契約については、労務提供地法（労務提供地が特定できない場合は労働者が

雇い入れられた事業所の所在地法)が、その最密接関係地法と推定されている(通則法12条2項、3項)。ただ、この規定はあくまで推定にすぎないので、労働契約ともっとも密接な関係を有する地が別に存在すれば、推定は覆ることになる(東京地判平成28年9月26日〔百選31事件〕参照)。

なお、消費者契約と異なり、労働契約については、その成立が認められる場合を制限することが労働者保護に資するとは考えられないので、その方式に関する特則は設けられていない。

② 契約準拠法の適用

以上のようにして決定された準拠法は、原則として、契約の成立および効力に関するすべての問題について、適用されることになる。

まず、契約の成立に関する問題とは、たとえば、意思表示の瑕疵の有無、契約内容の実現可能性、確定性、目的の適法性に関する問題である。ただし、行為能力や意思能力に関する問題については、別に準拠法を定める規定(通則法4条[人の行為能力]以下)があるので、それに従う。

申込みに対して沈黙した場合に、その沈黙が承諾とみなされるかどうかの問題についても、ここで定められた契約準拠法によるべきとするのが多数説である。もっとも、この点については、沈黙した相手方の保護のために、当事者の属人法によるとしたり、住居所地法、あるいは表意地法によるとしたりする説もある〈溜池373頁〉。

また、準拠法を指定した意思表示自体の有効性をその準拠法によって判断すると、循環論に陥るとして、国際私法独自の観点からこれを決すべきという考え方もある(水戸地判平成26年3月20日判時2236号135頁〔百選25事件〕参照)。しかし、結局のところどのような解釈がなされるのかが明確でなく、準拠法指定が有効であった場合の準拠法により判断するほかないと考えるべきであろう。

他方、契約の効力に関する問題とは、当事者の権利義務の内容、双務契約における危険負担、同時履行の抗弁の有無、債務不履行の効果等の問題であり、これについても契約準拠法が適用される。

4. 法定債権

法定債権とは、ある事実の発生を原因として、一定の者の間に法律上当然に発生することが認められている債権のことをいう。法定債権は、その発生態様により、事務管理・不当利得・不法行為というように区別されている。このような債権は、当事者の意思ではなく、法によって発生することが規定されていることからわかるように、その事実が発生した地の公益的見地から認められるものである。そうだとすれば、そのような公益を尊重すべく、その事実の発生地の法を準拠法とするのが妥当であると考えられる。

このような立場から、通則法14条は、「事務管理又は不当利得によって生ずる債権の成立及び効力は、その原因となる事実が発生した地の法による」と規定し、17条は、「不法行為によって生ずる債権の成立及び効力は、加害行為の結果が発生した地の法による。

ただし、その地における結果の発生が通常予見することのできないものであったときは、加害行為が行われた地の法による」と規定している。

本節では、まず、もっとも重要な不法行為について述べ、その後に事務管理・不当利得について論じる。

1 不法行為

【1】総説

不法行為とは、違法な行為によって他人に損害を与えた者に、その損害を賠償させることで当事者間の公平を図る制度である。通則法は、一般の不法行為(17条)とともに、生産物責任の特例(18条)と名誉または信用の毀損の特例(19条)を定めているため、まずいずれの単位法律関係に該当するかを法性決定したうえで、準拠法を決定していく必要がある。

【2】 準拠法の決定

(1)一般不法行為の準拠法

(a)通則法の立場

　まず、通則法17条本文は、加害行為の結果が発生した地の法律を準拠法としている。このような不法行為地法主義は、不法行為法が被害者を保護し、不法行為地の秩序を維持するための制度であることを根拠とし、また、不法行為地の法律によることで当事者の権利保護、権利の権衡を図ることができるという利点がある。

　このように、現行法は原則として不法行為地法主義をとっているが、【4】(2)で述べるとおり、法廷地法からの修正を認める折衷主義を採用している。

(b)結果発生地

　通則法17条本文は、不法行為の連結点を原則として「加害行為の結果が発生した地」としている。この趣旨は、被害者に対する損害の塡補という観点を重視する点にある。

　ここでいう「結果」とは、交通事故による負傷のような直接の法益侵害の結果であり、医療費の支払のような派生的な損害を含まないと解するのが通説である。この理由として、派生的損害の発生地は不法行為との関連性が一般に乏しいことがあげられる。

　次に、ここでいう「発生した地」とは、法益侵害の結果が発生した地のことであり、損害発生地とは異なる。具体的には、たとえば、人身に対する傷害またはそれに基づく死亡に関する不法行為の場合には、人身を傷害した時点における当該人身の所在地を、有体物に対する権利の侵害に関する不法行為の場合には、権利の侵害が発生した時点における当該有体物の所在地を、それぞれさす概念である（東京高判平成30年1月16日〔百選34事件〕参照）。

(c)加害行為地

　通則法17条ただし書は、結果発生地における結果の発生が「通常予見することができないものであったとき」は、例外的に「加害行為が行われた地」の法によるとしている。通則法17条本文で被害者に対する損害の塡補という観点を重視した一方で、加害者の利益にも配慮して被害者の利益との衡平を図るという趣旨から、その地における結果の発生についての予見可能性の存在を条件としたものである。

　ここでいう「予見」の対象は、結果の発生そのものではなく、"結果発生地における"結果の発生である。

　また、「予見」可能性の判断基準は、加害者個人の主観的な要素を基準とするのではなく、当該加害者と同一の立場にある一般人に期待される通常のレベルの注意義務を基準として、不法行為の類型ごとの客観的な要素によって規範的に判断される。主観的な要素を判断基準にすると、加害者本人による恣意的な準拠法選択を認めることに

なり、加害者と被害者との間の利益の衡平を図るという趣旨が害されるからである。

　さらに、加害行為とされる加害者の行為が複数国で行われた場合に、そのいずれの地を「加害行為が行われた地」とするかが問題となる。加害者の主たる行為が行われた地を加害行為地とするのが一般的であるが、それが確定できない場合には、明確性の観点から、加害者による最後の行為が行われた地を加害行為地とするのがよいであろう。

⑵生産物責任の特例の準拠法の決定

　生産物責任(製造物責任)とは、生産者が生産物の欠陥によって被害を受けた消費者に対して直接負う責任をいう。通則法18条は、生産物の「瑕疵」による不法行為に適用される。ここでいう「瑕疵」の意義は、解釈で決定すべきであり、国際私法独自に判断すべき問題であるところ、通則法18条は、⒜で述べるとおり、被害者保護を重視した規定である。そうだとすれば、「瑕疵」の意義を広く捉え、生産物に起因するさまざまな不法行為についてはもっぱら通則法18条で準拠法を選択することとし、その後は同条が指定する実質法の判断に委ねることが、同条の趣旨にかなうと解されよう。

⒜通則法の立場

　通則法18条は、原則として「被害者が生産物の引渡しを受けた地の法」を準拠法としている。これは、生産業者等と被害者の双方にとって中立的かつ密接に関係する地の法律を準拠法とすることによって両者の利益のバランスに配慮したものであるが、生産業者等が生産物を流通においた地の法ではなく、被害者が生産物の引渡しを受けた地の法によることとしたのは、被害者の保護をより重視したものである。

　しかし、生産物が転々と流通して通常生産物が売買される市場地とは異なる地で生産物が被害者に引き渡された場合に、被害者が引渡しを受けた地の法を適用することは、生産業者等の準拠法に関する予見可能性を阻害することになる。そこで、その地における生産物の引渡しが通常予見することができないものであった場合には、生産業者等の主たる事業所の所在地の法によることとしている。

　なお、ここでの予見可能性も、不法行為におけるのと同様に、生産業者等の主観的事情ではなく、生産物の生産・流通等に関する客観的事情によって、同様の行為を行う者に期待される通常レベルの注意義務を基準として、規範的にその有無が判断されることになる。

⒝他人の生命、身体または財産を侵害する不法行為

　通則法18条は、他人の生命、身体または財産を侵害する不法行為に適用される。

　ここで、同条にいう「財産」に当該生産物が含まれるか否か、引き渡された生産物自体にのみ損害が生じた場合にも本条によって準拠法選択がなされるべきかが問題とな

る。

　この点、わが国の製造物責任法やハーグ条約と同様に、拡大損害が生じていない場合には、生産物責任に関する準拠法の特則は適用されないと解することもできる。しかし、通則法18条には文言上そのような限定はされていないので、通則法の解釈としては、生産物自体にのみ損害が発生した場合にも同条は適用されると解する見解もある。

(c)生産物の引渡しを受けた者以外の者が被害を受けた場合

　通則法18条は、「被害者が生産物の引渡しを受けた地」を原則的な連結点としている。これは、同条が生産物の引渡しを受けた者が被害者であることを前提とするものであるという解釈に整合的である。そこで、生産物の引渡しを受けた者以外の者が被害を受けた場合には、18条ではなく17条［不法行為］により準拠法を決定すべきであると解される。

　なお、生産物の引渡しを受けた者の同居の親族等に被害が生じた場合など、その結論が明らかに不都合である場合には、例外条項（通則法20条）が適用されることもあると考えられる。

(3)名誉または信用の毀損の特例の準拠法の決定

　通則法19条は、名誉または信用の毀損に基づく不法行為の準拠法について、被害者の常居所地法とする。被害者の常居所地においてもっとも重大な結果が発生すると考えられること、加害者にとっても被害者の常居所地は多くの場合に認識可能であることから、被害者の常居所地法を準拠法と定めたのである。常居所が知れない場合には、居所地法によることとなる（通則法39条本文）。

　次に、19条は、被害者が法人その他の社団または財団である場合には、その主たる事業所の所在地法を被害者の常居所地法としている。この点、通則法8条2項が、法人の常居所地について、当該法律行為に関係する事業所を優先しているのとは異なる。

　また、通則法が19条において、名誉・信用毀損について特則をおいた理由は、単一の加害行為により、複数の法域において同時に結果が発生することがあり、結果発生地の意義が問題となるからである。そして一般的には、ある者の言論によって他の者の人格権が侵害されたか否かが問題となる場合にも、同様の問題が生じうる。そこで、プライバシー等の人格権の侵害等についても通則法19条を適用または類推適用するとの見解もあるが、裁判例（東京地判平成28年11月30日判タ1438号186頁〔百選36事件〕）は、名誉権侵害とプライバシー権侵害とを明確に区別し、後者については通則法17条が適用されるとした。

もっとも、プライバシー権は当事者の私生活に関する権利であるため、不法行為の結果発生地と被害者の常居所地は実際には一致することが多く、17条と19条のどちらを適用した場合でも結論は同じになることが多いと思われる。

【3】準拠法決定の特則
　不法行為債権はきわめて多種多様であるため、通則法17条の一般原則や18条、19条の特則により、すべての事案において密接関係地の法律が準拠法として決定されるとはかぎらない。そこで、柔軟性や具体的妥当性を図る観点から、準拠法決定の特則が認められている。

⑴当事者による準拠法の変更
　通則法21条は、不法行為について、当事者による事後的な法選択（準拠法の変更）を認めている。これは、近時、不法行為についての公益的側面よりも被害者の損害の填補、当事者間の利益調整といった側面が強調されるようになってきていることや、不法行為によって生ずる債権も通常は金銭債権であり、他の債権と同様に、実質法上当事者による任意処分が認められていることを理由として、抵触法上も当事者自治を認めたものである。

⑵例外条項
　通則法20条は、現代の多様な形態の不法行為に柔軟に対応するため、それぞれについての規定が指定する準拠法が属する地よりも明らかにより密接な関係を有する他の地がある場合には、その地の法によるとする例外条項を設けている。
　そして、例外条項の発動にあたって考慮されるべき事情として、不法行為等の当事者の常居所地法が同一であること、当事者間の契約に基づく義務に違反して不法行為が行われたこと等が例示されている。前者については、不法行為等の当事者双方の社会生活の基礎となる法律である同一常居所地法は、当事者双方に密接に関連する地の法であり、その法を適用することが当事者の利益にかなうと考えられる。また、後者については、不法行為が当事者間の契約に関係する紛争の一部を構成する場合には、原則的連結政策によるよりも当事者間の契約の準拠法を適用するほうが当事者の合理的な期待にかなう結果を導くことができ、当事者間の請求権について生じうる適応問題を回避することができると考えられる。
　したがって、これらの事情がある場合には、当事者の常居所地法や契約準拠法が、それぞれ、より密接な関係を有する他の地の法と認められることが多いであろう。

【4】 準拠法の適用

⑴通則法17条等

　以上のようにして、通則法17条等により決定された不法行為地の法が、不法行為の成立および効力に関する準拠法となる。したがって、不法行為の主観的要件たる故意・過失の有無や、客観的要件たる因果関係、不法行為能力、損害の発生の有無、あるいは侵害対象たる法益の要保護性は、この準拠法によって判断されることになる。また、不法行為の効力として、損害賠償請求権者、損害賠償の範囲・方法等もこの準拠法によって決せられる。

　なお、不法行為において、侵害されたと主張される権利が存在しているかどうかは、不法行為の準拠法ではなく、その先決問題として、当該権利の準拠法自体によって決せられるべきであるとされる。たとえば、第三者の婚姻侵害が問題となる場合、そもそもその婚姻が成立しているかどうか、婚姻の内容として当該権利が保障されているかどうかは、婚姻の効力の準拠法によるべきこととなるのである。

⑵通則法22条１項および２項

　通則法22条１項および２項は、不法行為の成立および効力について、法廷地法たる日本法により、不法行為地法の適用を制限している。すなわち、不法行為の成立には、準拠法たる外国法と法廷地法たる日本法の両方において不法行為が成立することが必要とされるが、他方で、不法行為の効果は、日本法上認められる救済以上の救済を認めることはできないとされている。たとえば、アメリカの州法を準拠法として懲罰的損害賠償が認められうる事案であるとしても、日本法でこれが認められない以上、日本の法廷で懲罰的損害賠償を認めることはできないのである。

　これらの規定は、法廷地の公序を確保するためのものであるが、この目的を達成するには、通則法42条の公序則があれば十分であり、このような通則法の立場には立法論的批判がある。このような見地から、解釈論としても22条１項および２項の適用を制限しようとする見解もあるが、通則法の解釈としては無理であるとする見解が有力である〈澤木=道垣内234頁〉。

　したがって、通則法22条１項により、不法行為の成立については、不法行為地法と日本法でともに不法行為が成立する場合でなければ不法行為が成立しないという、累積的適用がなされることになる。同様に、同条２項により、損害賠償の方法および程度に関しても日本法と不法行為地法の累積的適用がなされることになる。

2 事務管理

【1】総説

　事務管理とは、法律上の義務なくして他人の事務を管理した場合に、その管理行為を継続させると同時に、その管理費用を本人に償還させ、円滑な社会生活の相互協力関係を促進する制度である。

【2】準拠法の決定

　事務管理については、通則法14条により、その原因となる事実が発生した地の法、すなわち事務管理地法が適用される。このような事務管理地法主義は、事務管理が、当事者の意思ではなく事務管理地の公益的必要から発生する債権債務関係であることから、その行為がなされた地を基準に考えるのが望ましいということを根拠にしており、諸国の国際私法でもっとも広く認められている主義である。

　ここにいう事務管理地とは、現実に事務管理が行われている場所、すなわち事務管理の客体の所在地である。たとえば、財産を事務管理する場合にはその財産の所在地であり、自然人を事務管理する場合にはその人の滞在地であり、営業を管理する場合にはその営業所の所在地である。そして、管理対象が複数ある場合には、それぞれの所在地が事務管理地である。

　なお、客体の所在地が変化しても、「原因となる事実が発生した地」に変更が生じるわけではないので、事務管理を開始した当時の管理地法が適用され続ける。

【3】準拠法決定の特則

　通則法16条は、事務管理についても、当事者による事後的な法選択（準拠法の選択）を認めている。

　事務管理の問題については、不法行為以上に、公益的観点よりも当事者間の利益調整という観点が重視されるべきである。また、それによって生ずる債権も、通常は当事者による任意処分が認められるものであり、不法行為について当事者自治を認める以上、事務管理も同様に当事者自治を認めるべきであると考えられることから、このように規定されている。

　また、通則法15条は、事務管理についても、14条により指定される事務管理地法の属する地よりも密接な関係を有する他の地がある場合には、その地の法によるとする例外規定を設けている。

【4】 準拠法の適用

　以上のようにして、通則法14条等により決定された準拠法は、事務管理の成立およ
び効力に関するすべての問題に適用される。たとえば、事務管理地法の有無は、通則
法4条[人の行為能力]による当事者の本国法ではなく、事務管理地法によるのである。

　ただし、事務管理に基づいた個々の行為は、それ自体の連結点により準拠法が決定
される。たとえば、財産管理のための債権行為は通則法7条[当事者による準拠法の選
択]により債権の準拠法が選択される。

3 不当利得

【1】 総説

　不当利得とは、法律上の原因なしに他人の財産または労務によって利得を得て、そ
のために他人に損失を与えた場合に、利得者をして損失者にその利得を返還せしめる
制度である。

【2】 準拠法の決定

　不当利得についても通則法14条により事実が発生した地の法を適用する、不当利得
地法主義が採用されている。これは、不当利得もまた公益的な観点から認められる制
度であって、不当利得地の公益の維持を図るべきとの考えを根拠にしているものと考
えられる。諸国の国際私法上でも、この原則が広く認められている。

　しかし、近時、このような考え方には、立法論的批判が強い。すなわち、不当利得
のうち、外形上有効な法律上の原因に基づいて財産的利益が移転したが、その原因に
なんらかの瑕疵があったため、それを取り戻す類型(給付利得)の場合には、その原因
についての準拠法を不当利得についても適用すべきであるとの主張も有力である。

　このような考え方を背景に、解釈論としても通則法の不当利得地法主義を制限また
は変更しようとする立場がある。この立場のなかには、①不当利得地の解釈として、
不当利得地を原因関係の発生地とする考え方と、②通則法14条が適用されるのは、原
因関係に依拠しない不当利得の返還請求についてのみであるとする考え方がある。し
かし、どちらの考え方も通則法14条の趣旨を無視するものであって、解釈論としては
困難であるとされている〈溜池387頁〉。

　このように通則法が不当利得地法主義を採っているとすると、通則法14条にいう原
因発生地とは、不当利得地、すなわち利得の直接の原因たる行為または事実の発生し

た地をいうことになる。たとえば、債務がないのに弁済がなされた非債弁済の場合には、その弁済の行われた地であり、添付によって不当利得が発生した場合には、付合、加工などの事実が発生した場所をいう。2つの国にまたがって添付が行われた場合には、通則法13条［物権及びその他の登記をすべき権利］2項によって、原因たる事実完成時の物の所在地が財貨の移転地となるから、その地の法が準拠法になる。

【3】 準拠法決定の特則

不当利得の準拠法の変更についても、事務管理の場合と同様である（本節2【3】参照）。

この点につき、定期傭船契約の解除による終了に伴って船舶がその所有者に返還されたときに、傭船者が船舶の所有者に対して、返還時に船舶に残存していた燃料の代金相当額の不当利得返還請求権を取得したと主張したため、いかなる国の法が準拠法として決定されるかが問題となった事例（東京高判平成31年1月16日判時2433号70頁〔百選33事件〕）がある。この事案では、利得の直接の原因行為たる船舶の返還が公海上で行われたため、通則法14条によっては準拠法が決定できないという事情があった。そこで、本判決は、本件の利得が「当事者間の契約」たる定期傭船契約に「関連して」生じたものであるといえることから、通則法15条を適用し、定期傭船契約の準拠法たる英国法が「密接な関係がある地の法」として準拠法になると判示した。なお、この判決によれば、14条により指定される準拠法がそもそも存在しない場合にも、15条を適用してよいということになる。

5. 債権債務関係

1 総論

　当事者間の債権債務関係は、契約によって生じたものであれ、不法行為等によって
生じたものであれ、債権の効力の問題として、それらの債権自体の準拠法が適用され
るのが原則である。しかし、債権の移転が生じたり、対外的効力が問題になったりし
て、三面的な債権関係が生じる場合等、特殊な考慮が必要となる場合もある。なお、
以下では、図のような三面的債権関係の基本的構図を前提にして論じていく。

2—3

2 債権の移転

［設例］
　A国人甲はB国人乙と「この契約の成立と効力はA国法による」との合意のもと、
金銭消費貸借契約を締結し、乙に金銭を貸与した。約束の期日がきても、乙が返
済しないので甲は保証人であるC国人丙に弁済を求めた。丙が弁済した場合に、

> 甲の乙に対する貸金債権が法律上当然に丙に移転するかどうかはいずれの国の法によるか。

【1】 債権の法律による移転

　まず、債権が法律上の規定によって当然に第三者に移転する場合について考える。たとえば、相続、弁済による法定代位等がこの場合にあたる。

2—4

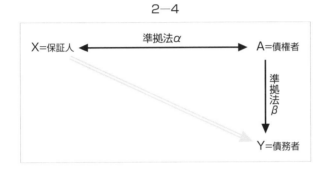

　債権の法律による移転の要件および効力については、その原因たる事実の準拠法（準拠法α）によるとするのが通説である。たとえば、相続によって債権が移転するかどうかは、被相続人の本国法（通則法36条［相続］）により定まり、保証人がその保証債務を弁済した場合に、法律上当然に債権者に代位するかどうかは、保証人の弁済行為の効果を定めた保証契約の準拠法により定まる。

　この点について、債務者保護の見地から移転される債権自体の準拠法（準拠法β）を累積的に適用すべきとする見解は少数説にとどまっている。この移転は法律上規定されているものであって、債権譲渡の場合とは異なり、債務者保護の必要性に乏しいと考えられているからである。

　ただし、移転される債権が一身専属的である場合等、その性質上移転されうるものであるかどうかは、債権の性質の問題であり、債権自体の準拠法（準拠法β）によるものとされる。その限度で債務者を保護すれば足りると考えるのである〈櫻田263頁〉。

【2】 設例の検討

　保証人丙が弁済した場合に甲の乙に対する貸金債権が法律上当然に丙に移転するかどうか、すなわち法定代位の可否については、先の通説的見解によれば、保証契約の

準拠法によると解される。法定代位の可否は、保証人の弁済の効果の問題であると考えられるからである。そこで、設例における保証契約の準拠法について検討する。保証契約も一種の債権契約であるから、通則法7条[当事者による準拠法の選択]によってその準拠法については当事者の意思によって定められ、主たる債権とは別個の準拠法を指定することが認められる。当事者による準拠法の指定がない場合であっても、保証債務は主たる債務に付従するものなので、通常は、保証契約の準拠法は主たる債務の準拠法によるという黙示の意思があると解することが可能であろう。

設例において、保証契約の準拠法が、甲乙間の金銭消費貸借契約の準拠法と同じA国法である場合、保証人丙の法定代位の可否についてもA国法によることになる。これに対して、保証契約の準拠法が、A国法以外である場合には、保証人丙の法定代位の可否について、その準拠法によることになる。なお、この場合においても、甲から丙に移転する貸金債権自体の性質については、金銭消費貸借契約の準拠法であるA国法が適用される。

2—5

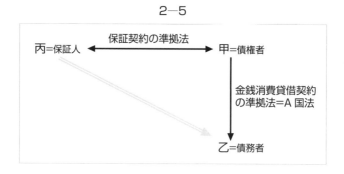

【3】 債権譲渡

⑴準拠法の決定

⒜債権譲渡の成立、および譲渡人譲受人間の効力

債権譲渡とは、債権の譲渡人と譲受人との間の法律行為により、債権を移転させることをいう。ここで、譲渡人Aと譲受人Xとの間の債権譲渡行為の準拠法を、譲渡される債権の準拠法βとするか、あるいは独自に譲渡行為自体の準拠法αを定めるべきかが問題となる。

この点、債権譲渡もひとつの独立した法律行為であって、通則法7条[当事者による準拠法の選択]により独自に準拠法αを決定すべきであるとする見解は、債権が現代社会において流通する重要な財貨である点をふまえ、その譲渡の円滑化に重点をおこう

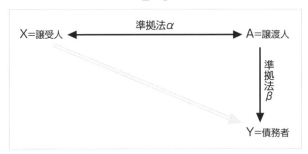

2—6

とするものである。

　これに対して、通説は、債権譲渡が債権の発生から消滅にいたる過程での一場面にほかならないことから、譲渡の目的たる債権の準拠法βによるべきであるとする。前者の見解に立つと、債務者の知らないほかの国の法律により債権譲渡が行われることになり、債務者の保護に欠ける。そのため、債権譲渡をめぐる法律関係を複雑にしない通説の見解が妥当であると考えられる。

　この見解も、債権譲渡の原因行為たる売買や贈与について、それ独自の準拠法が決定されることを否定するものではない。しかし、債権譲渡行為は、準物権行為としてその原因行為である債権行為とは区別されるべきとするのである（東京地判昭和42年7月11日判タ210号206頁）。

(b)債務者その他の第三者に対する効力

　通則法23条は、「債権の譲渡の債務者その他の第三者に対する効力は、譲渡に係る債権について適用すべき法による」と規定し、債務者その他の第三者との関係のみを問題にしている。

　通則法23条では、「効力」という文言が用いられているが、この規定が念頭においているのは、債務者との関係での対抗要件の具備の問題や、債務者以外の第三者との優劣関係といった問題である。

　この規定の根拠は、債権譲渡の債務者その他の第三者に対する効力は債権自体の効力の問題であるから譲渡対象債権の準拠法によるべきと考えられること、債務者保護は譲渡対象債権の準拠法によっても図ることができることにある（NBL838号20頁）。

(2)準拠法の適用

　通説に従えば、当該債権の譲渡性、譲渡禁止特約の有効性等のみならず、債権譲渡行為の実質的成立要件や譲渡当事者間での効力についても、譲渡される債権の準拠法βによることになる。

担保物権などの付随的権利が、債権譲渡とともに移転するかどうかについては、債権の準拠法βによるとともに、それら付随的権利自体の準拠法も累積的に適用される。

　なお、以上のことは指名債権譲渡についての準拠法であって、無記名債権については、債権と証券が一体となっているので、その譲渡の準拠法は動産の譲渡と同様に、譲渡当時の証券所在地法によるべきとされる。また、譲渡の方式の問題は、通則法10条[法律行為の方式]に従う。

【4】債務引受

　債務引受は、法律行為による消極財産の移転であって、その性質上債権譲渡に類似するから、債権譲渡と同様に考えて、移転される債務の準拠法βによるべきである。

2—7

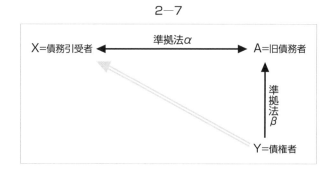

3 　債権の対外的効力

　債権の効力は、基本的には相対的なものであるが、第三者に対する効力が問題となる場合として、債権者代位権と債権者取消権の行使の場面がある。これらの場合に、その要件・効果をいかなる準拠法によって定めるかが問題となる。

【1】債権者代位権

　債権者代位権に関する規定を、債権者に訴訟追行権を与える訴訟法上の規定と考えるならば、「手続は法廷地法による」との原則に従い、法廷地法をその準拠法にすべきとも考えられる。フランスにおいてはこの見解が有力に主張され、わが国においてもこの見解が採用された裁判例がある（東京地判昭和37年7月20日下民13巻7号1482頁）。

　しかし、通説は、この規定は訴訟法上の債権保護手段とは別に、債権の保全のため

に特別に認められた実体法上の規定であると考えている。そして、これが被保全債権の効力に関わる規定であることから、被保全債権の準拠法αによるべきとするのである。

さらに、債権者代位の制度は代位される債権の運命にも関わるから、被代位債権の準拠法βをも累積的に適用すべきであるとする見解もある。しかし、債権が代位行使されても、第三債務者の利益を害することは少ないので、被代位債権の準拠法βを累積的に適用する必要はないものと考えられる〈木棚ほか184頁〉。

2—8

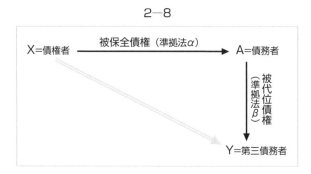

【2】債権者取消権

債権者取消権についても、債権者代位権と同様に被保全債権の効力に関する実体法の問題であるので、被保全債権の準拠法αによるべきとされる。さらに、債権者取消権については、取り消される詐害行為が債務者と第三者との間での行為であることから、第三者の保護を図る必要性が高い。そこで、債権者代位権の場合と異なり詐害行為とされる行為の準拠法βをも累積的に適用すべきであるとする見解が有力である。

2—9

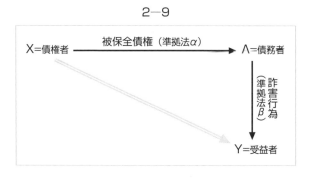

4 債権の消滅

【1】 総論

　債権の消滅は、債権の効力の問題であるから、弁済・更改・免除・混同・消滅時効等の債権の消滅原因の要件・効果は、原則としてその債権の準拠法による。

【2】 相殺

　英米法では、相殺は、訴訟法上の制度として法廷地法によるべきとされる。しかし、わが国では大陸法系の考え方に従い、これを実体法上の問題と考える。そして、相殺は、相対立する２つの債権の存在を前提として、それを消滅させるのであって、両債権の運命に関わるものであるから、受働債権の準拠法のみならず自働債権の準拠法をも累積的に適用する必要があると考えるのが従来の通説である。

しかし、現代社会における相殺の担保的機能の重要性を考慮すると、相殺について両債権の準拠法を累積的に適用することによって、その成立が認められる場合を限定することは妥当でない。そもそも、相殺が主張されるのは、多くの場合、自働債権がその債務者の資力の低下によって不履行の危険がある場合であって、主たる関心は受働債権の履行を免れることができるかどうかである。そこで、相殺の可否および効果については受働債権の準拠法のみによって判断されるべきである〈澤木＝道垣内247頁〉。

【3】消滅時効

債権の消滅時効についても、英米法では、訴訟法上の制度として法廷地法を準拠法としていた。しかし、わが国においては、債権の効力の問題であって実体法上の制度として債権自体の準拠法によるべきとされる（徳島地判昭和44年12月16日判タ254号209頁）。したがって、時効の期間のほか、更新・完成猶予、完成の効果、援用の要否は債権自体の準拠法によって決定される。

5 金銭債権

【1】貨幣の準拠法

金銭債権であっても、その内容や効力は、当然にその債権の準拠法により定まる。ただ、債権の金額が債権の準拠法とは異なる国の通貨で設定されている場合には、その貨幣についての問題は、その貨幣の所属する国の法による。たとえば、日本法を準拠法とする債権の金額が100万米ドルと表示してあるのならば、その貨幣に関する問題についてはアメリカ合衆国法が適用されることになる。したがって、貨幣の単位に変更があった場合には、その国の新旧貨幣換算の規定に従い、新貨幣による債権額が定められることになる。

【2】代用給付権

代用給付権とは、金銭債権の弁済にあたり、債権額を表示していた外国の貨幣で支払う代わりに、内国の貨幣で弁済する債務者の権利をいう。日本の民法403条はこれを認めている。このような代用給付権が認められるかについては、履行の態様の問題であるとして履行地法によるとする見解も有力ではある。しかし、債権の内容に関する問題であるので、債権自体の準拠法によるべきとされる。

6. 物権

1 準拠法

物権の準拠法の規定方法には、異則主義(動産・不動産区別主義)と同則主義(動産・不動産統一主義)がある。異則主義とは動産と不動産を区別し、動産は所有者の住所地法によらしめ、不動産は所在地法によらしめる主義をいう。かつては、動産は人に従うと考えられていたため、この考え方が支配的であった。たしかに、動産の価値が低い時代にはこのように考えても不都合は生じなかった。しかし、経済状態の変化により、①動産価値が増大し、②動産と不動産の区別が困難となり、③所有者の住所地と動産の所在地のかい離が生じるようになった現代においては、動産についても所在地法を適用しないと取引の安全を害すると考えられるようになった。そこで、動産と不動産を区別することなく目的物の所在地法によらしめる主義である同則主義が現代において主流となっている。わが国の通則法13条1項も、「動産又は不動産に関する物権及びその他の登記をすべき権利は、その目的物の所在地法による」と規定し、この考え方に基づいている。なお、英米の一部においてはいまだ異則主義が採用されている。

同則主義が所在地法を準拠法としている根拠は、物権は直接排他的支配的な権利であることから、その所在地が最密接関係地であり、所在地法に従うのが自然であるという点にある。

2 目的物の所在地の決定

【1】総説

通常、目的物の所在地を確定するのは容易であるが、目的物の種類によっては、所在地を決定する際に困難な問題が生じる場合がある。以下、特に問題となる物について論じる。なお、所在地が決定された場合であっても、それが南極や公海上のように

法律が存在しない地である場合には所有者の本国法によるしかないとされる。

【2】 船舶・航空機・自動車

　船舶・航空機・自動車はそれ自体が移動するものであるため、その所在地は偶然的な事情に支配され、また必ずしも所在地に密接な関係性があるとはかぎらない。そこで、船舶・航空機・自動車については独自に準拠法を定める必要がある。

　この点、通説は、船舶・航空機・自動車の所属国、すなわち、登録地が最密接関係地であるとして、登録地の法律を準拠法とすべきであるとする。船舶・航空機は登録地の国旗を掲げるので、この考え方を旗国法主義という(松山地判平成 6 年11月 8 日判時1549号109頁〔百選24事件〕参照)。

　なお、後出重要判例(最判平成14年10月29日)では、自動車の所在地法について、自動車の運行可能性を基準に場合分けをして判断している。

★重要判例(最判平成14年10月29日民集56巻 8 号1964頁〔百選23事件〕)

　Aは、ドイツで新規登録された自動車を使用していたが、イタリアで本件自動車の盗難被害にあったため、X保険会社に保険金の支払を請求し、XはAに保険金全額を支払った。本件自動車は次々と譲渡された後、Yがこれを取得した。そこで、XがYに対して所有権に基づいて自動車の引渡し等を請求したのが本件である。

　「目的物が有体物であるときは、同項〔通則法13条 2 項〕にいう所在地法は、その物理的な所在地を準拠法選択の連結点とすることに支障があるなどの場合を除き、その物理的な所在地の法をいうものと解するのが相当である。」

　「自動車は、一たび運行の用に供し得るようになると、国境を越えて広範囲に動き回ることができるようになるという特質を有する動産であり、多くの国又は地域においては権限ある当局に車両の登録をする等所定の要件を満たすことによって初めて運行の用に供し得るようになるものである。他方、自動車が国際的な取引の対象になる場合、新車については未登録の状態で、中古車については従前の登録が抹消された状態で、すなわちそのままでは運行の用に供し得ない状態で流通することがある。このように、自動車には、その性質上、運行の用に供され広範囲に移動することが可能な状態のものと、そのような状態にないものの 2 種類があることになる。」

　「自動車が広範囲な運行の用に供されており、その物理的な所在地が変動している場合に、自動車の物理的な所在地を基準として準拠法を決めようとすると、……準拠法の決定が不安定になるという不都合が生ずる。……当該自動車が利用の過程でたまたま物理的に所在している地の法を準拠法とするよりも、その利用の本拠地の法を当該自動車の所在地法として、これを準拠法とするほうが妥当である。」

　「運行の用に供し得ない状態で取引の対象とされている自動車については、……物理的な所在地を確定する困難もない。……権利の得喪の原因事実が完成した当時において運行の用に供し得ない状態の自動車については、一般の動産と同様に、……物理的な所在地の法を準拠法と

するのに支障があるなどの事情がない限りは、物理的な所在地の法を準拠法とすることが妥当である。」

【争点】自動車の所在地法をいかに解すべきか。

【結論】自動車が運行の用に供されている場合は、その利用の本拠地の法が所在地法となる。
自動車が運行の用に供しえない状態で取引の対象とされている場合には、物理的な所在地の法が所在地法となる。

【3】移動中または運送中の物

　移動中または運送中の物についても、その所在地は偶然的な事情に支配される。そこで、移動中または運送中の物についても独自に準拠法を定める必要がある。

　この点、移動中または運送中の物についてはその原因事実の完成当時の所在地は必ずしも目的物と密接な関係にあるとはいえない。そして、物権行為は、移動中または運送中の物の到着予定地である仕向地ではじめて現実に効果を生じるのが通常であるから、仕向地がもっとも密接な関係を有しているといえる。そこで、通説は、仕向地の法によるべきとする。

　次に、運送中の物について貨物引換証や船荷証券のような有価証券が発行されている場合、その有価証券発行契約の契約法上の問題については、契約準拠法の適用がある。しかし、国によってはこれらの有価証券に物権的効力を認めている場合があり、そのような場合、物権的効力を有するか否かをいかなる準拠法によって決するかについては争いがある。この点、運送中の物であることを重視して仕向地法によるべきとする説や、証券の性質・効力の問題であるとして証券発行の基礎となった運送契約の準拠法によるべきとする説、証券の物権的効力の問題であるとして証券の所在地法によって決するべきであるとする説が対立している。証券自体が独立して取引の対象となる現代においては、これを証券の効力の問題として捉えるべきであり、証券の所在地法によって決すべきとするのが多数説である〈澤木=道垣内248頁〉。

3 物権準拠法の適用範囲

【1】総論

　物権に関するすべての問題、すなわち、物権の種類・内容・効力、物権の対象となる物、動産・不動産および主物・従物の区別については、通則法13条1項により物権の準拠法である目的物の所在地法が適用される。

たとえば、所有権の内容や即時取得が認められるかは、目的物の所在地法によって決せられる。

【2】 物権的請求権

　物権的請求権についても物権の準拠法が適用される。ただし、物権的請求に関連して生じる損害賠償請求権・代金償還請求権・費用償還請求権については争いがある。

　これらの問題を物権的請求権と密接に関連する問題として考えると、物権に関する通則法13条によって指定される準拠法によることになる。他方、これらを独立の債権であると考えると、法定債権に関する通則法14条によって指定される準拠法によることになる。しかし近年は、これらの請求権の準拠法を一律に決するのではなく、当該権利の性質に応じて柔軟に決すべきであるとする立場が有力である。

【3】 「登記をすべき権利」

　「登記をすべき権利」(通則法13条1項)についても物権の準拠法が適用される。「登記をすべき権利」とは、物に関する債権であって、登記することによって物権的効力が認められるものをいう。わが国においては、買戻権(民581条)や不動産賃借権(民605条)がある。これらの権利に関する物権的な側面、すなわち対抗力については物権の準拠法が適用される。なお、物に関する権利をいうのであるから、夫婦財産制や商号には本条は適用されない。

4 担保物権

【1】 総論

　担保物権には、当事者の設定行為により成立する質権・抵当権のような約定担保物権と、一定の場合に法律上当然に成立する留置権・先取特権のような法定担保物権がある。通常、担保物権には、付従性が認められるため、被担保債権の存在が認められない場合には、担保物権の存在も認められない。そして、被担保債権の成立については、債権の準拠法によって決せられる。そこで、債権の準拠法により被担保債権の存在が認められるとして、担保物権について、いかなる準拠法によるべきかを以下検討する。

【2】 法定担保物権

　法定担保物権の成立については、物権の準拠法である目的物の所在地法のみならず、被担保債権の準拠法によっても認められる場合にのみ、その成立が認められる（累積的適用）というのが通説である。たしかに、法定担保物権の問題は、物権の問題であって債権の問題ではないが、法定担保物権は、被担保債権を保護するために特に認められた権利である。したがって、被担保債権の準拠法が、当該法定担保物権を認めないときはこれを認める必要はなく、被担保債権の準拠法によってもまた、その成立が認められなければならない（後出重要判例、水戸地判平成26年3月20日）。

　ただし、法定担保物権の効力について、通説は、両準拠法を累積的に適用することが技術的に困難であるとして、もっぱら目的物の所在地法によるとする。

【3】 約定担保物権

　約定担保物権についても、従来は、付従性から被担保債権の準拠法をも累積的に適用する考えがあった。しかし、約定担保物権を設定する契約が直接その担保物権を成立させることを目的とする物権契約ならば、それはもっぱら物権の問題であり、約定担保物権の成立は目的物の所在地法のみによるべきである。また、その効力についても、同様に目的物の所在地法によるとされている。

　もっとも、権利質については争いがある。権利質は物ではなく財産権を目的とするものであり、目的物の所在地に密接な関係を有するという通則法13条の趣旨が妥当しない。そこで、権利質については目的たる権利に密接な関係を有する法を準拠法とすべく、目的たる権利の準拠法によるべきである。後出重要判例（最判昭和53年4月20日）において最高裁もこのような立場に立った。

　しかし、そもそも債権質が質権という物権であるという前提自体が、日本法の分類を前提とするものであって、諸国の法からの中立を原則とする国際私法においては妥

2−10

当でない。債権質に関する法律関係も第5節で述べた三面的債権関係の一種であり、そこで述べた処理に従うべきであろう。すなわち、質権者・債権者間の内部関係の問題と対第三者との効力の問題と区別して考えるべきであり、前者については債権質関係を生じる原因となった法律関係の準拠法αにより、後者については一律に債権の準拠法βによって処理するべきである〈石黒370頁以下〉。

★**重要判例**（水戸地判平成26年3月20日判時2236号135頁〔百選25事件〕）
　「船舶先取特権は、法定担保物権であり、特定の債権を担保するために法律により特に認められる権利であって、被担保権利の効力ないし属性とみるべきものであることや、当該債権について当事者双方が依拠した準拠法において船舶先取特権の成立が認められない場合にまで船舶先取特権を認めるのは、当該債権者に必要以上の保護を与えることになり相当でないことを踏まえれば、船舶先取特権の準拠法につき、被担保債権の準拠法を適用するのが相当である。一方、船舶先取特権の準拠法につき、被担保債権の準拠法のみを適用すると、被担保債権の準拠法に当事者自治が認められることから（通則法7条）、物権としての船舶先取特権の準拠法につき当事者が自由に選択できることとなってしまい、相当ではない。上記を踏まえれば、船舶先取特権の準拠法については、物権準拠法と被担保債権準拠法を累積適用するのが相当であって、これに反する被告の主張は採用できない。」
【**争点**】船舶先取特権についていかに準拠法を定めるべきか。
【**結論**】物権の準拠法である原因事実完成時の目的物の所在地法と，被担保債権の準拠法を累積的に適用する。

★**重要判例**（最判昭和53年4月20日民集32巻3号616頁〔百選37事件〕）
　「本件債権質に適用されるべき法律について考えるに、わが法例10条1項〔通則法13条1項〕は、動産及び不動産に関する物権その他登記すべき権利はその目的物の所在地法によるものと定めているが、これは物権のように物の排他的な支配を目的とする権利においては、その権利関係が目的物の所在地の利害と密接な関係を有することによるものと解されるところ、権利質は物権に属するが、その目的物が財産権そのものであって有体物でないため、直接その目的物の所在を問うことが不可能であり、反面、権利質はその客体たる権利を支配し、その運命に直接影響を与えるものであるから、これに適用すべき法律は、客体たる債権自体の準拠法によるものと解するのが相当である。」
【**争点**】債権質についていかに準拠法を定めるべきか。
【**結論**】目的たる権利の準拠法による。

5 物権変動と所在地の変更

[設例]

　甲はA国内に動産Xを所有していたが、その後、甲は乙との間でXの売買契約を締結した。乙への引渡しが完了しないうちにXの所在地がA国からB国に変わった場合、甲乙のいずれがXの所有権を有するか。なお、A国法上は動産の引渡しがなくとも所有権が移転するが、B国法上は動産の引渡しがなければ所有権は移転しないものとする。

【1】 総論

　通則法13条2項は、「前項の規定にかかわらず、同項に規定する権利の得喪は、その原因となる事実が完成した当時におけるその目的物の所在地法による」と規定し、物権変動については、原因事実の完成時における目的物の所在地法によるとしている。

【2】 法律行為による物権変動

　法律行為による物権変動としては、売買や贈与などがある。これらの法律行為による物権変動についての成立およびその効力については、通則法13条2項が適用される。同項によれば、「原因となる事実」が完成した時に物権変動の効果が生ずることになるが、この「原因となる事実」が完成したか否かは、目的物の所在地法に照らして判断される。つまり、物権変動の効果が発生したか否かは、一度その効果が発生するまでは、目的物の所在地が変更されるたびに、そのつど、当時の所在地法を適用して、絶えずチェックされるということである。物権変動に関しては、日本のように意思表示のみで物権変動が生じるとする意思主義を採用する国と、ドイツのように意思表示のほかに引渡しや登記などの一定の形式・表象があってはじめて物権変動が生じるとする形式主義を採用する国がある。そのため、旧所在地法によれば物権変動が成立している場合でも、新所在地法によれば物権変動が成立しないといった事態が往々にして生じる。その場合、旧所在地法に照らせば物権変動の効果は生じているので、新所在地法の規定はすでに生じた物権変動の効果に影響しない。他方、旧所在地法によれば物権変動が成立していない場合は、その後に目的物が他の国に移転したとしても、

新所在地法上物権変動の成立に必要な法律行為を改めて行わないかぎり、物権変動の効果は発生しない。

なお、物権行為の方式については、通則法10条[法律行為の方式]5項により、目的物の所在地法による。

【3】 法律行為によらない物権変動

法律行為によらない物権変動としては、時効取得・遺失物取得・無主物先占・埋蔵物発見・付合・加工などがある。これらの法律行為によらない物権変動についての成立およびその効力についても、通則法13条2項が適用され、原因たる事実の完成した時の目的物の所在地法による。

もっとも、時効制度のように、一定期間の継続を必要とする場合には、その間に目的物の所在地が変わりうることから、準拠法の決定につき問題が生じる。この点、通説は、現在の目的物の所在地法によるとする。ただし、時効の更新・完成猶与については、時効完成時の所在地法によることはできないので、その事由の発生当時の所在地法によるとする。

【4】 所在地の変更

目的物の所在地が変更されても、成立時の準拠法により一度有効に成立した物権は存続する。しかし、その内容・効力については、新所在地法により決せられる。

たとえば、目的物がA国にあるときに、A国の法律により成立した物権は、後にそれがB国に移転した場合、B国の法律によっても認められなければB国で権利を主張したり行使したりすることはできないことになる。ただし、かりにA国の法律により成立した物権がB国の法律によって認められなくても、それは物権の消滅を意味するものではない。したがって、目的物が、①再度A国に戻った場合、または、②A国の法律により成立した物権を認めるC国に移った場合には、物権として認められる点に注意が必要である。

また、変更後の所在地法上同じ内容の物権がない場合であっても、類似の物権がある場合には、その類似の物権の内容・効力を認めるべきである。

さらに、変更後の所在地において物権の効力を主張する場合には、新所在地法上の要件を充足している必要がある。

この点、船舶の連結点である旗国が変更した事案で、船舶先取特権の成否については成立時の旗国法によりつつ、その効力については変更後の旗国法によって判断した裁判例(後出重要判例、秋田地決昭和46年1月23日)がある。

★重要判例（秋田地決昭和46年1月23日下民22巻1=2号52頁）

　本件船舶は大韓民国法人Aから米国ニューヨーク州法人Bへ譲渡され、更にBからXに譲渡され船籍がパナマ共和国に変更されたものである。この船舶の燃料としてYはAと油の売買を行っていた。そして、Yは本件船舶について先取特権を主張して、秋田地裁に本件船舶の競売および看守保存の申立てをし、競売開始および看守保存の決定を得た。これに対し、XがYの先取特権は成立しないとして異議を申し立てたのが本件である。

　「先取特権……が物権として有効に成立するためには、主たる債権が債権そのものの準拠法により有効に成立することのほか、その債権の準拠法上先取特権が物権的効力を有するものとして認められ、かつ物権の準拠法たる目的物の所在地法においてもこれに物権的効力を付与していることが必要である。」

　「本件船舶は前記油類の取引当時は大韓民国籍であったが、本件競売申立時においてはパナマ共和国に所属していたことが認められる。したがって、右競売申立の時における上記優先特権の内容効力は新旗国法たるパナマ共和国法によって決定されることとなる」。

【争点】船舶の連結点である旗国が変更した場合、船舶先取特権の成否とその効力についていかに準拠法を定めるべきか。

【結論】先取特権の成否については成立時の旗国法により、その効力については変更後の旗国法による。

2—11

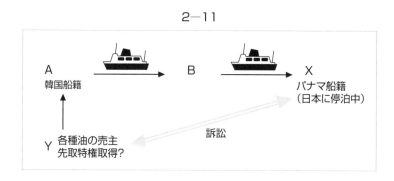

【5】設例の検討

　設例において、甲乙のいずれが動産Xの所有権を有するかを決めるためには、動産の所有権の移転についての準拠法が問題になる。

　この点に関して、所有権の移転などの物権変動については、前述のとおり、通則法13条2項によって原因事実の完成時における目的物の所在地法によると規定されている。したがって、旧所在地法によれば「原因となる事実」が完成し、物権変動が完了している場合には、後に目的物が所在地を変更し、新所在地法によれば物権変動の要件が充足されていない場合であっても、すでに生じた物権変動の効果に影響はないこ

とになる。

設例では、動産Xの旧所在地法であるA国法によれば動産の引渡しがなくとも意思表示さえあれば所有権が移転するため、売買契約の締結時に甲から乙への所有権の移転は完了していることになる。したがって、その後、動産XがB国に所在地を変更し、B国法上は引渡しがないと所有権が移転しないとしても、すでに完了した甲から乙への所有権の移転には影響がない。ただし、乙の動産Xに対する所有権がどのような内容・効力を有するかは新所在地法であるB国法による。

なお、設例とは異なり、B国で売買契約締結の意思表示をした後に、動産XがA国に移転した場合には、旧所在地法であるB国法によれば物権変動の効果は生じていないため、A国において改めて売買契約締結の意思表示をしないかぎり、物権変動は成立しないことになる。

2—12　A国(意思主義)B国(形式主義：引渡しを要求)間の取引

6 物権の準拠法と他の準拠法との関係

【1】債権の準拠法との関係

物権の準拠法は、物権行為についてのみ適用され、物権行為の原因行為である債権行為については適用されない。すなわち、物権変動については、物権の準拠法が適用され、債権行為の有効性・債権行為の効果については債権の準拠法が適用されるのである。

わが国においては、意思表示のみで物権変動が生じるとする意思主義を採用してい

る。そこで、一般に債権の発生と同時に物権の移転という効果が生じると解されている。このように意思主義を採用する場合も、国際私法上は物権的側面と債権的側面を区別して取り扱う必要がある。

わが国においては、売買契約を締結する場合に、通常、契約当事者は目的物の所有権を移転する意思(物権的側面)と、債権の発生を目的とする意思(債権的側面)を有している。他方、ドイツのように意思表示のほかに一定の形式・表象がある場合に物権変動が生じるとする形式主義を採用する国においては、売買契約を締結する場合に、通常契約当事者は債権の発生を目的とする意思しか有さず、所有権を移転する意思は有しない。

そこで、たとえば、ドイツに所在する動産について、日本法を準拠法とする売買契約が締結された場合、売買契約の当事者が所有権を移転する意思を有していても、物権的側面について強行法規たる国際私法上ドイツ民法が適用される結果、所有権移転の効果は生じないことになる。

また、日本に所在する動産についてドイツ法を準拠法とする売買契約が締結された場合、物権的側面について日本法の適用がなされても、ドイツ法を債権的側面での準拠法としている以上、通常この売買契約の当事者は、物権的行為なくして所有権を移転する意思を有しないであろうから、日本法上の所有権移転の意思表示と認められず、その効果は生じないことになる。なお、所有権を移転する意思を有している場合には、日本法上の要件を具備するから、所有権移転の効果が生じることになる。

物権変動の原因となった債権行為が無効または取り消された場合の物権行為の効力の問題である物権行為の有因性・無因性に関しては物権の問題であるから、物権の準拠法が適用される。

【2】総括準拠法との関係

総括準拠法とは、相続準拠法のように個々の財産の複合体を統一的に規律する法をいい、個別準拠法とは個々の財産の準拠法をいう。

この点、一般に「個別準拠法は総括準拠法を破る」と考えられている。なぜなら、個別準拠法は総括準拠法より目的財産と密接な関係を有していると考えられるからである。

したがって、たとえば、相続の準拠法(総括準拠法)が土地所有権の相続性を肯定していても、物権の準拠法(個別準拠法)が土地所有権の相続性を否定している場合には、土地所有権の相続は認められないことになる。また、夫婦財産制の準拠法(総括準拠法)が配偶者の財産に対する法定抵当権を認めている場合であっても、物権の準拠法

（個別準拠法）がそのような権利を認めていない場合には、抵当権としての効力を有しないことになる。

　なお、このことは、個別準拠法が物権の準拠法でない場合にもあてはまる。たとえば、相続準拠法が不法行為に基づく損害賠償請求権の相続性を肯定していても、不法行為の準拠法がその権利の相続性を否定している場合には、当該損害賠償請求権の相続は認められないことになる。

7. 知的財産

1 総論

[設例]

　乙は日本に常居所を有する日本人であり、過去にA国人たる甲と交際していた。乙は、日本において、甲をモデルとした小説を執筆し、これが出版されたが、そのなかには甲がA国において出版していた詩集に掲載されていた詩の日本語訳が無断で掲載されていた。甲が、詩に関するA国における著作権が侵害されたことを理由に、小説の出版の差止め請求と損害賠償請求を日本の裁判所に提起した場合、いかなる国の準拠法が適用されるか。なお、日本はベルヌ条約の同盟国である。

2—13　知的財産権の侵害

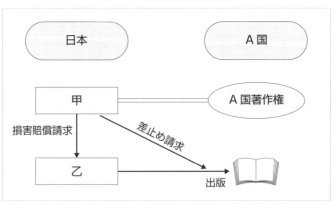

　知的財産権とは、特許権や著作権などのように、産業や文化の促進等を目的に、有体物・無体物を問わず人の知的な所産を法的な権利として国家が特権として保護を与

えたものである。

　近年、国際的な私法取引が活発化し、知的財産権に保護された物品等の国際的流通に伴い、その国境を越えた侵害事件が発生している。このような場合、知的財産権の帰属をめぐる争いや、知的財産権の侵害に対する差止め・損害賠償請求について、いかなる国の法を準拠法とするかを決定する必要がある。

　知的財産権に関しては、属地主義の原則が広く認められる。知的財産権に関する属地主義とは、ある国において付与された知的財産権は、その成立・移転・効力等につき当該国の法律が適用され、知的財産権の効力は当該国内においてのみ認められるというものである。

　このような属地主義を前提とすると、外国知的財産権については、そもそも準拠法選択が問題とならない余地がある。準拠法選択の問題自体生じないとする立場は、属地主義の根拠として、知的財産権の保護と各国の産業政策との結びつきといった公法的な側面をあげる。つまり、知的財産権は公法的な制度であり、その適用範囲は属地的に限定されるのであるから、外国の知的財産法により認定された知的財産権についてはそもそも裁判権が及ばず、準拠法決定の問題は生じる余地がないとするのである。

　これに対して後出重要判例（最判平成14年9月26日）は、「外国特許権に関する私人間の紛争において、法例で規定する準拠法の決定が不要となるものではない」とし、知的財産権の効力についても、準拠法選択が問題になりうるとの立場を示した。そして、特許権の効力の準拠法に関しては、当該特許権ともっとも密接な関係を有する国の法律によると解するのが相当であるとした。具体的には、特許権など権利保護のために登録を要する知的財産権については当該権利が登録された国の法律、著作権など権利保護のために登録を要しない知的財産権については当該権利の利用行為や侵害行為が行われた国の法律が準拠法になると解されている。この法律は、「保護が請求される国」（パリ条約2条2項）、「保護が要求される同盟国」（ベルヌ条約5条2項）の文言から、「保護国法」とよばれている。なお、著作権侵害に基づく差止請求については、ベルヌ条約が内国民待遇や権利独立の原則を定めていることを理由に、同条約を国際私法規則と解し、同条約5条2項を保護国法の直接の根拠として、「保護が要求される同盟国の法令」を選択・適用する事例が増加している。

2 知的財産権の帰属

　知的財産権等の譲渡・利用許諾契約については、物権の場合と同様、譲渡の原因と

なる債権行為については譲渡・実施契約の準拠法により、目的である知的財産権の物権類似の支配関係の変動については保護国法によるとするのが通説である。したがって、知的財産権の譲渡・実施契約の成立、債務不履行の場合の効果等の問題は通則法7条以下によるが、契約の目的である知的財産権の移転に関する要件、第三者に対する対抗要件等の問題は保護国法によるものとされる。

2—14　知的財産権の帰属

　近年、職務上なされる発明や創作から生じる知的財産権の帰属についての争いが増加している。判例では、従業員が、使用者たる会社に対して職務発明に関する外国の特許を受ける権利を譲渡したことにつき、相当の対価の支払を求めて日本の裁判所に訴えを提起した場合に、準拠法がいかにして決定されるかが問題となった(最判平成18年10月17日民集60巻8号2853頁〔百選42事件〕)。この点につき、対価の請求に関する問題が、譲渡の原因となる契約の効力の問題と解するのならば、通則法7条以下に従って準拠法が決定されることとなる(本章第3節11参照)。一方、わが国の特許法35条4項は、従業者等が職務発明について使用者等に特許を受ける権利を取得させた場合において、相当の利益を受ける権利を従業者等に認めている。かりに、この規定が公法的性格を有する絶対的強行法規と解するのであれば、同条が準拠法のいかんに関わりなく適用されることになる(序章第1節2【4】参照)。そのため、職務発明に関する外国特許を受ける権利の譲渡対価について、わが国の特許法35条4項が適用されるのか、それとも当事者の意思によって定められる譲渡契約の準拠法が適用されるのかが問題となった。

　これに関して最高裁は、傍論ではあるが、「外国の特許を受ける権利の譲渡に伴って譲渡人が譲受人に対しその対価を請求できるかどうか、その対価の額はいくらであるかなどの特許を受ける権利の譲渡の対価に関する問題は、譲渡の当事者がどのような債権債務を有するのかという問題にほかならず、譲渡当事者間における譲渡の原因関係である契約その他の債権的法律行為の効力の問題であると解されるから、その準拠法は、法例7条1項〔通則法7条〕の規定により、第1次的には当事者の意思に従っ

て定められると解するのが相当である」と判示し、外国特許を受ける権利の譲渡対価の問題については譲渡契約の準拠法によるとの立場が示され、特許法35条を強行法規とする見解を退けた。

3 知的財産権の侵害

1で述べたように判例は、外国知的財産権の侵害に対する差止め・廃棄・損害賠償請求についても一般の私法的な問題と同様に準拠法選択の問題が生じうるとの立場に立っているとされる。そして、有力説は、差止め・廃棄請求と損害賠償請求を区別して、前者は知的財産権の効力の問題であるから保護国法により、後者は不法行為の問題であるから不法行為の準拠法によるとの見解を示している。最高裁も、外国特許権に基づくわが国での差止めおよび廃棄請求については、その法律関係の性質を特許権の効力と決定すべきであるとし、条理により、当該特許権の最密接関係国である登録国法を準拠法とし(ただし、結果的には属地主義の原則を根拠に公序条項〔42条〕によって登録国法の適用を排除)、損害賠償請求については不法行為と性質決定し、法例11条1項(通則法17条)に従って、直接侵害行為地を準拠法とした(後出重要判例、最判平成14年9月26日)。

著作権侵害についても同様に、被侵害著作権の存否・効力や差止請求については保護国法を準拠法とし、損害賠償請求については不法行為の準拠法によるとの裁判例が多いが(知財高判平成20年12月24日民集65巻9号3363頁など)、そのような区別をせずに差止請求・損害賠償請求ともに不法行為と性質決定する裁判例もある(東京地判平成28年9月28日裁判所ウェブサイト)。

★重要判例(最判平成14年9月26日民集56巻7号1551頁〔百選41事件〕)
(i)差止めおよび廃棄請求について
「特許権についての属地主義の原則とは、各国の特許権が、その成立、移転、効力等につき当該国の法律によって定められ、特許権の効力が当該国の領域内においてのみ認められることを意味するものである」。「しかし、このことから、外国特許権に関する私人間の紛争において、法例で規定する準拠法の決定が不要となるものではない」。
「米国特許権に基づく差止め及び廃棄請求は、正義や公平の観念から被害者に生じた過去の損害のてん補を図ることを目的とする不法行為に基づく請求とは趣旨も性格も異にするものであり、米国特許権の独占的な排他的効力に基づくものというべきである。したがって、米国特許権に基づく差止め及び廃棄請求については、その法律関係の性質を特許権の効力と決定すべきである。

特許権の効力の準拠法に関しては、法例等に直接の定めがないから、条理に基づいて、当該特許権と最も密接な関係がある国である当該特許権が登録された国の法律によると解するのが相当である。けだし、(ア)　特許権は、国ごとに出願及び登録を経て権利として認められるものであり、(イ)　特許権について属地主義の原則を採用する国が多く、それによれば、各国の特許権が、その成立、移転、効力等につき当該国の法律によって定められ、特許権の効力が当該国の領域内においてのみ認められるとされており、(ウ)　特許権の効力が当該国の領域内においてのみ認められる以上、当該特許権の保護が要求される国は、登録された国であることに照らせば、特許権と最も密接な関係があるのは、当該特許権が登録された国と解するのが相当であるからである。

　したがって、……本件差止請求及び本件廃棄請求については、本件米国特許権が登録された国であるアメリカ合衆国の法律が準拠法となる。」

　「〔米国特許法（条数略）〕によれば、本件米国特許権の侵害を積極的に誘導する行為については、その行為が我が国においてされ、又は侵害品が我が国内にあるときでも、侵害行為に対する差止め及び侵害品の廃棄請求が認容される余地がある。

　しかし、我が国は、特許権について前記属地主義の原則を採用しており、これによれば、各国の特許権は当該国の領域内においてのみ効力を有するにもかかわらず、本件米国特許権に基づき我が国における行為の差止め等を認めることは、本件米国特許権の効力をその領域外である我が国に及ぼすのと実質的に同一の結果を生ずることになって、我が国の採る属地主義の原則に反するものであり、また、我が国とアメリカ合衆国との間で互いに相手国の特許権の効力を自国においても認めるべき旨を定めた条約も存しないから、本件米国特許権侵害を積極的に誘導する行為を我が国で行ったことに米国特許法を適用した結果我が国内での行為の差止め又は我が国内にある物の廃棄を命ずることは、我が国の特許法秩序の基本理念と相いれないというべきである。

　したがって、米国特許法の上記各規定を適用して被上告人に差止め又は廃棄を命ずることは、法例33条にいう我が国の公の秩序に反するものと解するのが相当であるから、米国特許法の上記各規定は適用しない。」

(ⅱ)損害賠償請求について

　「特許権侵害を理由とする損害賠償請求については、特許権特有の問題ではなく、財産権の侵害に対する民事上の救済の一環にほかならないから、法律関係の性質は不法行為であり、その準拠法については、法例11条1項〔通則法17条〕によるべきである。」

【争点】外国特許権について準拠法選択の問題は生じるか、また生じるとした場合、準拠法はいかなる国の法が適用されるか。

【結論】属地主義の原則のもとでも、準拠法の決定が不要になるものではない。外国特許権に基づく差止請求・廃棄請求については、当該特許権の最密接関係国である登録国の法律を準拠法とする（損害賠償請求については直接侵害行為地の法律による）。ただし、属地主義の原則から、公序条項（42条）によって登録国法の適用は排除される。

4 設例の検討

　著作権侵害についても、判例と同様の見解に立つのであれば、差止め請求について
は著作権の効力の問題であるとして、保護国法が準拠法となり、具体的にはベルヌ条
約5条2項の「保護が要求される同盟国の法令」である日本法が準拠法とされる。そし
て、損害賠償請求については不法行為の問題として、通則法17条の「加害行為の結果
が発生した地の法」である甲国法が準拠法とされ、さらに、通則法22条によって日本
法も累積適用される(本章第4節①参照)。

1. 婚姻

1 問題の所在

　渉外性を有する婚姻については、どのような場合に婚姻が有効に成立するのか(婚姻の成立要件)という点と、婚姻が有効に成立した場合にどのような効力が生じるのか(婚姻の効力)という点が主に問題になる。

　婚姻の成立要件としては、まず婚姻の実質的成立要件として、たとえば、婚姻年齢に達していること、近親婚でないことなどが諸国の内国法で要求されている。さらに、婚姻の有効な成立のために必要な一定の手続や形式として、儀式や官庁への届出などの婚姻の形式的成立要件(方式)が要求されている。

　婚姻の実質的要件および方式が充足されて婚姻が有効に成立すると、次に婚姻の効力が問題になる。婚姻の効力については、夫婦間の同居義務や貞操義務のような婚姻の身分的効力と、夫婦財産の共有制をとるか、あるいは別産制をとるかというような婚姻の財産的効力の2つに区別される。

　国際私法上は、一般に、以上の婚姻をめぐる4つの問題が、それぞれ別個の単位法律関係とされている。以下、順に検討する。

3-1　婚姻をめぐる問題

婚姻の成立要因	
実質的要件	形式的要件

⬇

婚姻の効力	
身分的効力	財産的効力

[設例]

　本国に配偶者丙のいる日本在住のA国人甲が、日本人乙と婚姻したいと考えている。この婚姻が有効に成立するかどうかはいずれの国の法律によって規律されるか。なお、A国法では重婚が認められているものとする。

3—2

【1】 準拠法の決定

⑴単位法律関係の範囲

　法性決定の問題として、通則法24条1項が規定する「婚姻の成立」という単位法律関係にはどのような事項が含まれるかが問題となる。

　これについて、婚姻の成立要件のうち、その形式的成立要件、すなわち方式を除いた要件が婚姻の実質的要件とされる。そして、婚姻の方式とは、届出や儀式といった婚姻の外部的形式としての意思表示の表現方法をいうと解される。なお、婚姻意思が実質的成立要件と考えられているのに対し（水戸家判平成28年12月16日判タ1439号251頁〔百選45事件〕）、婚姻の届出意思については、これを婚姻の実質的要件と捉える見解と、婚姻の方式として捉える見解があり、法性決定に争いがある。裁判例（名古屋高判平成4年1月29日家月48巻10号151頁、大阪高判平成28年11月18日判時2329号45頁〔百選47事件〕）は、婚姻の届出意思を婚姻の方式に関するものとして法性決定をしている。

⑵通則法の規定

　婚姻の実質的成立要件についての準拠法決定の問題につき、わが国の通則法は属人法主義を採用しており、当事者の本国法を準拠法とする旨を規定している（通則法24条〔婚姻の成立及び方式〕1項）。属人法主義を採用すると、婚姻の両当事者の本国法が

異なる場合にいずれの本国法によるべきかが問題になるが、婚姻前の両当事者は完全に対等であると考えるべきなので、いずれかの本国法を優先させるのは妥当ではない。また、双方の本国法の累積的適用によるとすると、婚姻の要件が厳しくなり婚姻の成立を困難にしてしまう。

そこで、各当事者につきそれぞれの本国法によるとする配分的適用が一般に妥当とされ、通則法24条1項も「婚姻の成立は、各当事者につき、その本国法による」として、各当事者の本国法の配分的適用を規定している。

なお、通則法24条1項は「婚姻の成立」としか規定していないが、通則法24条2項、3項が「方式」について規定していることから、婚姻の成立要件一般ではなく、婚姻の実質的要件を単位法律関係とするものであるといえる。

(3)一方的要件と双方的要件

婚姻の成立要件には、一方当事者についてのみ問題となる要件(一方的要件)と双方の当事者について問題となる要件(双方的要件)がある。

たとえば、婚姻適齢は一方的要件と考えられており、配分的適用により各自がその本国法上婚姻適齢に達していれば婚姻が認められると解される。すなわち、婚姻適齢が男18歳、女16歳とされているA国と、男女ともに17歳とされているB国があるとすると、A国人女16歳と、B国人男17歳が婚姻しようとする場合に、配分的適用によるとA国人女もB国人男もみずからの本国法により婚姻適齢に達している。よって、両者の婚姻は認められるという結論になる。

この点、かりに累積的適用をすると、A国法とB国法が重ねて適用されるため、男は18歳、女は17歳がこの場合の婚姻適齢となる。よって、A国人女性とB国人男性は、ともに婚姻適齢に達していないことになり、両者の婚姻は認められないことになる。

このように、一方的要件の場合には、配分的適用と累積的適用で結論が異なるため、より婚姻が認められやすくなる配分的適用が妥当であると考えられるのである。

これに対して、近親婚、重婚、相姦婚など相手方との関係が問題となる双方的要件は、配分的適用をすると考えても、結局は累積的適用をしたのと同じ結論になる。たとえば、A国法には重婚を禁ずるという規定があるが、B国法にはそのような規定がないとする。この場合に、A国人(独身)とB国人(既婚)が結婚しようとする場面を考えると、A国人自身が重婚をすることになるわけではないが、A国法により両者の婚姻は認められないと解されるのである。すなわち、A国法は、すでに婚姻している者が更に婚姻することを禁止するとともに、そのような者との婚姻をも禁止する趣旨であると考えられるので、配分的適用によってA国人にはA国法、B国人にはB国法を適用したとしても、結局は累積的適用をしたのと同じ結論になるのである。

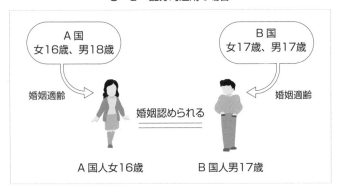

3—3　配分的適用の場合

A 国
女16歳、男18歳

B 国
女17歳、男17歳

婚姻適齢

婚姻認められる

婚姻適齢

A 国人女16歳　　　　B 国人男17歳

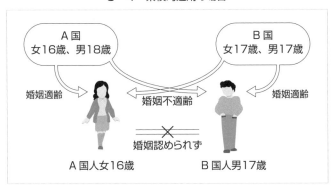

3—4　累積的適用の場合

A 国
女16歳、男18歳

B 国
女17歳、男17歳

婚姻適齢

婚姻不適齢

婚姻適齢

婚姻認められず

A 国人女16歳　　　　B 国人男17歳

　以上のように、ある要件が一方的要件か、双方的要件かによって結論が変わってくるため、要件の振り分けを行う必要が生じる。通説は、この区別につき国際私法独自に決定すべきであるとする説を採っている。

　そして、具体的な各要件がいずれにあたるかについて、婚姻年齢や、保護者など第三者の同意は一方的要件とし、重婚、近親婚などは双方的要件であるとするのが一般的である。

【2】準拠法の適用

　準拠法が以上のようなプロセスで決定されると、婚姻の成立に関する実質的要件について適用されることになる。

　準拠法たる当事者の本国法を適用した結果、実質的要件を欠く場合の効果も、その本国法による。そして、双方的要件において各当事者に適用される本国法が異なる効

果を定めているときは、配分的適用をしたとしても累積的適用をしたのと同じ結論となる結果、より厳格な効果を定める法を適用する。たとえば、近親婚禁止の要件に反してなされた婚姻について、一方の本国法によれば婚姻が無効、他方によれば取り消しうるにすぎないときは、より厳格に婚姻は無効になる。

【3】設例の検討

　設例の婚姻が有効に成立するためには、婚姻の実質的要件および婚姻の形式的要件（方式）をみたす必要がある。そこで、まず、設例の婚姻が婚姻の実質的要件をみたしているかどうかを検討する。

　まず、通則法24条1項により、婚姻の実質的要件については各当事者の本国法が配分的に適用されることになる。したがって、A国人甲にはA国法が、日本人乙には日本法が適用される。

　次に、それぞれの本国法を適用した場合に、婚姻の実質的要件をみたすかどうかを検討する。設例においては、甲に配偶者丙がいるため、乙との婚姻は重婚にあたる。そうすると、甲と乙の婚姻は、重婚を認めるA国法によれば実質的要件をみたすが、日本法によれば実質的要件をみたさない。

　ここで、【1】③で述べたように、重婚の禁止は婚姻の成立のための双方的要件にあたると解されるので、各当事者の本国法の配分的適用をした場合でも、結局は累積的適用をした場合と同じ結論になる。すなわち、両当事者の本国法のいずれかが重婚禁止を婚姻の実質的要件とする場合には、婚姻は認められない。

　そして、設例において、乙の本国法である日本法によれば重婚は認められないので、設例の婚姻は認められない。

3 　婚姻の形式的要件（方式）

［設例］

　A国人甲と日本人乙がB国で婚姻しようとしている。この婚姻はいかなる法が定める方式によれば有効となるか。また、甲と乙が日本で婚姻する場合はどうか。

【1】総説

　諸国の法制は、婚姻が有効に成立するために公開の儀式、宗教上の儀式、国家機関への届出等さまざまな形式的要件(方式)を要求している。

　婚姻の方式について通則法は挙行地法主義を採用している。この主義の根拠としては、婚姻の方式が挙行地の公益と密接に関係することがあげられる。すなわち、婚姻は、挙行地の社会秩序との関係から社会的に公示される必要があるが、その公示が実効性をもつためには挙行地の方式によることが要求されると考えるのである。

　もっとも、挙行地主義の原則を貫徹すると、婚姻の方式として特定の宗教的儀式を要求する国において、その宗教に属さない外国人が婚姻をする場合などには不都合が生じる。そこで、多くの国の国際私法は、婚姻挙行地法主義の例外として、外国において自国民がその国に駐在する自国の外交官または領事の前で自国の方式に従ってなした婚姻は、方式上有効とすることを認めている。これを、領事婚あるいは外交婚という。

【2】準拠法の決定

　通則法24条2項は、「婚姻の方式は、婚姻挙行地の法による」ことを規定する。この挙行地法主義の根拠としては、【1】で述べたとおり、婚姻の方式が挙行地の公益と密接に関係することがあげられる。

　しかし、挙行地における公益上の要請は、当事者の便宜を犠牲にしてまで守る必要があるほど強いとは考えられない。そこで、通則法24条3項本文は、「前項の規定にかかわらず、当事者の一方の本国法に適合する方式は、有効とする」として、当事者の一方の本国法との選択的適用を、原則として規定している。

　以上の原則に対して、通則法24条3項ただし書は例外的に「日本において婚姻が挙行された場合において、当事者の一方が日本人であるときは」挙行地法である日本法のみを準拠法とすることを規定している。これは、日本人について例外的な特則を規定するいわゆる日本人条項であり、日本で行われる婚姻のうち、日本人についてはその身分関係を戸籍に迅速に反映させようという趣旨から規定されている。

【3】準拠法の適用

　準拠法が決定されると、それが婚姻の方式について適用される。従来無効とされていたわが国における台湾の儀式婚、イスラム教・ギリシャ正教などによる宗教婚も、改正の結果、当事者の本国法の適用によって有効とされるようになった。

【4】設例の検討

設例の婚姻が有効に成立するためには、婚姻の形式的要件(方式)をみたす必要がある。そこで、設例において、いかなる方式によれば婚姻の形式的要件(方式)をみたすかを検討する。

まず、設例前段について検討する。婚姻の方式の準拠法は、【2】で述べたように、通則法24条2項、3項によって婚姻挙行地法と当事者の一方の本国法との選択的適用が原則とされている。そうすると、A国人甲と日本人乙がB国で婚姻する場合には、婚姻の方式の準拠法として、婚姻挙行地法であるB国法と当事者一方の本国法(A国法あるいは日本法)とが選択的に適用されることになる。したがって、設例前段の婚姻は、A国法、B国法、日本法のいずれかの法が定める婚姻の方式によれば有効となる。

次に、設例後段について検討する。A国人甲と日本人乙が日本で婚姻する場合には、通則法24条3項ただし書(日本人条項)に該当するので、例外的に日本法のみが婚姻の方式についての準拠法となる。したがって設例後段の婚姻は、日本法が定める婚姻の方式によれば有効となる。

4 │ 婚姻の身分的効力

【1】 準拠法の決定
⑴単位法律関係の範囲

婚姻の身分的効力には通則法25条が適用されるところ、法性決定の問題として、同条が規定する「婚姻の効力」という単位法律関係にはどのような事項が含まれるかが問題となる。

⒜婚姻の成立に伴う効果

まず、婚姻の成立に伴う効果である成年擬制や夫婦の氏の決定が問題となる。

未成年者が婚姻したことにより成年とみなされる成年擬制については、円満な婚姻生活の実現を目的とする制度であるとみなして、婚姻の効力に属する法律関係として、通則法25条を適用するというのが通説的見解であった(第2章第1節②【2】参照)。しかし、これは夫婦間の利害に関わる問題ではなく本人の行為能力取得の問題として、婚姻の成立自体については通則法24条、婚姻が成立したとして成年擬制が認められるか否かについては通則法4条[人の行為能力]を適用し、各当事者の本国法によるべきであるとの説も最近は有力である。

なお、日本では成年擬制の制度は、2022年4月より民法改正によって消滅する。

夫婦の氏については婚姻の効力であるとする見解もあるが、戸籍法との関係も問題になるため、第7節でまとめて論じる。

(b)婚姻の存続に伴う問題

次に婚姻関係の存続に伴う問題について検討すると、夫婦の同居義務や貞操義務については、婚姻の効力の問題として通則法25条を適用すべきである。夫婦の扶養義務については、従来は婚姻の効力の問題とされていたが、特別法である「扶養義務の準拠法に関する法律」が制定されたため、この法律による。

婚姻によって妻の行為能力を制限する規定が存在する場合は、第2章第1節②【2】で述べたとおり、通則法25条を適用するのが通説である。

また、日常家事債務の夫婦の連帯責任については、夫婦の円満な共同生活の運営のために認められるものだとして、通則法25条を適用する説も有力ではあるものの、夫婦財産制の問題として、夫婦財産制の準拠法に関する通則法26条を適用するのが多数説である。なお、妻の行為能力や、日常家事債務の連帯責任について通則法25条を適用すべきとの見解に立っても、内国取引保護の観点から通則法4条[人の行為能力]2項の規定を類推適用することが考えられる。

夫婦間の契約についてその取消しが認められるかというような問題についても（民754条参照）、契約一般の準拠法である通則法7条、あるいは夫婦財産制の準拠法である通則法26条を適用すべきとの説もある。この点、婚姻の効力として通則法25条によるべきとの説が多数説である。なぜなら、夫婦間の契約についてのこれらの制限は、共同体としての夫婦の婚姻生活遂行のために必要なものだからである。

⑵通則法の規定

婚姻の身分的効力について、通則法25条は段階的連結を採用している。これは、国際私法において両性平等を実現するためには夫婦の共通の要素を順次検討していくのが適当と考えられたからである。

通則法25条は、段階的連結の第1段階として、「婚姻の効力は、夫婦の本国法が同一であるときはその法によ」ると規定し、夫婦の同一本国法を採用している。本国法の決定については通則法38条[本国法]、40条[人的に法を異にする国又は地の法]に規定がある。なお、これらの規定によって決定された夫婦各々の本国法が同一である必要があり、夫婦の共通国籍があっても必ずしも同一本国法が存在するわけではないので、注意が必要である（第1章第3節③【2】参照）。

夫婦の同一本国法が存在しない場合には、第2段階として、「夫婦の常居所地法が同一であるときはその法によ」るとして同一常居所地法が適用される。

最後に、第3段階の連結として、夫婦の同一本国法も同一常居所地法も存在しない

場合、たとえば国籍の異なる夫婦が異なる国に別居しているような場合には、「夫婦に最も密接な関係がある地の法」(最密接関係地法)による。最密接関係地の意義については具体的基準が明らかでなく、婚姻の個別的効力ごとに最密接関係法が異なるのか、あるいは統一的に認定されるのかという問題が残る。

【2】 準拠法の適用

通則法25条の定める準拠法は、婚姻の効力という単位法律関係に適用される。

5 婚姻の財産的効力(夫婦財産制)

【1】 準拠法の決定

⑴単位法律関係の範囲

婚姻の財産的効力については通則法26条が適用されるところ、まず法性決定の問題として、同条が規定する「夫婦財産制」という単位法律関係にはどのような事項が含まれるかが問題となる。26条が適用される事項としては、夫婦財産契約の許否、それが許される場合には契約の締結時期、内容、効力などがある。また、夫婦財産契約が許されない、あるいは存在しない場合の法定財産制の内容、夫婦財産契約の消滅についても同条項が適用される。他方で、夫婦財産契約の締結能力については、財産的法律行為の問題として、通則法4条によるべきとされる。

なお、夫婦財産契約の方式については、親族関係についての法律行為の方式について規定する通則法34条により、夫婦財産関係の成立の準拠法または行為地法のいずれかに適合していれば有効になる。

このほか、法性決定の問題としては、婚姻解消および相続と夫婦財産制の関係が問題となる。婚姻解消による夫婦財産制の解消に関する準拠法の決定は、通則法26条による。相続と夫婦財産関係の区別は難しく、適用問題が生じることも少なくないが、一般に、まず通則法26条により決定される準拠法に従って夫婦財産関係を清算した後に、相続の問題として通則法36条によることになる。

⑵通則法26条1項

通則法は26条1項で、「前条の規定は、夫婦財産制について準用する」として、婚姻の財産的効力については、同じく婚姻の効力である婚姻の身分的効力に関する段階的連結の規定を準用している。この点、「夫婦財産制は婚姻の効力の準拠法による」というように、通則法25条によって決定される婚姻の身分的効力の準拠法自体を準用する

という方法もある。しかし、第三段階の連結として夫婦の最密接関係地法が準拠法となる場合に、夫婦財産制についての夫婦の最密接関係地については、財産の所在地等も考慮する必要があることから、婚姻の身分的効力の最密接関係地法とは別に独自に決定するのが妥当である。そこで、同条項は通則法25条によって決定された準拠法ではなく、通則法25条の段階的連結の規定を準用しているのである。

26条1項で準用される通則法25条は、事実審の口頭弁論終結時まで準拠法の変更を認める変更主義を採用しているので、婚姻継続中に準拠法の変更があった場合の処理が問題となる。これについては、法的安定性保護の観点から、準拠法の変更は将来に向かってのみ効力を生じ、変更以前の財産関係には従来の準拠法が適用されるとする見解が有力である。もっとも、このような見解に立つと、準拠法の変更前後で財産関係を区別するために、金銭の同一性の判断や、財産を購入した場合の財源の判断などが必要になるが、現実に両者を区別することは困難であるという批判がある〈澤木＝道垣内99頁〉。

⑶通則法26条2項

通則法26条2項前段は、「夫婦が、その署名した書面で日付を記載したものにより」通則法26条2項各号に掲げられた法のうち「いずれの法によるべきかを定めたときは、夫婦財産制は、その法による」として、通則法26条2項前段が規定する段階的連結の採用に加えて、夫婦による夫婦財産制の準拠法の選択を認める意思主義を選択的に認めている。これは、夫婦財産制の準拠法に関するハーグ条約やその他の立法例に合わせることで国際私法の統一を図るとともに、変更主義では不都合だと考える当事者が選択によって準拠法を固定化できるように考慮したものである。

ただし、夫婦財産制度の身分法的側面への配慮から、準拠法の選択の範囲には制限がある。すなわち、準拠法の選択は、「夫婦の一方が国籍を有する国の法」(通則法26条2項1号)、「夫婦の一方の常居所地法」(通則法26条2項2号)、および「不動産に関する夫婦財産制については、その不動産の所在地法」(通則法26条2項3号)に制限されている。

なお、重国籍者については、いずれの国籍国の法も選択できる。「国籍を有する国の法」であって、「本国法」ではないので、通則法38条1項の対象にはならないからである。また、不動産が散在している場合には、それぞれその所在地法によることが認められる。

準拠法選択の合意の成立要件としては、方式については日付および署名のある書面によってなすべきことが規定されている。これは、夫婦財産制については婚姻後相当期間が経過してから準拠法の選択が重要になる場合が多いことを考慮して、特に厳格

に方式を定めたものである。この方式は国際私法上要求されるものであり、これが具備されていない場合には、当事者の選択による準拠法の決定は認められず、通則法26条1項によって準拠法が決定されることになる。

これに対して、合意の時期的制限や、準拠法選択の変更については、特に通則法上規定がない。したがって、婚姻前を含めていつでも選択の合意およびその変更が許されると解されている。

これに関連して、財産の一部についてのみ準拠法を選択する準拠法の部分指定が許されるかどうかについては見解が分かれる。ハーグ条約は部分指定を認めていないことから、通則法の解釈にあたっても、これに従って部分指定を否定すべきとの見解も有力である。しかし、通則法は少なくとも不動産所在地法との関係では部分指定を認めているのであり、通則法にはハーグ条約のように部分指定を制限する規定がない以上、むしろ部分指定を認めていると解することも可能である。また、準拠法の選択の合意の実質的要件、すなわち錯誤や詐欺などの無効原因や取消原因がないかどうかについては、一般の契約準拠法の場合と同じく、指定された準拠法によると解されている。

【2】準拠法の適用

準拠法が決定されると、契約によるものと法定によるものを問わず、夫婦財産制に関するすべての問題に適用される。

この点、夫婦財産制の準拠法が外国法とされて、日本法と異なる規定が適用される場合には、内国の取引保護に配慮する必要がある。そこでまず、通則法26条4項は、外国法によって締結された夫婦財産契約は、これを日本において登記すれば第三者に対抗することができると規定して、第三者の利益との調和を図っている。夫婦財産契約に限定されているのは、外国法上の法定財産制については、判例法を含む外国法の内容を登記することが困難だからである。

次に、通則法26条3項前段は、外国法による夫婦財産契約の登記がない場合、あるいは外国法上の法定財産制による場合について、「日本においてされた法律行為及び日本に在る財産については、善意の第三者に対抗することができない」と規定して、善意の第三者を保護している。なお、「日本に在る財産」とは、債権については、日本で裁判上請求できるものであればよいと解されている。

第三者が善意で、外国法による夫婦財産制を対抗されない場合には、その夫婦と第三者との関係について、夫婦財産制は日本の法律による(通則法26条3項後段)。

なお、夫婦財産制における夫婦の財産は、いわゆる総括財産であるため「個別準拠

法は総括準拠法を破る」の原則が妥当（第2章第6節[6]参照）し、夫婦財産制の準拠法上、夫婦財産制における夫婦財産だと認められても、個々の財産の準拠法上それが認められなければその効力を生じえないと解される。

6 婚約・内縁

　婚約や内縁の準拠法については、通則法上明文の規定はなく、国際私法の解釈問題として判例・学説に委ねられている。

　学説は、24条以下の婚姻関係についての規定を準用するとする見解や、33条の「その他の親族関係等」の規定によるとする見解もある。しかし、これらについて法律上問題となるのは不当破棄や相続の局面であるため、「内縁」「婚約」という単位法律関係を観念するのではなく、それぞれ、不法行為の準拠法（通則法17条、20条、21条、22条）、相続の準拠法（36条）によれば足りるとする見解が有力である。

　なお、後出重要判例（最判昭和36年12月27日）は、内縁解消を理由とする慰謝料請求につき不法行為の問題として性質決定し、法例11条〔通則法17条〕を適用した。

★重要判例（最判昭和36年12月27日家月14巻4号177頁〔百選53事件〕）

　ともに日本に住所を有する韓国人X女とY男は昭和26年に結婚式をあげ、いわゆる内縁関係に入ったが、Yは以前からA女とも婚約しており、その後XとYの内縁関係は破綻した。そこで、XはYに対し、不法行為を理由として内縁破棄による慰謝料を請求した。原審は上記事実を認定してXの請求を認容した。これに対して、XYはともに韓国人であるから、Xの本訴請求の当否を判断するには両当事者の本国法である韓国法をもってすべきであるにもかかわらず、原審がこれを日本法によって判断したのは違法であるとしてYから上告したのが本件である。

　「Xの本訴において主張する請求は、YのXに対する内縁関係破棄の不法行為を原因とするものであることは、弁論の全趣旨を通じて窺われるところであるところ、……右の如く本件Yの行為をXに対する不法行為と観る以上、その債権の成立及び効力は、その原因たる事実の発生した地の法律によるべきものであるこというをまたないところであるから（法例11条〔通則法17条〕参照）、原審が本件の原因たる事実の発生した日本の法令を適用して判断するに至ったのは、正当というべきであ」る。

【争点】 内縁解消の際の損害賠償請求について、いかに準拠法を定めるべきか。

【結論】 不法行為の問題とみて、通則法17条による。

第 **3** 章·········家族

2. 離婚および別居

1 問題の所在

　離婚について各国の法制は、カトリック教義に基づきまったく離婚を認めないものから、イスラムのタラーク離婚のように簡易な離婚を認めるもの等、宗教的な背景とも関連して、多様な制度を採用している。また、離婚とは別に、制度上夫婦の別居を認める法制もある。そこで、渉外性を有する離婚・別居について、いずれの国の法によるべきかが問題となる。

　なお、離婚は裁判所もしくは行政機関が関与して行われるのが通常である。そして、離婚が内国の裁判所で行われる場合には、国際裁判管轄が問題になり、外国で行われる場合には、外国離婚判決の承認が問題になる。この点については、第4章で扱う。

2 離婚

［設例］

　A国人甲とB国人乙は夫婦であり、婚姻以来十数年日本でともに生活している。甲は、乙と性格が合わず、婚姻生活が円滑にいかないので、乙と離婚したいと考えている。甲が、日本の裁判所に離婚訴訟を提起した場合(民770条)、離婚は認められるか。なお、甲の本国法であるA国法によれば、上記のような理由に基づく離婚は認められていないものとする。

3-5

【1】準拠法の決定

⑴単位法律関係の範囲

離婚については通則法27条が適用されるところ、まず法性決定の問題として、同条が規定する「離婚」という単位法律関係にはどのような事項が含まれるかが問題となる。

⒜離婚の許否・離婚原因

まず、いかなる原因があるときに離婚が認められるか、あるいはそもそも離婚が認められないのかというような問題は、もっぱら離婚の準拠法による。

準拠法がフィリピンのように離婚をいっさい禁止している場合、法例改正前にはフィリピン人夫と日本人妻の夫婦の離婚には、公序則（第1章第5節2参照）が発動されることが多かった。しかし、後述の日本人条項の導入により、このような場合にはおおむね日本法が適用されることになったので、あまり問題とならなくなった。

⒝離婚の機関および方法

離婚の機関および方法についても、離婚の準拠法による。裁判機関による離婚のみを認める国も多いが、行政機関、宗教機関、立法機関による離婚を認める国もある。また、協議による離婚や、イスラム教国のタラーク離婚のような一方的意思表示による離婚等もある。このような離婚の方法およびそれを行う機関がどこかを決めるのも離婚の準拠法である。しかし、たとえば宗教的機関による許可が必要とされる場合等に、離婚地において、そのような機関が存在するとはかぎらない。そのため、離婚準拠法上定められた機関を厳密に解すると、離婚準拠法が所属する国以外では離婚ができないということになりかねない。そこで、法廷地の離婚機関が、どの程度まで準拠法上の離婚機関を代用しうるかが問題になる。

具体的には、準拠法が裁判離婚主義を採用している場合に、日本の家庭裁判所における調停離婚、審判離婚によることができるかということが問題になる。この点については、調停離婚もまた裁判離婚の一種であるとしてこれを肯定する見解と、調停離婚は協議離婚制度を前提とするものであるから認められないとする見解等が対立している。裁判実務上は、裁判所が関与することを重視し、また調停や審判が判決と同一

の効力を有することから、これを肯定する取扱いが多くなされている（後出重要判例、横浜家審平成3年5月14日等）。それゆえ、このような判例法が成立しているという考え方もあるが、学説は批判的である。その論拠としては、調停・審判離婚は当事者の合意を基礎としており、理論的に裁判離婚とは区別すべきものであるということがあげられる。

　また、準拠法が立法機関の関与を要求している場合、たとえば離婚につき事案ごとの議会の制定法を要するとするカナダのケベック州法が準拠法となったような場合にも、日本の裁判所による手続の代用の可否が問題になる。もちろん、日本の議会でそのような法律を可決することは不可能である。ただし、上記ケベック州法上の処理が、裁判所による処理を排除する趣旨ではないと解されるならば、日本の裁判所によって手続を代用することも可能であると考えられる。

　なお、タラーク離婚については、近年、その適用が公序違反になるとした裁判例がある（東京家判平成31年1月17日家判22号121頁〔百選51事件〕）。

★重要判例（横浜家審平成3年5月14日家月43巻10号48頁〔百選50事件〕）

　ともにアメリカ国籍で、法定住所を同国ハワイ州に有するXとYは、東京都に婚姻届を提出して婚姻した。しかし、婚姻直後からXYは別居状態のままであった。その後、婚姻生活は回復の見込みのないほどに破綻しているとして、Xが離婚調停を申し立てたのが本件である。

　「本件離婚の処理については、我が国裁判所もこれを管轄できるものの、その要件及び方式はともに同州法（アメリカ合衆国ハワイ法）に準拠すべきである」。

　「同州法によれば、離婚は……すべて裁判所の裁判によることとされている。そして、我が国司法機関における人事案件の処理方式中、かかる離婚事案の処理につきその実質において最も同州法の方式に沿うこととなるのは、家事審判法第23条〔家事事件手続法277条以下〕の審判の形式であると認められる。……同条は、当事者の合意につき裁判機関が一定の事実上、法律上の判定を加えたうえでこれに相当する処分を行うものであるところ、協議離婚及び調停離婚の制度がある我が国法制のもとで、明文上は離婚を対象に加えてはいないが、このような合意自体に基づく離婚方式を欠く法律に準拠する場合においては、その準拠法の趣意や当該国におけるこの種合意事案の処理の実情が我が国における同条の趣意や運用に類似する限り、我が国司法機関においてこれを離婚につき類推適用することが可能であると解する。」

　【争点】　わが国において、裁判離婚しか認められていない国の法を、離婚の準拠法として適用する場合に、いかなる手続によるべきか。

　【結論】　家事審判法23条〔家事事件手続法277条以下〕の審判の形式によるべきである。

　※　家事審判法は廃止され、代わって家事事件手続法が2013（平成25）年1月に施行されている。

(c)離婚の効力

　離婚の効力についても、離婚準拠法による。この点、婚姻関係の解消という離婚の

主たる効力については問題がない。しかし、離婚に付随して生じる以下のような効力について、問題が生じる。

　まず、離婚によって復氏するか、あるいは従来の氏を維持できるか等離婚による氏の変更については、いかなる準拠法によるべきかという問題がある。これは公法上の問題であり、そもそも国際私法の領域の問題ではないとする見解もある。この点については、本章第7節で論じる。

　次に、離婚の際に生じる財産関係の処理が問題になる。これには夫婦財産制の清算、慰謝料等異なった性質のものが含まれている。この点については、これらはすべて離婚に付随して生じる財産的給付を構成するものであるとして、一括して離婚準拠法によるべきとの見解もある。これに対して、夫婦財産制の清算については夫婦財産制の解消の問題として、通則法26条[夫婦財産制]によるべきとの見解が有力である。この学説の対立は、離婚に伴う夫婦財産関係の処理という問題を、離婚と夫婦財産関係という2つの単位法律関係のうちいずれに分類すべきかという法性決定の問題に帰着する。なお、場合によっては、適用問題を生じることもある〈溜池469頁以下〉。

　また、慰謝料の問題は、離婚自体による損害賠償については離婚の準拠法によるべきだが、離婚自体による損害賠償ではなく離婚の原因としての個々の行為、たとえば暴行行為による精神的損害に対する損害賠償については、これを区別して不法行為について規定する通則法17条によるべきとする見解が有力である。

　なお、離婚後の扶養の問題は、「離婚をした当事者間の扶養義務は……その離婚について適用された法によつて定める。」（扶養準拠4条1項）とされている（本章第6節 ② 参照）。

★重要判例（神戸地判平成6年2月22日家月47号4号60頁）

　中国籍の妻Xが、日本国籍の夫Yとの離婚、子の親権者の指定、慰謝料、財産分与を請求したのが本件である。

　「離婚に伴う財産分与請求は、離婚の効果としてなされるものであるから、離婚の効力の問題として、離婚の準拠法がその準拠法になると解するのが相当である。したがって、……本件財産分与請求に関しては、本件離婚請求の準拠法であるわが国民法が準拠法になる。」

　「本件慰謝料請求中、離婚に至るまでの個々の行為を原因とする慰謝料請求に関しては、一般不法行為の問題として法例11条1項〔通則法17条〕に則り不法行為地であるわが国民法が、また、離婚そのものを原因とする慰謝料請求に関しては、その実体がいわゆる離婚給付の一端を担うものとして離婚の効力に関する法例16条本文、14条〔通則法27条本文、25条〕に則り……常居所地法であるわが国民法が、それぞれ準拠法になる。」

【争点】離婚に伴う財産分与、慰謝料の請求についていかに準拠法を定めるべきか。

【結論】離婚に伴う財産分与請求については離婚の準拠法による。慰謝料の準拠法は、離婚に

いたるまでの個々の行為を原因とする慰謝料については不法行為の準拠法により、離婚そのものを原因とする慰謝料については離婚の準拠法による。

(d)離婚の際の親権者の指定

　未成年である子がいる場合の、離婚に伴う親権者・監護者の決定の問題は、離婚の付随的効果の問題であるが、他方で、親子関係の問題とも考えられる。そこで、この問題を通則法27条[離婚]によるべきか、それとも通則法32条[親子間の法律関係]によるべきかが問題になる。この点、通則法32条が子についての連結点を中心とした連結政策をとっていること、および、親権の内容の準拠法との一致が望ましいことからすると、通則法32条によると解すべきである。実際上も、戸籍実務・裁判例でそのような処理がなされている。

(2)準拠法の決定

　婚姻関係の準拠法をできるだけ統一的に定めるために、通則法27条本文は、離婚について通則法25条の婚姻の効力に関する規定を準用している。したがって、離婚についても婚姻と同様に、夫婦の同一本国法、同一常居所地法、最密接関係地法が、段階的に適用されることになる。

　婚姻の効力に関する準拠法自体を準用しなかったのは、通則法26条の場合と同様に、離婚の同一常居所地法や最密接関係地法が婚姻の効力のそれとは必ずしも同じになるとはかぎらないからである。離婚の最密接関係地法の決定については、過去の同一常居所も重要な要素になるだろう。この点について、日本を拠点に世界各地を転々としていたイギリス人とフランス人夫婦の離婚について、最密接関係地法を日本法とした裁判例がある(後出重要裁判例、水戸家審平成3年3月4日)。

　また、通則法27条で準用される通則法25条[婚姻の効力]は変更主義を採用しているので、準拠法決定の基準時が問題になる。この点については、裁判離婚の場合には事実審の口頭弁論終結時と解すべきである。たしかに、このように解すると訴訟係属後に準拠法が変わって訴訟の遅延や混乱が生じる危険が生じる。しかし、訴え提起当時を基準とする明文規定のある法制下ではともかく、このような規定がない以上、一般原則により口頭弁論終結時と解することが、変更主義を採用した趣旨に合致するといえる。

　次に、通則法27条ただし書は、夫婦の一方が日本に常居所を有する日本人であるときは、離婚の準拠法は日本法にすると規定している。これは、いわゆる日本人条項のひとつである。夫婦の同一本国法や同一常居所地法が日本法である場合には、通則法27条本文によって当然に日本法が適用されることになる。一方で、同一本国法や同一

常居地法がなく、通則法27条本文によれば最密接関係地法を検討するような場合に、通則法27条ただし書が適用され、日本法が最密接関係地法に優先することになる。このような規定がおかれたのは、形式的審査権しか有しない日本の戸籍窓口にとっては、夫婦の最密接関係地がどこになるのかという実質判断をすることが困難であることから、戸籍および住民票の記載から形式的に処理できるようにしたためである。

　このような日本人条項は、戸籍実務上の必要性から認められたものであるが、内外平等を基礎とする国際私法の立場からは、理論的および実際的に批判されている。たとえば、外国に同一常居所を有していた異国籍夫婦のうち日本人配偶者が相手を遺棄して単身日本に帰国する、いわゆる逃げ帰り離婚の場合には、最密接関係地法が日本法であるとはいえなくても日本法が適用されることになり、日本における裁判管轄権を否定するなどの方法をとらないかぎり弊害が生じうる。

　なお、離婚の方式については、親族関係についての法律行為の方式について適用される通則法34条により、離婚の準拠法または行為地法のいずれかに適合していれば有効になる。

★重要判例（水戸家審平成３年３月４日家月45巻12号57頁〔百選４事件〕）
　フランス国籍を有する妻Xと、イギリス国籍を有する夫Yの離婚についての準拠法の決定が問題になった事案。XYは日本を拠点にヨットでの船旅などで世界各地を転々としており、途中グアムで正式に婚姻をしたが、離婚の合意をした時点では日本に滞在していた。
　「法例16条〔通則法27条本文〕によれば、同法14条〔通則法25条〕が離婚に準用されるところ、……本件においては、当事者はその本国を異にし、また、申立人の日本における滞在期間は、1979年５月から３年半余及び今回の1990年５月以降現在までのもののみであり、申立人は、その後相手方としばらくして別居しており、以上の生活状況からすると、……常居所を日本に有するとはいえないので、結局本件に適用さるべき法律は、夫婦に最も密接な関係にある地の法律ということとなる。」
　「少なくとも現時点においては、相手方は法例14条及び16条〔通則法25条および27条本文〕にいう常居所を日本に有するということができ、その他の前記の日本と相手方との関わり具合及び申立人も今後日本に引き続き居住し、日本人と早期に婚姻する予定であること等を勘案すると、夫婦に最も密接な関係にある地の法律は本件においては、日本法に他ならないということができる。」
【争点】本件において離婚の最密接関係地はどこか。
【結論】日本である。

【２】 設例の検討

　まず、通則法27条に基づき、設例における甲と乙の離婚の準拠法を検討すると、甲はA国人、乙はB国人であるため、第１段階の連結である夫婦の同一本国法は存在し

ない。そこで、第2段階の連結である夫婦の同一常居所地法について検討すると、甲と乙は婚姻以来十数年日本でともに生活しているので、夫婦の同一常居所として日本法が存在する。したがって、設例の離婚の準拠法としては、日本法が適用されることになる。そうすると、甲の本国法であるA国法上は認められないような離婚原因に基づいていても、準拠法である日本法によれば裁判上の離婚が認められるような場合には(民770条)、甲と乙の離婚は認められることになる。

3 別居

　外国には、婚姻関係は終了しないが、判決により同居および扶養の義務を失わせる法廷別居(卓床離婚)を認める国がある。これは婚姻に伴う夫婦間の一定の法律効果の解消ではあるが、離婚とは区別される。わが国には別居という制度がないため、それについての手続も定められていない。しかし、これは離婚に類似する制度であるとして、通則法27条[離婚]を準用して、準拠法を決定することは可能であると解される。

3. | 親子

1 | 問題の所在

親子関係をめぐっては、いかなる要件のもとで親子関係が認められるかという親子関係の成立がまず問題になる。これは、実親子関係と養親子関係に区別され、実親子関係については、更に嫡出親子関係と非嫡出親子関係を区別する法制と、これを区別しない法制が存在する。嫡出性を問題にする場合には、非嫡出子の準正という問題もある。したがって、嫡出制度を採用する法制においては、嫡出子、非嫡出子、準正、養子という4つの単位法律関係が認められる。そして、それぞれの準拠法によって親子関係が認められた場合、親子関係の効力が問題になる。

2 | 嫡出親子関係

［設例］

A国人甲とB国人乙が婚姻しており、その間に子丙が出生した。出生当時に丙が、A国法、B国法いずれによっても嫡出の推定を受ける場合、嫡出の否認についてはいかなる法によるべきか。また、出生当時に丙が、A国法によってのみ嫡出の推定を受ける場合にはどうか。

【1】嫡出制度

嫡出制度とは、法律上の婚姻関係にある男女から生まれた子を嫡出子として、婚姻外に生まれた非嫡出子とは異なる法的地位を認める法制である。これは、正式な婚姻関係を尊重するとともに、婚姻関係にある男女から生まれた子については親子関係を

推定することで、親子関係の成立が容易に認められるようにするための制度である。わが国の民法も嫡出制度を採用している。

【2】準拠法の決定

⑴単位法律関係の範囲

　嫡出親子関係については通則法28条が適用される。そこで、法性決定の問題として、同条が規定する「嫡出」という単位法律関係にはどのような事項が含まれるかが問題となるところ、嫡出親子関係をめぐるすべての問題が含まれる。

　具体的には、まず、婚姻中に懐胎された子の嫡出性の推定やその範囲に関する問題が含まれる。また、嫡出の中心的な問題は嫡出推定と嫡出否認であり、両者は表裏一体をなすので、通則法の文言上は「子が嫡出となるべきときは」と規定しているが、嫡出否認に関する諸問題も含まれると解すべきである。後出重要判例（水戸家審平成10年1月12日）も同様の見解に立つ。さらに、婚姻無効・取消しがあった場合に、その婚姻から生まれた子の嫡出性の有無も含まれる。

> **★重要判例（水戸家審平成10年1月12日家月50巻7号100頁〔百選55事件〕）**
> 「本件は、相手方の母が相手方を懐胎当時、申立人と婚姻関係にあったものであるから、申立人と相手方との親子関係の存否は嫡出親子関係の問題となり、この関係について法例上明確な規定はないが、法例17条1項〔通則法28条1項〕は、嫡出の推定を受け、かつ、それが否認されない場合を規定しているので、嫡出否認の問題も同条によることになる。」
> 【争点】嫡出否認についていかに準拠法を定めるべきか。
> 【結論】通則法28条によって指定される準拠法による。

⑵通則法の規定

　通則法28条1項は、嫡出親子関係の準拠法について、「夫婦の一方の本国法で子の出生の当時におけるものにより子が嫡出となるべきときは、その子は、嫡出である子とする。」と規定している。1989（平成元）年の改正に際しては、嫡出の問題を婚姻の効力とする近時有力な立場や、子の法選択の自由を認める立場も主張されていた。しかし、嫡出性はあくまで親子関係の問題であり夫婦関係の効力とは区別されること、両性の平等の観点から母の本国法も考慮しつつ、子の利益のために嫡出性が認められやすくするべきであるということから、両親の一方の本国法により嫡出性が認められれば足りるとする選択的連結が採用されたのである。

　「父又は母」ではなく、「夫婦の一方」という表現をとったのは、嫡出親子関係が成立するまでは法律上の「父」とはいえないからである。しかし、同時に嫡出親子関係が法

律上の婚姻の結果であるということも示している。

　また、「子の出生の当時」の本国法によるとしている。しかし、子の懐胎後における父または母の国籍変更による新本国法は子の嫡出性の決定に関係しないと考えるのが合理的であるため、本来は懐胎当時の本国法によるべきである。そうだとしても、懐胎時の推定は困難であり、出生の時点を基準にして一定の法律によって推定しなければならないが、その法律がまさに嫡出決定の準拠法ということになるので循環論に陥ってしまう。そこで、子の出生当時の本国法によると規定したのである。なお、母の夫が出生前に死亡したときには、通則法28条2項により夫の死亡当時の本国法によることが規定されている。

　通則法28条1項は、準拠法を指定するのではなく「その子は、嫡出である子とする。」と実質法的な形式で規定をしているが、準拠法を指定する抵触規定である。このように規定しているのは、準拠法が選択的であるためこのような規定のほうが理解しやすいからであり、通則法10条2項も同様の形式で規定している。

【3】準拠法の適用

　【2】(1)で述べたとおり、嫡出否認に関する問題にも、通則法28条により決定された準拠法が適用されるため、夫婦の一方の本国法によって子が嫡出子とされているときは、その法に基づいて嫡出性を否認しないかぎり嫡出性は認められる。また、夫婦の本国法のいずれも子の嫡出性を認めているときは、そのいずれによっても嫡出性が否認されないかぎり、その嫡出性は否認されない。

　なお、後出重要判例（最判平成12年1月27日）は、嫡出親子関係の成立について規定する法例17条〔通則法28条〕と、非嫡出親子関係の成立・認知について規定する法例18条〔通則法29条〕の適用順序について、まず法例17条〔通則法28条〕が指定する準拠法により嫡出性を判断し、嫡出性が否定された場合にはじめて法例18条〔通則法29条〕が指定する準拠法により非嫡出親子関係について検討すべきと判断している。

> ★重要判例（最判平成12年1月27日民集54巻1号1頁〔百選54事件〕）
> 　「親子関係の成立という法律関係のうち嫡出性取得の問題を1個の独立した法律関係として規定している法例17条、18条〔通則法28条、29条〕の構造上、親子関係の成立が問題になる場合には、まず嫡出親子関係の成立についての準拠法により嫡出親子関係が成立するかどうかを見た上、そこで嫡出親子関係が否定された場合には、右嫡出とされなかった子について嫡出以外の親子関係の成立の準拠法を別途見いだし、その準拠法を適用して親子関係の成立を判断すべきである。」
> 【争点】通則法28条と29条の適用順序をいかに解すべきか。

【結論】まず通則法28条を適用して、同条が指定する準拠法によって嫡出性が否定された場合には、次に通則法29条により非嫡出親子関係の成立の有無を判断する。

【4】 設例の検討

　まず、設問前段における子丙の嫡出否認に関する準拠法を検討する。【3】で述べたように、嫡出否認についても嫡出推定と同様、通則法28条[嫡出である子の親子関係の成立] 1項によって子の出生当時の夫婦の一方あるいは両方の本国法が適用される。そして、設例のように、子が出生当時の夫婦（父母）の本国法のいずれによっても嫡出の推定を受ける場合には、そのいずれによっても嫡出の否認が認められないかぎり、嫡出否認は成立しないと解される。したがって、子丙の嫡出否認については甲、乙それぞれの本国法であるA国法、B国法が累積適用される。

　次に、設問後段について検討すると、子が夫婦の一方の本国法によってのみ嫡出の推定を受ける場合には、嫡出否認についてもその法が適用される。したがって、子丙の嫡出否認については甲の本国法であるA国法によることになる。

③ 非嫡出親子関係

【1】 総説

　非嫡出親子関係については、諸国の実質法上、2つの立場がある。

　第1は、出生の事実によって当然に親子関係の成立を認めるものであり、事実主義、血統主義、あるいはゲルマン主義といわれている。

　第2は、親による認知という意思表示があってはじめて非嫡出親子関係の成立を認めるものであり、認知主義、意思主義、あるいはローマ主義といわれている。

【2】 準拠法の決定

⑴単位法律関係の範囲

　非嫡出親子関係については通則法29条が適用されるところ、まず法性決定の問題として、同条が規定する「嫡出でない子の親子関係の成立」、「認知」という単位法律関係にはどのような事項が含まれるかが問題となる。

　事実主義による場合には親子関係の成立の方法、認知については認知の許否、認知能力、認知についての一定の者の承諾、遺言認知や死後認知の許否、死後認知の出訴

期間などの事項が含まれる。さらに、アメリカの若干の州で認められていない強制認知の許否や、不貞行為等によって生まれた子の認知の許否、認知の撤回、無効、取消し等の問題も含まれる。

通則法29条は「認知による親子関係の成立」と規定するのみで、認知の「要件」あるいは「効力」という文言を意図的に避けており、認知の効力についても通則法29条により準拠法を決定すべきなのかどうかは解釈に委ねられている。ここでいう認知の効力とは、認知という非嫡出親子関係の発生確定の直接的効果、すなわち認知の遡及効や撤回可能性を意味するものと解されている。認知が身分関係としての非嫡出親子関係を発生させる制度であることからすれば、この問題も含めて、通則法29条により準拠法を決定すべきと解することは可能であろう。

なお、認知の方式については通則法34条［親族関係についての法律行為の方式］による。

(2)通則法の規定

通則法29条1項は、事実主義に基づく非嫡出親子関係の成立、および、出生時またはそれ以前の認知について規定し、通則法29条2項は出生時以降の認知について規定している。つまり、事実主義、認知主義のいずれに基づく場合であれ、出生時において問題になる非嫡出関係は、まとめて通則法29条1項に規定されており、父子関係については父の、母子関係については母の、子の出生時の本国法が準拠法とされているのである。そして、認知主義に基づく場合、認知による非嫡出親子関係の成立については、上記の出生時における父または母の本国法によるほか、通則法29条2項により、父子関係については父の、母子関係については母の、認知時の本国法、または認知時の子の本国法によることも認められている。このような選択的連結を認めたのは、認知の成立を容易にして、子の利益の保護を図ろうとしたものである。

もっとも、認知が常に子の利益にかなうとはかぎらない。そのため、たとえば、子の成人後に父親が扶養費目当てで親子関係を主張してくるような場合の不都合を回避するために、認知の要件として、実質法上認知に際して子の同意等を要求している場合がある。そこで、子の保護に配慮して、通則法29条1項後段は、たとえ父または母の本国法上そのような保護規定がなくても、認知当時の子の本国法がその子または第三者の承諾あるいは同意を要求している場合には、その要件をも備えなければならないと規定している。これは、子の利益保護の趣旨で設けられた保護条項（セーフガード条項）であり、通則法29条2項後段で、出生以後の認知であって、認知する者の本国法が準拠法とされる場合にも準用されている。

なお、反致（第1章第4節1参照）について定める通則法41条が、セーフガード条項について適用されるかが問題となる。これについては、41条の適用を肯定して子の本

国法の適用を排除してしまうと、セーフガード条項が子の利益保護を図った趣旨に反するとして適用を否定する見解と、41条ただし書にセーフガード条項の記載がないことから、解釈上適用を否定するのは難しいとして適用を肯定する見解に分かれる。

　また、子の出生時あるいは認知時に父が死亡している等、非嫡出親子関係の成立が、関係者の死亡後に問題になる場合がある。そこで、通則法29条3項は、関係者の死亡当時の本国法をその者の本国法とみなす旨規定している。前段で、子の出生前の死亡について、父の死亡のみを規定しているのは、通常、子の出生時に母が死亡していることはないからである。

【3】準拠法の適用

　【2】(1)で述べたとおり、認知の撤回や無効、取消しについても、通則法29条によって決定された準拠法が適用されるが、認知による子の利益の保護という趣旨から、複数の準拠法がある場合に、そのいずれの準拠法によっても要件をみたさないと認められない。たとえば、ある準拠法によれば認知は無効であるが、ほかの準拠法によれば取り消しうるにとどまる場合には、認知無効は認められず、取り消しうるにすぎない。

４ 準正

【1】総説

　準正とは、本来は嫡出でなく出生した子に、その後の両親の婚姻や、その子との親子関係の成立、国家機関による嫡出宣言等によって、嫡出子たる身分を与えることをいう。これは基本的には子の嫡出性の問題であるが、認知準正の場合は認知の効力に、婚姻準正の場合には婚姻の効力にも関わる問題であると考えることができる。

【2】準拠法の決定
(1)単位法律関係の範囲

　準正については通則法30条が適用されるところ、法性決定の問題として、同条が規定する「準正」という単位法律関係にはどのような事項が含まれるかが問題となる。

　これについて、準正の許否、その態様、不貞行為によって生まれた子の準正の許否、効力の遡及の可否等が含まれる。もっとも、準正の要件を構成する婚姻の成立、認知主義または事実主義による非嫡出親子関係の成立については、それぞれの準拠法(通則法24条・29条)による。また、準正成立の効果は、嫡出子たる身分の取得という直接

的効果にとどまり、準正子の親子関係は通則法32条［親子間の法律関係］による。

(2)通則法の規定

準正について、嫡出親子関係の成立を容易にして、子の利益の保護を図る趣旨から、通則法30条1項は、「準正の要件である事実が完成した当時における父若しくは母又は子の本国法」を準拠法として指定しており、父または母の本国法のほかに、子の本国法によってもよいとする、選択的連結を採用している。通則法30条2項では、この要件たる事実の完成前に関係者が死亡したときは、死亡当時の本国法をその者の本国法とみなすものとされている。

5 養親子関係

【1】養子縁組の実質的成立要件

(1)総説

養子縁組制度とは、法律上の人為的な親子関係の創設を行うものであるが、実質法上、一般に親のための制度から子のための制度へと移行しているといわれている。

養子縁組に関する各国法制は、2つに大別される。

1つは、養子縁組を契約と考えて、当事者間の合意によりその成立を認め、裁判所その他の公的機関の関与は子の福祉を確保するための審査にすぎないとするものであり(契約型)、もう1つは、裁判所その他の公的機関の行う形式的な決定や判決によってはじめて養子縁組が成立するとするものである(決定型)。更にその細目の点についても、子の利益保護をどのような点で認めるか等について各国で取扱いが異なる。

また、近時は特に先進国で実方との親族関係を断絶する特別養子縁組制度が採用され、日本の民法もこれを導入している。

(2)準拠法の決定

(a)単位法律関係の範囲

養親子関係については通則法31条が適用されるところ、法性決定の問題として、同条1項が規定する「養子縁組」という単位法律関係にはどのような事項が含まれるかが問題となる。

この点、養子縁組の許否、養親または養子となるための年齢および年齢差、法定代理人の代諾・同意、当事者間の身分関係による縁組の禁止等の、養子縁組の成立要件が含まれる。

また、通則法は養子縁組の効力について一般的な規定をおいておらず、通則法31条1

項は「養子縁組の要件は」ではなく、「養子縁組は」と規定していることから、養親子関係の成立等の養子縁組の直接的効果についても養子縁組という単位法律関係に含まれると解されている。これに対して、養親子関係の内容については、親子間の法律関係について規定する通則法32条が定める準拠法による。

養子と実方の血族との親族関係の終了については、終了する当該関係の準拠法、たとえば嫡出親子関係であれば通則法28条[嫡出である子の親子関係の成立]によって定まる準拠法によることになりそうである。しかし、特別養子の成立の際には親族関係の断絶についても配慮されているのが通常であるところ、親族関係の断絶という特別養子縁組の付随的効果は、その成立と不可分なものとして扱うのが妥当である。そこで、通則法31条2項は、養子と実方の血族との親族関係の終了について、養子縁組の成立についての規定である1項前段で定まる準拠法によると規定している。これは、実際上は、特別養子縁組制度をもたない途上国の子が、特別養子縁組制度をもつ先進国の養親に引き取られるという国際養子縁組のひとつの典型的場面において、養親側の都合を優先させるものでもある。

(b)通則法の規定

通則法31条1項前段は、養親子関係の実質的成立要件についての準拠法を「縁組の当時における養親となるべき者の本国法による」と規定している。養子の保護に配慮すると、養子となるべき者の常居所地法あるいは本国法によるという連結政策をとるべきとも考えられる。しかし、養親子の生活は養親を中心として営まれるのが通常であり、養子となるべき者の常居所地法あるいは本国法が養親子関係の最密接関係地法であるとは、必ずしもいえない。また、養子に養親の国籍を付与する法制が増加しているため、両者の国籍が少なくとも縁組後には一致する場合が多いことも考慮して、養親の本国法が養親子関係についての最密接関係地法であると考えられたのである。

しかし、子の利益保護の要請は無視しえない。そこで、通則法31条1項後段は、「養子となるべき者の本国法によればその者若しくは第三者の承諾若しくは同意又は公的機関の許可その他の処分があることが養子縁組の成立の要件であるときは、その要件をも備えなければならない」と規定し、同意、許可要件について、累積的適用主義を採用している。これは、子の利益保護の趣旨で設けられた保護条項(セーフガード条項)である。この場合にも、③【2】で述べたとおり、反致との関係が問題となる。

なお、養親の国籍が異なる場合には、養父、養母のそれぞれにつき養親子関係の成立を判断すべきと解される(盛岡家審平成3年12月16日家月44巻9号89頁、名古屋家豊橋支審平成26年7月17日判タ1420号396頁〔百選58事件〕)。たとえば、養父の本国法が夫婦共同養子制度を定めていても、養母の本国法が単独養子制度をとっている場合には、養

母との関係では単独で養子縁組がなされうる。これに対して、養父の本国法上は養子縁組が認められず、養母の本国法上は夫婦共同縁組のみが認められるような場合には、実質法の制約により、養母との縁組もできないことになる。

③準拠法の適用

日本法は普通養子縁組については契約型をとっていることから、日本人の夫と本国法が決定型をとる妻が、日本において未成年の子を夫婦共同養子縁組する場合に、どのように縁組を成立させるかが問題となる。これについて、日本の戸籍実務では、妻について必要となる裁判所の養子決定を、実質的成立要件としての公的機関の関与を必要とする部分と、形式的成立要件としての方式の部分に分解し、前者については家庭裁判所の許可審判により代行し、後者については日本の戸籍管掌者への届出によることで有効な養子縁組の成立を認めていた(分解理論)。

これについては、家庭裁判所の許可審判は、契約型縁組を前提とした関与にすぎず、決定型をとる準拠法を適用したとはいえないと批判されていた。

もっとも、日本でも、1988(昭和63)年に、決定型の特別養子縁組制度(家庭裁判所の審判によって実方血族との親族関係が終了し養親子関係が成立する)が創設されている。そこで、準拠法が決定型の普通養子制度を採用している場合に、わが国の特別養子の決定審判で代行することが可能であると考えられる。実務においても、民事局長通達(基本通達)によって、このような見解が前提とされている。

【2】養子縁組の形式的成立要件

養子縁組の方式については、身分的法律行為の方式に関する通則法34条が適用されるので、「当該法律行為の成立について適用すべき法」または「行為地法」によることになる。よって、養子縁組の成立について規定する通則法31条1項で準拠法とされる養親の本国法か、行為地法たる縁組地法が、準拠法となる。夫婦の国籍が異なり、共同で縁組する場合には、双方が同時に方式をみたすことは不可能であるが、縁組地法による場合には双方が同一地にあれば可能になる。

【3】離縁

通則法31条2項は、離縁についても、成立の準拠法と同じく、縁組当時の養親の本国法によると規定している。離婚と異なりこのように規定したのは、離縁については、そもそも養子縁組の態様はさまざまであり、成立と離縁の準拠法が異なることが適当ではないからである。たとえば、特別養子縁組として成立したものが、離縁については特別養子縁組制度のない国の法律が準拠法とされて、ゆるやかな要件で離縁さ

れてしまう等の不都合を回避する必要がある。そこで、離縁は養子縁組の成立の否定と考えて、成立から離縁までを同一の準拠法によるようにしたのである。

6 親子間の法律関係

【1】 総説

通則法28条から31条までによって親子関係の成立が認められた場合、その親子間の権利義務関係、たとえば子の財産管理、身上監護等についての、準拠法の決定が問題になる。

【2】 準拠法の決定

⑴単位法律関係の範囲

親子間の法律関係については通則法32条が適用されるところ、法性決定の問題として、同条が規定する「親子間の法律関係」という単位法律関係にはどのような事項が含まれるかが問題となる。

これについては、婚姻の場合とは異なり、身分関係と財産関係に区別されることなく通則法32条により決定された準拠法が適用される。まず、親権者の決定・変更・消滅についてが含まれる。離婚の際の親権者・監護者の決定を、離婚の問題とみて通則法27条によるべきとの見解もあるが、「親子間の法律関係」に含まれると考えるべきである。裁判例も、このような見解に立っている（東京地判平成 2 年11月28日判時1384号71頁等）（本章第 2 節 ②【 1 】⑴⒟参照）。

さらに、親権の内容として、財産管理のほか、身上監護についても「親子間の法律関係」に含まれる（東京高決平成29年 5 月19日家判12号58頁〔百選61事件〕）。財産管理権は、子の財産の管理権や収益権、子の財産行為の代理権や同意権なども含むと解される。身上監護権は、居住指定権、懲戒権、職業許可権、教育権等を含む。親子間の面接交渉の可否についても、法例21条（通則法32条）によって親子関係の準拠法を適用した審判例がある（東京家審平成 7 年10月 9 日家月48巻 3 号69頁）。しかし、【 3 】で述べるとおり、これらの権利の行使は、公序則により制約されることが少なくない。

親権は、親が未成年の子に対して行使するものであるから、通則法32条適用の先決問題として、子が未成年であるか否かを通則法 4 条〔人の行為能力〕により決定する。

子の扶養については第 6 節で、また、子の氏については第 7 節で論じる。

⑵通則法の規定

親子間の法律関係について、通則法32条は、父または母の本国法と子の本国法とが同一であれば、子の本国法により、父または母と子の同一本国法がない場合には、子の常居所地法によるという段階的連結を採用している。

なお、通則法32条は、嫡出・非嫡出親子関係、養子親子関係等の各種の親子関係を区別せずに、一括してすべての親子関係の準拠法を定めている。最近の諸国の立法の傾向としては、親子の法律関係を各種の親子関係に分けて、それぞれについて個別に準拠法を定めるという立場が多いが、通則法は、同じ親のもとで種類の違う親子関係にあるすべての子を平等に取り扱うために一括して同一の準拠法によるべきとしたのである。

通則法32条が、段階的連結の第1連結点として、子の常居所地法ではなく子の本国法を採用した点については、「扶養義務は、扶養権利者の常居所地法によつて定める」と規定する扶養義務の準拠法に関する法律2条1項本文にあわせて、むしろ子の常居所地法を採用すべきとの見解も有力であった。しかし、親子間の法律関係について、扶養と必ずしも同一の準拠法による必要はない。また、親権の内容は、法定代理等の場面で第三者との関係が問題となるため、法的明確性や恣意による変更の防止が要請される。よって、常居所と比べて変更が少ない本国法を採用することには、合理性が認められるといえるだろう。

第2段階の連結点としては子の常居所地法が採用されている。婚姻の効力等の段階的連結と同様に、更に段階を分けて、第2段階として父母と子の共通常居所地法、それが存在しない場合に第3段階として最密接関係地法を観念することも可能だが、子の保護の観点から、最密接関係地法は子の常居所地法と考えるのが妥当であろう。そうすると、第2段階と第3段階の連結点はともに子の常居所地となるため、このような二段階の連結の規定になったと考えられる。

なお、通則法32条の「父母の一方が死亡し、又は知れない場合にあっては、他の一方の本国法」という文言は、父母の一方が死亡している場合には、死亡した父または母の本国法はないから不要であるとも考えられる。しかし、この文言がないと子の本国法と死亡した父または母の死亡当時の本国法が同一の場合はこれによると解される可能性があるため、通則法32条はそのような立場を採用しないことを明らかにするためにこのような文言をいれたのである。

【3】 準拠法の適用

【2】⑴で述べたとおり、財産管理や身上監護についても、親権の内容として、通則

法32条により決定された準拠法が適用されるが、これらの権利の行使は公序則により制約されることが少なくない。たとえば、子に対する懲戒権は、日本国内においては日本法の認める限度でのみ行使が許されると解されている。

3—6　親子関係成立の準拠法

単位法律関係	成立に関する準拠法	成立した親子関係の効果
嫡出子	選択的連結（夫婦の一方の本国法） （通則法 28 I ）	段階的連結 （子の本国法⇒子の常居所地法） （32）
非嫡出子	父との関係は出生時の父の本国法。母との関係は出生時の母の本国法。ただし、セーフガード条項（29 I ） 出生後の認知については選択的連結（29 I に加え、認知当時の認知者 or 子の本国法） （29 Ⅱ）	
準　正	選択的連結（父 or母 or子の本国法） （30 I ）	
養　子	養親となるべき者の本国法 ただし、セーフガード条項（31 I ）	

4. 親族関係の方式

1 単位法律関係の範囲

　国際私法上、各種の法律行為の成立について、実質的成立要件と形式的法律要件(方式)を、それぞれ別の単位法律関係とするのが一般的である。法律行為の方式についての総則的規定として、通則法34条が親族関係についての法律行為の方式の準拠法を定め、通則法10条がそれ以外の主に財産関係についての法律行為の方式の準拠法を定めている。通則法10条と通則法34条の関係については第2章第2節2【1】で論じた。

　前述のように、通則法34条は、親族関係についての法律行為の方式についての総則的規定であり、通則法24条2項、3項で規定されている婚姻の方式についての特則を除いて、通則法25条から通則法32条までに規定されている親族関係の方式については、通則法34条による。もっとも、通則法25条[婚姻の効力]、28条[嫡出である子の親子関係の成立]、および32条[親子間の法律関係]の適用対象である単位法律関係ではそもそも方式が問題にならない。よって、実際に通則法34条で準拠法が定められるのは、夫婦財産契約、離婚、認知、養子縁組等の方式ということになる。

2 準拠法の決定

　通則法34条はこれらの法律関係の方式について、1項で「当該法律行為の成立について適用すべき法による」とし、2項で「行為地法に適合する方式は、有効とする」として、その法律関係の成立の準拠法と行為地法の選択的連結を規定している。法律関係の形式的成立要件である方式は、実質的成立要件と密接に関連するため、実質的成立要件の準拠法によるのが妥当であるが、行為地によっては、実質的成立要件の準拠法による方式が認められない場合もある。そのような場合に、法律行為の成立を容易にして、当事者の便宜を図るために、行為地法によることも認められている。これは、「場所は行為を支配する」という国際私法の原則(第2章第2節2【3】参照)の現れである。

5. | その他の親族関係

通則法33条[その他の親族関係等]は、通則法24条から通則法32条に規定されている親族関係以外の親族関係、およびそれによって生じる権利義務の準拠法について、当事者の本国法による旨規定している。

通則法33条に関しては、まず、通則法24条から通則法32条までに規定のない親族関係のうち、いかなる範囲に適用されるのかが問題になる。通則法33条の適用対象としては、通則法に直接の規定がない別居、婚約、内縁等の単位法律関係が問題になりうるが、これらの単位法律関係については、婚姻や離婚の規定を準用すべきとの立場が通説的であり、実際の適用範囲はそれほど広くない。具体的には、刑法における親族間の犯罪に関する特例(刑法244条1項、257条1項)等における、親族の範囲を決定する際に参照される程度である。

また、通則法33条は、単に当事者の本国法によるとしか規定していないため、当事者が複数いる場合に、それらの者の本国法の累積的適用が生じるかどうかについても争いが残る。

6. | 扶養

1 総説

　1988年（平成元年）の改正前法例21条は、扶養義務については、扶養義務者の本国法によるとしていた。しかし、わが国は、1956年のハーグ「子に対する扶養義務の準拠法に関する条約」（以下「子条約」という）を批准し、次いで1973年のハーグ「扶養義務の準拠法に関する条約」（以下「一般条約」という）を批准し、これを国内法化した「扶養義務の準拠法に関する法律」を制定した。この法律は、あらゆる親族間の扶養義務について規定するものであることから、1989（平成元）年改正前の法例21条の規定は削除された。

　したがって、改正後は上記法律が原則として適用されることになる（東京高決平成30年4月19日判時2403号58頁〔百選64事件〕）。

　なお、オーストラリア、ベルギー等の子条約のみの締結国との間では子条約が適用されることとなるため、例外的に上記法律は適用されない。

2 準拠法の決定

【1】 単位法律関係の範囲

　法性決定の問題として、扶養義務の準拠法に関する法律1条が規定する「夫婦、親子その他の親族関係から生ずる扶養の義務」という単位法律関係にはどのような事項が含まれるかが問題となる。

　これについて、自己の能力でその生活を維持できない者に対する保護手段である扶養については、通常、公的扶養と私的扶養に区別される。公的扶養は生活保護法や各種社会保険法などの公法に基づくものであり、国際私法の対象にはならないと解されている。これに対して私的扶養は国際私法の対象になるが、私的扶養もいくつかの態様に分類することができる。たとえば、贈与や終身定期金などの契約によって生じる

もの、負担付遺贈の効果として生じるもの、不法行為の効果として課せられるもの等があるが、これらはそれぞれ契約（通則法7条）、相続（通則法36条）、不法行為（通則法17条）の準拠法によれば足りる。したがって、ここで問題とする扶養とは、夫婦、親子等一定の親族関係から生じる親族扶養のみである。

【2】 扶養義務の準拠法に関する法律の規定

⑴原則的規定

扶養義務の準拠法に関する法律は、扶養義務を親族関係の性質によって区別せず、夫婦、親子、その他の親族関係から生じる扶養義務を、原則として同様に扱っている（扶養準拠1条）。

扶養義務の準拠法については、扶養義務の準拠法に関する法律2条が原則的規定を定めている。すなわち、まず「扶養義務は、扶養権利者の常居所地法」による（扶養準拠2条1項本文）。そして、「扶養権利者の常居所地法によればその者が扶養義務者から扶養を受けることができないときは、当事者の共通本国法」による（扶養準拠2条1項ただし書）。ここで、「扶養を受けることができない」とは、扶養義務者に事実上扶養能力がない場合をいうのではなく、法律上扶養義務が存在しないことを意味する。そして、これらの規定により扶養を受けることができない場合には更に、「扶養義務は、日本法」による（扶養準拠2条2項）。

このように、順位づけをした段階的連結を採用した趣旨は、扶養権利者の保護を徹底する見地から、扶養が与えられる機会がなるべく広く認められるようにする点にある。また、第1段階の連結として、扶養義務者ではなく扶養権利者の常居所地法を採用したのは、扶養義務の問題は、扶養権利者が現実に生活を営む社会と密接な関係を有することから、扶養権利者の常居所地法によることが扶養権利者の保護に資すると考えられたからである。

もっとも、扶養義務の準拠法に関する法律3条以下の規定により、この原則的準拠法が適用されるのは、直系血族間の扶養義務の場合にかぎられることになる。

⑵例外的規定

上記のように、扶養義務の準拠法に関する法律の3条以下には、2条で規定される原則的準拠法に対する3つの例外的な特則が存在する。

⒜傍系親族および姻族間の扶養義務（扶養準拠3条）

傍系血族または姻族間の扶養義務は、扶養義務者が当事者の共通本国法によれば扶養義務を負わない場合には、扶養義務者の異議申立てにより、原則的準拠法ではなく当事者の共通本国法によることが認められる（扶養準拠3条1項前段）。同様に、共通

本国法がなく、扶養義務者の常居所地法によれば扶養義務を負わない場合にも、異議の申立てによって、扶養義務者の常居所地法によることが認められる(扶養準拠3条1項後段)。

このように、扶養義務者の申立てによって、扶養義務が軽減される方向に準拠法が変更されるのは、傍系親族や姻族は扶養権利者との関係が薄いので、扶養権利者の利益のみならず、扶養義務者の利益にも配慮する必要があるからである。すなわち、扶養権利者と義務者の共通本国法、あるいは扶養義務者の常居所地法によれば扶養義務を負わないような場合にまで、扶養義務の準拠法に関する法律2条の原則的準拠法によって扶養義務を認めるのは、扶養権利者を一方的に保護するもので、傍系親族や姻族の保護に欠けると考えられているのである。

(b)離婚をした当事者間の扶養義務(扶養準拠4条)

離婚をした当事者間の扶養義務については、その離婚について適用された法律による。離婚をした当事者間の扶養義務は、離婚と密接に関連するので、扶養義務一般について規定する扶養義務の準拠法に関する法律2条が定める準拠法ではなく、離婚について適用された法律によるのが妥当であるからである。

(c)公的機関の費用償還を受ける権利の準拠法(扶養準拠5条)

公的機関が扶養権利者に対して行った給付について、扶養義務者からその費用の償還を受ける権利は、その機関が従う法律による。本来、この問題は扶養義務の問題ではないが、これに密接に関係する事項として、扶養義務の準拠法に関する法律で規定されている。この規定の適用を受けるのは、公的機関の費用償還権の有無や行使の態様にかぎられ、扶養義務者の義務の限度については、扶養義務の準拠法に関する原則による(扶養準拠6条)。

第 **3** 章·········家族

7. | 氏名

1 氏名の変更・取得の問題

【1】総説

氏は、名とともに、個人の呼称として人の同一性を表示する機能をもつものである。氏の変更・取得については、大別すると、本人の意思により生じる場合と、身分関係の成立・変更に伴って生じる場合があるが、それぞれどのように準拠法を決定すべきかが問題になる。

まず、わが国の国際私法上、本人の意思によって氏名の変更・取得が行われる場合には、通則法に明文の規定はないが、条理上、本人の本国法によるべきであると解される。なぜなら、本人の意思による氏名の変更・取得は、氏名権という一種の人格権に基づくものであり、人の身分に関係するものとして、本人の属人法が最密接関係法だと考えられるからである。

これに対して、婚姻や、離婚、あるいは親子関係の成立といった、身分関係の成立・変更に伴って氏名の変更・取得が生じる場合にも、本人の属人法を最密接関係法として採用すべきかが問題になる。

【2】身分変動に伴う氏の準拠法の決定

身分関係の成立・変更に伴って必然的に生じる氏の変更については、本人の意思に基づく氏の変更とは異なり、本人の属人法ではなく、当該身分関係の準拠法によるべきというのが、従来からの通説である。

⑴夫婦の氏

以上のような通説的見解からは、婚姻による夫婦の氏の変更については、婚姻の身分的効力に関する通則法25条によることになる。よって、まず夫婦の同一本国法により、それがない場合には夫婦の同一常居所地法により、それもない場合には夫婦の最密接関係地法によることになる。離婚による夫婦の氏の変更についても、通則法27条本文により、原則としてはこれと同様である。ただし、通則法27条ただし書により、

夫婦の同一本国法も同一常居所地法もなく、夫婦の一方が日本に常居所地を有する日本人であるときには、常に日本法が準拠法になる。

⑵子の氏

子の氏については、認知や養子縁組による場合も含めて、すべて親子間の法律関係の準拠法である通則法32条による。よって、この本国法が父母のいずれか一方の本国法と一致する場合には、子の本国法により、その他の場合には、子の常居所地法によることになる。

さらに詳しく

なお、以上のような通説的見解に対しては、上記のような段階的連結によって準拠法が決定されるため、準拠法の決定基準が不明確になるという不都合が指摘されている。たとえば、婚姻による氏の変更の場合に通則法25条によって準拠法を決定すると、夫および妻がそれぞれ同じ国の国籍を有する複数の夫婦について、同一常居所地法の適用を受ける夫婦、最密接関係地法の適用を受ける夫婦等で夫婦の氏の決定方法が異なることになり、混乱を生じるおそれがある。

そこで、近時の有力説として、これらの場面における氏の変更が身分関係の成立・変動の効力であるとしても、氏のもつ人格権的側面は否定されるべきではないとして、本人の意思による氏の変更の場合と同様に、本人の本国法によるべきとの見解が主張されている（氏名権説）。この説によれば、氏の準拠法を統一的に決することができるので、上記のような不都合性を回避することができる。

また、以下で論じるように、戸籍実務においては必ずしも実体法上の身分変動が戸籍に反映されていないという実情から、氏名の問題は国際私法の対象外であり、公法としての戸籍法体系の一部であるとする見解も、近時主張されている（氏名公法理論）。

2 戸籍実務の取扱い

戸籍は、夫婦や親子というような身分関係を明らかにして公証する公簿としての側面と、日本国民を登載する国籍台帳としての側面をもつ。現行実務では、後者の側面を重視し、日本国民を把握することに重点をおいているので、外国人を含む渉外的家族関係については、日本人に関する身分関係であっても、戸籍上完全に反映されていない。

たとえば、日本に居住する日本人女性と外国人男性が婚姻した場合に、婚姻の効力として通則法25条によるとする通説的見解によれば、女性の氏の変更についての準拠法は、日本法（民750条）になるはずである。しかし、戸籍実務上は、国際婚姻について民法750条が適用されていない。すなわち、外国人と婚姻した日本人の氏は、婚姻

の効力としては変動しないこととされており、戸籍法107条2項により、日本人が外国人である配偶者の氏に変更しようと希望するときにかぎり、婚姻の日から6か月以内であれば届出により氏の変更が認められるにすぎないのである。

また、通則法24条［婚姻の成立及び方式］2項、3項本文によれば、婚姻の方式の準拠法が外国法となる場合がある。その場合には、戸籍への報告的届出がなされないかぎり、その日本人の戸籍上には、婚姻関係があることの記載がなされない。さらに、外国人配偶者との婚姻が戸籍に記載されていても、その間に生まれた子が外国国籍のみを取得した場合には、戸籍上、その日本国民に外国国籍の子があることは、まったく表示されないことになってしまう。

このように、準拠実質法上有効な身分関係が成立していても、必ずしも戸籍に反映されないという点については、批判があるところである。

8. 相続・遺言

1 相続

【1】総説

相続とは、死者の所有していた財産が、その者と一定の身分関係を有していた者によって承継される制度をいう。

この点、諸国の相続法制には清算主義と承継主義とがある。清算主義とは、被相続人の権利義務がひとまず死者の人格代表者である遺産管理人または遺言執行者に帰属し、そこでまず死者の財産関係を清算する遺産管理が行われ、清算の結果遺産のプラス分についてのみ相続財産の移転が認められる建前をいい、主に英米法系の国々で採用されている。これに対し、承継主義とは清算を行うことなく、被相続人の権利義務がそのまま相続人によって承継される建前をいい、日本を含めた大陸法系の国々で採用されている。

また、準拠法の決定につき、諸国の国際私法上、相続統一主義と相続分割主義がある。

相続統一主義とは、相続財産をその種類により区別しないで、統一的に被相続人の属人法によって相続関係を規律する建前をいい、主に大陸法系の国々で採用されている。この点、通則法36条は「相続は、被相続人の本国法による」とし、この建前によっている。相続統一主義の根拠は、相続の家族法的側面を重視し当事者の利益を強調する点にある。

この立場は、被相続人個人ないし相続人の立場を中心とするものであって、相続財産の所在地における利害関係人を含めての社会全体の利益を害する。また、国外にある財産をすべて組み込むことができるとはかぎらない点で実効性に欠けると批判されている。

他方、相続分割主義とは、相続財産をその種類により不動産と動産に区別し、不動産については不動産所在地法により、動産については被相続人の属人法により規律する建前をいい、英米法系の国々で採用されている。相続分割主義の根拠は、相続の財

産法的側面を重視し財産所在地における取引の利益を強調する点にある。この立場によると、資産が各国に分散している場合には権利義務関係が複雑となる。また相続の準拠法が財産の所在地という偶発的な要因によって決まり、家族の利益に反するという点で批判されている。

【2】準拠法の決定

法性決定の問題として、通則法36条が規定する「相続」という単位法律関係にはどのような事項が含まれるかが問題となるところ、原則として相続に関するすべての問題が含まれる。

具体的には、通則法36条により決定された準拠法(以下「相続準拠法」という)は財産相続のみならず身分相続(旧民法上の家督相続等)にも適用される。また、包括相続のみならず特定相続にも適用され、さらに、法定相続のみならず任意相続(遺言相続)にも適用される。

(1)相続開始の原因および時期

相続開始の原因および時期については、相続準拠法の適用を受ける。

具体的には、失踪宣告が相続開始原因となるか否かは、相続準拠法によることになる。なお、外国人が通則法6条[失踪の宣告]により日本の裁判所による失踪宣告を受けた場合は、日本に存在する財産に関するかぎり、相続の開始については、日本法の適用を受ける。ただし、この場合も、だれが相続人になるかは、通則法36条[相続]による。

(2)相続人

相続人に関する問題は、相続準拠法の適用を受ける。

具体的には、相続人の範囲、胎児や法人の相続能力、相続順位、相続欠格事由、相続人の廃除に関する問題は、相続準拠法によることになる。

(3)相続財産

相続財産に関する問題は、相続準拠法の適用を受ける。

具体的には、相続財産の構成の問題および相続財産の移転の問題は、相続準拠法によることになる。

相続財産の構成に関しては、個々の財産の準拠法と、相続準拠法のような個々の財産の複合体を統一的に規律する総括準拠法との関係が問題になる。この点、従来の通説は、「個別準拠法は総括準拠法を破る」という原則から、個別財産の準拠法と相続準拠法との累積的適用を支持していた。もっとも、この立場は同一の法的問題を二重に性質決定している点で準拠法決定過程に混乱をもたらすうえ、単位法律関係への明確

な切り分けと準拠法決定という準拠法選択のルールの基本的な考え方に反する。

　そこで、相続財産を構成する財産がどのような属性をもつものなのかは相続準拠法で定め、個々の財産がそのようにして決定された属性をもつか否かは個別財産の準拠法によるべきであるとする立場や、端的に個別財産の準拠法のみによるべきであるとする立場が主張されている。

　なお、不法行為に基づく損害賠償債務の相続に関する事案で、当該債務の相続性が肯定されるためには、相続準拠法上相続が認められ、かつ、不法行為準拠法上も相続が認められる必要があるとして両準拠法を累積適用した裁判例（後出重要判例、大阪地判昭和62年2月27日）がある。

　また、どの立場を採用したのか解釈が分かれているものとして、東京地判平成26年7月8日判タ1415号283頁（百選68事件）がある。

★重要判例（最判平成6年3月8日民集48巻3号835頁〔百選1事件〕）

　Xらが共同相続した本件不動産にかかる法律関係がどうなるか（それが共有になるかどうか）、Xらが遺産分割前に相続にかかる本件不動産の持分の処分をすることができるかどうかなどは、物権の問題として法例10条2項（通則法13条2項）ではなく、相続の効果に属するものとして、法例25条（通則法36条）によるべきである。

【争点】 共同相続した不動産に関する法律関係についていかに準拠法を定めるべきか。

【結論】 通則法36条〔相続〕による。

★重要判例（大阪地判昭和62年2月27日判時1263号32頁〔百選67事件〕）

　アメリカのカリフォルニア州で、日本人Aが日本人Xを同乗させていたところ交通事故を起こし、Aが死亡しXも重傷を負った。そこでXが、Aの父母であるY₁・Y₂はAの負った損害賠償債務を相続したと主張して、かかる損害賠償の支払を求めて大阪地裁に提訴したのが本件である。

　「法例25条〔通則法36条〕によれば、『相続ハ被相続人ノ本国法ニ依ル』と規定されているので……本件の場合は、亡Aの本国法たる日本法によることになるので、本件債務は亡Aの相続財産を構成し、亡Aの死亡により直ちにその相続人たるYらに承継されるものといわざるをえないかのごとくである。」

　「ところが、一方、法例11条1項〔通則法17条は内容変更〕……によれば、……不法行為地たる加州の法律に準拠して決定されるものといわなければならない。」

　「しかるに、加州法において、債務の相続性が認められず、被相続人の債務は相続の対象にならないものとされていることは当事者間に争いのないところであるから、この観点からみる限り、本件債務が亡Aの相続人であるYらに相続されることはありえないということになる。」

　「このようにみてくると、本件債務の相続性につき、法例11条1項〔通則法17条〕と同25条〔通則法36条〕とは、相矛盾する内容の2個の準拠法の適用を命じているものといわなければなら

ず、しかも、そのうちのいずれかを優先的に適用すべきものとする根拠も見当らないといわざるをえないのである。そうであるとすれば、本件債務の相続性を肯定しこれが相続によってYらに承認されることを肯認するには、不法行為準拠法である加州法も相続準拠法である日本法もともにこれを認めていることを要するものといわなければならず、そのいずれか一方でもこれを認めないときは、結論としてそれを否定すべきものと解するよりほかはない。」

【争点】不法行為に基づく損害賠償債務の相続で、当該債務の相続性が肯定されるためには、
　　　　いかなる準拠法上相続が認められる必要があるか。

【結論】相続準拠法上相続が認められ、かつ、不法行為準拠法上も相続が認められる必要がある。

⑷相続の承認および放棄

　限定承認や相続放棄をすれば相続人は義務を課せられないことになる。この点について、みずからの本国法によらなければ義務を課せられることはないことを理由に、相続人の本国法が限定承認や相続放棄を認める場合は、相続人の本国法によるべきであるとする少数説もある。しかし、相続の承認および放棄については、相続準拠法の適用を受け、被相続人の本国法によるとするのが通説であり、裁判例もそのような立場をとっている（東京地判平成13年5月31日民集57巻6号655頁）。

⑸相続分、寄与分、遺留分

　相続分、寄与分、遺留分に関する問題は、相続準拠法の適用を受ける。

⑹相続財産の管理

　相続財産の管理とは、相続人の存在が明らかでない場合に、相続財産の管理・清算・相続人の捜索をすることをいう。

　相続財産の管理については、財産所在地法を適用すべきとする見解と、相続準拠法を適用すべきとする見解がある。

　財産所在地法を適用すべきとする見解は、この問題は不在者の財産管理に類似した問題であることを根拠にしている。この見解を結論において採用した審判例（後出重要判例、東京家審昭和41年9月26日）もある。

　他方、相続準拠法を適用すべきとする見解は、相続財産の管理は相続に関わる問題であることを根拠にしており、この見解が通説になっている〈溜池542頁〉。

★重要判例（東京家審昭和41年9月26日家月19巻5号112頁〔百選69事件〕）

　「被相続人に相続人のあることが不分明であるかどうかおよび最終的に相続人が不存在であることが確定できるかどうかの問題については、法例第25条〔通則法36条〕により、被相続人の本国法を準拠法と解すべきである」。

　「相続人のあることが不分明である場合に、相続財産を如何に管理し、相続債権者等のため清算を如何に行なうかおよび相続人の不存在が確定した場合に、相続財産が何人に帰属するか

の問題については法例第10条〔通則法13条〕の規定の精神に従って、管理財産の所在地法を準拠
法と解するのが相当である。」

【争点】 相続財産の管理について、いかに準拠法を定めるべきか。

【結論】 管理財産の所在地法による。

(7)相続人の不存在の場合の財産の帰属

相続準拠法により、相続人が不存在であることが確定した場合、その財産処理はど
のようになされるのであろうか。

相続人が不存在である場合、相続財産は国庫その他の公共団体に帰属することが、
諸国で認められている。

もっとも、相続人の不存在の場合の財産の帰属は相続準拠法によるべきか、財産所
在地法によるべきかに関連して、国庫帰属の法的性質については、見解が分かれてい
る。

この点、相続財産の国庫帰属は、国家が最終的な相続人として相続することによる
と考える見解がある(相続説)。この見解によると、相続人の不存在の場合を相続の問
題として考え、この場合は相続準拠法によることになる。

他方、多数説は、相続財産の国家帰属は、被相続人との人的関係を前提とする相続
によるのではなく、国家が無主の財産をその領土主権により先占することによると考
える(先占説・国家主権説)。この見解によると、相続人の不存在の場合は財産所在地
法によることになる。その根拠に関しては争いがあるも、条理によるとするのが通説
である〈溜池543頁以下〉。

なお、わが国には、相続人が存在しない場合においても、被相続人に特別縁故者が
存在するときには、相続財産をただちに国庫に帰属せしめないで、その請求により財
産の全部または一部をこれに分与することを認める特別縁故者制度がある(民958条の
3)。特別縁故者への財産分与をどのように法性決定するのかについても、相続準拠
法によるべきとする見解と、財産所在地法によるべきとする見解の対立があるが、権
利としてではなく、裁判所の裁量により恩恵的に付与されるという点で特別縁故者へ
の財産分与は相続と異質であるから、財産所在地法によるべきとの見解が多数説であ
る。特別縁故者への財産分与については、相続財産の処分の問題であるから、条理に
基づき相続財産の所在地法を適用すべきと判断した審判例がある(名古屋家審平成6年
3月25日家月47巻3号79頁〔百選70事件〕)。

	相続準拠法の適用	参考判例
相続開始の原因・時期	相続準拠法の適用あり	
相続人に関する問題	相続準拠法の適用あり	
相続財産	争いあり	大阪地判昭和 62 年 2 月 27 日
相続の承認・放棄	相続準拠法の適用あり	東京地判平成 13 年 5 月 31 日
相続分・寄与分・遺留分	相続準拠法の適用あり	
相続財産の管理	争いあり	東京家審昭和 41 年 9 月 26 日
相続人不存在の場合の財産の帰属	争いあり	

【3】 準拠法の適用

　準拠法の適用について、【2】③で述べたように、相続財産の構成に関しては、個別準拠法と総括準拠法の適用関係が問題となる。

　また、相続財産の移転に関しては、清算主義との関係で問題が生じる。すなわち、清算主義のもとでは、人の死亡により、被相続人の権利義務は、死者の人格代表者である遺産管理人または遺言執行者に帰属し、そこでまず死者の財産関係を清算する遺産管理が行われることになるが、このような手続は日本には存在しない。そこで、準拠法を適用できないという問題が生じうるのである。これは、適用問題としてどの限度まで法廷地手続法により相続準拠法の内容を実現することができるかを考えるべきである。

2 遺言

【1】 遺言の成立・効力

⑴総則

　遺言の成立・効力に関する問題には、①遺言という意思表示それ自体の成立および効力の問題と、②遺言という意思表示により当事者が行おうとする法律行為の成立および効力の問題がある。

　この点、②の問題については、その法律行為の内容に応じて準拠法があり、その準拠法により決せられるべきである。具体的には、遺言で認知がなされた場合、認知の

成立および効力については、通則法29条[嫡出でない子の親子関係の成立]1項によることになる。

⑵遺言という意思表示それ自体の成立・効力の準拠法の決定

⒜単位法律関係の範囲

①の問題については、通則法37条1項が適用されるところ、法性決定の問題として、同条1項が規定する「遺言の成立及び効力」という単位法律関係、および同条2項が規定する「遺言の取消し」という単位法律関係にはどのような事項が含まれるかが問題となる。

遺言の成立とは、遺言能力、遺言の意思表示の瑕疵等の問題を意味する。また、遺言の効力とは、意思表示としての遺言の拘束力、効力発生時期等の問題を意味する。

また、遺言の取消しとは、撤回を意味し、意思表示の瑕疵に基づく取消しを意味しない。なぜなら、意思表示の瑕疵に基づく取消しは、遺言の成立の問題であり、通則法37条1項の問題だからである。

なお、前の遺言と矛盾した内容の遺言が後になされた場合、一般に、後の遺言によって前の遺言が取り消されたと擬制することが認められている。しかし、それもここにいう取消しではない。これは、遺言の実質的内容に関する問題であるから、遺言の実質的内容をなす法律関係の準拠法によるべきである。

⒝通則法の規定

通則法37条[遺言]1項は、遺言の成立および効力は、遺言成立時の遺言者の本国法によるとしている。

また、通則法37条2項は、遺言の取消しは、その当時の遺言者の本国法によるとしている。

⑶準拠法の適用

国によっては、遺言の検認を常に必要とするところ、一定の方式による遺言に関する検認の要否の問題は、後述する遺言の方式に関する問題である。

【2】遺言の方式

⑴総説

公正証書遺言のように、一定の形式を伴ってはじめて遺言が有効になる場合がある。このような遺言の方式については、わが国は「遺言の方式に関する法律の抵触に関する条約」(ハーグ条約)を1964年に批准し、「遺言の方式の準拠法に関する法律」を制定したため、それによることとされている(通則法43条2項[適用除外])。

⑵準拠法の決定

⒜単位法律関係の範囲

遺言者の年齢、国籍その他の人的資格による遺言の方式の制限や、遺言が有効であるために必要とされる証人が有すべき資格は、方式の問題とされている(遺言準拠5条)。

⒝遺言の方式の準拠法に関する法律の規定

遺言の方式の準拠法に関する法律は、できるかぎり遺言を有効としようとする見地(遺言優遇の原則)から、遺言の方式が、①行為地法(1号)、②遺言者が遺言の成立または死亡の当時国籍を有した国の法(2号)、③遺言者が遺言の成立または死亡の当時住所を有した地の法(3号)、④遺言者が遺言の成立または死亡の当時常居所を有した地の法(4号)、⑤不動産に関する遺言について、その不動産の所在地法(5号)のいずれかに適合するときは、その遺言を、方式に関して有効としている(遺言準拠2条)。

⑶準拠法の適用

遺言の方式の準拠法に関する法律により、外国法によるべき場合において、その規定の適用が明らかに公の秩序に反するときは、その外国法は適用しない(遺言準拠8条)。たとえば、外国法による遺言の方式が厳格すぎる場合や、ゆるやかすぎるため遺言の成立の真正がまったく保障されないような場合には、外国法の適用が排除されうる。

第 **4** 章 ……… 国際民事訴訟法

1. はじめに

　第3章までは、国際私法のうち、実体法についての説明であった。しかし、実際の紛争に対処するためには、実体法を知るだけでは不十分であり、手続法の知識も必要となる。そこで、本章では、渉外事件の訴訟などにおいてどのような手続的ルールが要求されるのか、特に問題となる部分について取り上げて説明を行う。

　手続法については、伝統的に「手続は法廷地法による」という原則が認められてきた。手続については、準拠法決定ルールを考えるまでもなく、法廷地法に従うこととなっているのである。日本法上も明文はないが、この原則が妥当するのが当然のこととされている。したがって、本章で論じることは、これまで論じてきたような準拠法決定ルールではなく、日本法が適用されることを前提としたうえでの、日本の国際民事訴訟法の解釈の問題である。

　そうだとすれば、本章で論じることは、民事訴訟法で学習したことの応用で足りるように思えるかもしれない。しかし、手続法は本来その国の実体法を前提として、その実現のために制定されているため、準拠法が外国法である場合には、国内手続法との間に矛盾抵触が生じる場合もある。また、日本法が準拠法となるときであっても、対象となる法律関係が渉外的要素を含むものであるがゆえに、特別の考慮をする必要がある場合も考えられる。国際民事訴訟法を考えるにあたっては、これらの点に留意が必要である。

　本章では、まず第2節で、いかなる国の裁判所でその事件を処理できるのかという国際裁判管轄に関する問題を論じる。次に、第3節で、その事件が渉外的民事紛争であるがために、通常の国内的訴訟とは異なる訴訟手続（当事者、送達、証拠調べ、国際的訴訟競合）が考慮される場合の問題を論じる。さらに、第4節では、外国で下された判決の内国における効力の問題、すなわち、外国判決の承認・執行の問題を論じる。第5節では、「外国等に対する我が国の民事裁判権に関する法律」の制定を受け、裁判権免除の問題を論じる。第6節では、国際取引においてしばしば選択される国際商事仲裁について簡単に説明を加える。最後に、第7節において、近年注目が集まっている、国際的な子の奪取について解説する。

2. 国際裁判管轄

1 はじめに

　渉外事件が発生した場合、いずれの国の裁判所がその事件について裁判をなす権限、すなわち国際裁判管轄権を有するか、という問題がある。どの裁判所で裁判を行えるかという問題は、実際上は、準拠法がいずれの国の法律になるかという問題以上に当事者にとって重要な問題である。日本人の原告が自分の慣れ親しんだ言語、制度のもとで救済を受けられるのか、あるいは、日本の制度に不慣れな外国人が日本での応訴を強要されることになるのかという問題は、当事者にとって実に深刻な問題である。日本で裁判ができないとなれば、海外で裁判をする時間も資力もない当事者は、泣き寝入りを強いられることも考えられる。

　この点、ある事件が発生した場合に具体的にどの裁判所がその事件を管轄すべきか（たとえば、東京地方裁判所か大阪地方裁判所か）、という国内の管轄の分配についての規定は民事訴訟法4条以下にみられる。これに対し、国際裁判管轄の分配については、どのような基準に基づいて決定されるか。以下、国際裁判管轄の存否の判断基準について、財産関係事件と身分関係事件の2つに分けて説明する。

2 財産関係事件の国際裁判管轄

【1】 新立法以前の状況

　財産関係事件に関する国際裁判管轄については、2011（平成23）年5月に「民事訴訟法及び民事保全法の一部を改正する法律」（平成24年4月1日施行）が公布される以前は、マレーシア航空事件（後出重要判例、最判昭和56年10月16日）、その後の下級審裁判例、ファミリー事件（後出重要判例、最判平成9年11月11日）により「特段の事情論」という判例理論が確立されていた。すなわち、①日本には国際裁判管轄を直接規定する法規もなく、また、よるべき条約も一般に承認された明確な国際法上の原則もいまだ確立し

ていない状況下においては、②当事者間の公平、裁判の適正・迅速を期するという理念により、条理に従って決定するのが相当であり、③民事訴訟法の規定する裁判籍のいずれかが日本国内にあるときは、国際裁判管轄を肯定することが条理にかなう、④ただし、③により管轄が肯定されるべき場合であっても、当該事案の具体的諸事情のもとで管轄を肯定することが当事者間の公平や裁判の適正・迅速の理念に反する場合のような特段の事情があれば、管轄を否定することとされていた。

★重要判例〈マレーシア航空事件〉（最判昭和56年10月16日民集35巻7号1224頁〔百選76事件〕）

　マレーシア連邦国内でマレーシア航空と締結した旅客運送契約に基づきマレーシア国内線の航空機に搭乗中に、墜落し死亡した日本人の遺族が、マレーシア航空に損害賠償の支払を求める訴えを日本の裁判所に提起したのが本件である。

　「思うに、本来国の裁判権はその主権の一作用としてされるものであり、裁判権の及ぶ範囲は原則として主権の及ぶ範囲と同一であるから、被告が外国に本店を有する外国法人である場合はその法人が進んで服する場合のほか日本の裁判権は及ばないのが原則である。しかしながら、その例外として、わが国の領土の一部である土地に関する事件その他被告がわが国となんらかの法的関連を有する事件については、被告の国籍、所在のいかんを問わず、その者をわが国の裁判権に服させるのを相当とする場合のあることをも否定し難いところである。そして、この例外的扱いの範囲については、この点に関する国際裁判管轄を直接規定する法規もなく、また、よるべき条約も一般に承認された明確な国際法上の原則もいまだ確立していない現状のもとにおいては、当事者間の公平、裁判の適正・迅速を期するという理念により条理にしたがって決定するのが相当であり、わが民訴法の国内の土地管轄に関する規定、たとえば、被告の居所（民事訴訟法2条〔現4条2項〕）、法人その他の団体の事務所又は営業所（同4条〔現4条4項〕）、義務履行地（同5条〔現5条1号〕）、被告の財産所在地（同8条〔現5条4号〕）、不法行為地（同15条〔現5条9号〕）、その他民訴法の規定する裁判籍のいずれかがわが国内にあるときは、これらに関する訴訟事件につき、被告をわが国の裁判権に服させるのが右条理に適うものというべきである。」

【争点】　渉外的な財産関係事件について、日本の裁判所が国際裁判管轄権をもつのはいかなる場合か。

【結論】　当事者間の公平や裁判の適正・迅速の理念により条理に従って国際裁判管轄を決定するのが相当であり、民事訴訟法の規定する裁判籍のいずれかが日本にあれば国際裁判管轄を認めるのが条理にかなう。

★重要判例〈ファミリー事件〉（最判平成9年11月11日民集51巻10号4055頁〔百選83事件〕）

　「被告が我が国に住所を有しない場合であっても、我が国と法的関連を有する事件について我が国の国際裁判管轄を肯定すべき場合のあることは、否定し得ないところであるが、どのような場合に我が国の国際裁判管轄を肯定すべきかについては、国際的に承認された一般的な準

則が存在せず、国際的慣習法の成熟も十分ではないため、当事者間の公平や裁判の適正・迅速の理念により条理に従って決定するのが相当である……。そして、我が国の民訴法の規定する裁判籍のいずれかが我が国内にあるときは、原則として、我が国の裁判所に提起された訴訟事件につき、被告を我が国の裁判権に服させるのが相当であるが、我が国で裁判を行うことが当事者間の公平、裁判の適正・迅速を期するという理念に反する特段の事情があると認められる場合には、我が国の国際裁判管轄を否定すべきである。」

【争点】 渉外的財産関係事件について、日本の裁判所が国際裁判管轄権をもつのはいかなる場合か。

【結論】 わが国の民事訴訟法の規定する裁判籍のいずれかがわが国内にあるときは、原則として、被告をわが国の裁判権に服させるのが相当であるが、特段の事情があると認められる場合には、わが国の国際裁判管轄を否定すべきである。

【2】新立法の判断枠組み

このような状況のもと、財産関係事件に関する国際裁判管轄については、「民事訴訟法及び民事保全法の一部を改正する法律」が公布され、民事訴訟法3条の2以下の新規定が国際裁判管轄に関する基本的な国内法となった。

基本的な判断枠組みは、①民事訴訟法3条の2以下に新設された国際裁判管轄に関する管轄原因の有無がまず判断され、そのうえで、①により日本に管轄原因がある場合であっても、②「日本の裁判所が審理及び裁判をすることが当事者間の衡平を害し、又は適正かつ迅速な審理の実現を妨げることとなる特別の事情」の有無が問題となり、このような「特別な事情」があれば日本の国際裁判管轄が否定される（民訴3条の9）、というものになっている。この判断枠組みは、最高裁平成9年判決（前出重要判例）と同様の考え方に立脚したものである。

このような判断枠組みを前提に、以下では主な管轄原因について検討する。

4—1　国際裁判管轄の判断枠組み

管轄原因の有無
（民訴3の2以下）

↓

特別の事情の有無
（民訴3の9）

【3】 主な管轄原因

⑴被告住所地原則（民訴3条の2）

被告住所地原則とは、原告は被告の管轄裁判所に訴えを提起することを要するという原則をいう。応訴を余儀なくされる被告を保護し、手続的衡平を図るものであり、その理念は国際民事訴訟法上も妥当する。

人に対する訴えについては、民事訴訟法3条の2第1項によると、①被告の住所が日本国内にあるとき、②住所がない場合または住所が知れない場合にはその居所が日本国内にあるとき、③居所がない場合または居所が知れない場合には訴えの提起前に日本国内に住所を有していたとき（日本国内に最後に住所を有していた後に外国に住所を有していたときを除く）は、日本に国際裁判管轄が認められる。

社団または財団に対する訴えについては、民事訴訟法3条の2第3項によると、①その主たる事務所・営業所が日本国内にあるとき、②事務所・営業所がない場合またはその所在地が知れない場合には、代表者その他の「主たる業務担当者の住所」が日本国内にあるときは、日本に国際裁判管轄が認められる。これは、従前の、外国法人である被告の単なる営業所や代表者の所在だけで管轄を認めること（民訴4条5項参照）に対する批判を受け入れて、被告住所地管轄の趣旨に沿うようにしたものである〈松岡265頁〉。

⑵契約上の債務の履行地（民訴3条の3第1号）

新法では、当事者の予測可能性を考慮して、対象となる訴えの範囲を、財産権上の訴えのうち「契約上の債務の履行の請求を目的とする訴え」および「契約上の債務に関して行われた事務管理若しくは生じた不当利得に係る請求、契約上の債務の不履行による損害賠償の請求その他契約上の債務に関する請求を目的とする訴え」に限定し、これらの義務履行地が日本国内にあるときは、日本に国際裁判管轄を認めている。そして、義務履行地の決定については、①「契約において定められた当該債務の履行地が日本国内にあるとき」、および②「契約において選択された地の法によれば当該債務の履行地が日本国内にあるとき」の2つを掲げた。その根拠は、①については当事者の意思との合致、②については当事者の予測可能性を図ることにある。

なお、①につき、明示的な合意がない場合における債務履行地の認定が問題となった事案として、東京地判平成25年12月25日（百選77事件）がある。

⑶事務所・営業所所在地管轄（民訴3条の3第4号）

「事務所又は営業所を有する者に対する訴えでその事務所又は営業所における業務に関するもの」について、「当該事務所又は営業所が日本国内にあるとき」には日本の国際裁判管轄が認められる。その根拠は、被告が日本にある営業所等を拠点として事業を行っている以上、当事者の予測可能性や証拠収集の便宜等の観点から、日本の管

轄を認めることが適当であるという点にある。

　管轄が認められるためには、明文上、当該訴えと当該営業所等における業務との関連性が要求されている。関連性の判断基準については議論があるものの、多数説は、具体的に当該営業所等でされた業務から事件が発生していなければ、関連性は認められないと解している。これに対して、当該営業所等の抽象的な業務範囲内に事件が入っていればよいとする見解もある。

⑷事業活動地管轄（民訴3条の3第5号）

　「日本において事業を行う者……に対する訴え」につき、「当該訴えがその者の日本における業務に関するものであるとき」に日本の国際裁判管轄が認められる。根拠は民事訴訟法3条の3第4号と同様である。5号は、営業所等の設置の有無にかかわらず、当該訴えと日本における業務との関連性に基づき、国際裁判管轄を認める。

　5号においては、解釈上、「事業」は継続して行われる必要があると解されている。なぜなら、「事業」は一般的に継続性を内包する概念だからである。また、関連性の判断基準については前述の4号と同様の議論がある。なお、5号では4号と異なり、訴えとの関連性は「日本における」業務との間で認められる必要がある。

　5号について争われた裁判例としては、大阪地堺支判平成28年3月17日（百選78事件）がある。

⑸不法行為地（民訴3条の3第8号）

　「不法行為に関する訴え」においては、「不法行為があった地が日本国内にあるとき（外国で行われた加害行為の結果が日本国内で発生した場合において、日本国内におけるその結果の発生が通常予見することのできないものであったときを除く。）」に、日本の国際裁判管轄が認められる。その根拠は、証拠収集の便宜に優れ、被害者保護の観点からも望ましいうえ、加害者の予測可能性にも配慮する点にある。また、「不法行為に関する訴え」は、違法行為により権利利益を侵害されまたは侵害されるおそれがある者が提起する差止請求に関する訴えを含むと解される（最判平成26年4月24日民集68巻4号329頁〔百選92事件〕）。

　「不法行為があった地」には、加害行為地も結果発生地もいずれも含まれる。また、新法制定以前は、加害者の予見可能性を担保すべく、二次的・派生的損害（たとえば、入院費・通院費の支払など）の発生地は、結果発生地には含まれないと解するべきであるとの議論があった。新法のもとでも同様の議論はありうるが、民事訴訟法3条の3第8号には文言上通常予見可能性による制限があることから、二次的・派生的損害も「結果」に含めて、そのうえで日本における結果発生の通常予見可能性の要件でコントロールすべき、との指摘がなされている。

不法行為地を理由とする国際裁判管轄権の要件については、東南アジアへのキャラクターのライセンスが問題となった事件で、国際裁判管轄権の要件について判断した最高裁判例（後出重要判例、最判平成13年6月8日）がある。

⑥消費者契約事件の管轄（民訴3条の4第1項・3項、3条の7第5項）

　消費者契約に関する消費者からの事業者に対する訴えについて、「訴えの提起の時又は消費者契約の締結の時における消費者の住所が日本国内にあるとき」は、日本の国際裁判管轄が認められる（民訴3条の4第1項）。その根拠は、消費者の裁判所へのアクセスの保障である。

　これに対して、事業者からの消費者に対する訴えについては、民事訴訟法3条の

3は適用されない(民訴3条の4第3項)。そのため、原則として被告消費者の住所地が日本にあるときのみ、民事訴訟法3条の2により日本の国際裁判管轄が認められる。

また、紛争発生前の消費者契約に関する管轄合意(民訴3条の7)は、次に掲げる場合にかぎり有効となる(民訴3条の7第5項)。すなわち、5項において、①消費者契約の締結時において消費者が住所を有していた国の管轄を合意するものであるとき(1号)、または②消費者が合意された国で訴えを提起したとき(2号前段)、もしくは③事業者が訴えを提起した場合に、消費者が当該合意を援用したとき(2号後段)、にかぎり有効となる。根拠は、消費者の保護にある。

⑺個別労働関係民事紛争事件の管轄(民訴3条の4第2項・3項、3条の7第6項)

個別労働関係民事紛争に関する労働者からの事業主に対する訴えについて、「個別労働関係民事紛争に係る労働契約における労務の提供の地(その地が定まっていない場合にあっては、労働者を雇い入れた事業所の所在地)が日本国内にあるとき」は、日本の国際裁判管轄が認められる(民訴3条の4第2項)。根拠は、労働者の裁判所へのアクセスの保障である。

これに対して、事業主からの労働者に対する訴えについては、消費者契約の場合と同様に、民事訴訟法3条の3は適用されず、労働者の住所地が日本にある場合のみ日本の国際裁判管轄が認められる(民訴3条の4第3項)。

また、紛争発生前の個別労働関係民事紛争に関する管轄合意は、次に掲げる場合にかぎり、有効となる(民訴3条の7第6項)。すなわち、6項において、①労働契約終了時にされた合意であって、そのときにおける労務提供地がある国の管轄を合意するものであるとき(1号)、または②労働者が合意された国で訴えを提起したとき(2号前段)、もしくは③事業主が訴えを提起した場合に、労働者が当該合意を援用したとき(2号後段)、にかぎり有効となる。根拠は労働者の保護にある。

⑻専属管轄(民訴3条の5)

民事訴訟法3条の5は、①日本会社などに関する一定の訴え(1項)、②日本でされるべき登記または登録に関する訴え(2項)、③特許権などの存否または効力に関する訴え(3項)について、日本にのみ国際裁判管轄が認められるという専属管轄を定める。根拠は事件の効率的・統一的な解決の必要性にある。

⑼合意管轄(民訴3条の7)

当事者は、合意により、いずれの国の裁判所に訴えを提起することができるかについて定めることができる(民訴3条の7第1項)。現実の国際取引においては、あらかじめ将来生じうる紛争に備えて裁判所を指定する合意を当事者間でしておくことが少なくないようである。従来、特定の外国の裁判所だけを第一審の管轄裁判所と指定す

る国際的専属管轄合意について、チサダネ号事件判決(後出重要判例、最判昭和50年11月28日)が依拠すべき判例とされていた。民事訴訟法3条の7は、この判決を基本的に取り入れている。

　管轄合意の形式的成立要件については、書面(電磁的記録も含む)であることが要件とされる(民訴3条の7第2項、3項)。この点に関して、当事者の署名の要否についてチサダネ号事件判決は、「少なくとも当事者の一方が作成した書面に特定国の裁判所が明示的に指定されていて、当事者間における合意の存在と内容が明白であれば足りると解するのが相当であり、その申込と承諾の双方が当事者の署名のある書面によるのでなければならないと解すべきではない」と判示している。

　管轄合意の主な実質的成立要件については、まず、①一定の法律関係に基づく訴えに関するものであることが要件となる(民訴3条の7第2項)。次に、②外国の裁判所にのみ訴えを提起することができる旨の合意の場合は、その裁判所が法律上または事実上裁判権を行うことができないときでないことが要件となる(民訴3条の7第4項)。②の根拠は当事者の裁判を受ける権利を保障する点にある。さらに、③当該事件が日本の裁判所の専属管轄に属しないことも要件となる(民訴3条の10)。そして、④チサダネ号事件判決により、解釈上、当該合意が「はなはだしく不合理で公序法に違反する」ものでないことが必要とされる。

★重要判例〈チサダネ号事件〉(最判昭和50年11月28日民集29巻10号1554頁〔百選81事件〕)

　「ある訴訟事件についてのわが国の裁判権を排除し、特定の外国の裁判所だけを第一審の管轄裁判所と指定する旨の国際的専属的裁判管轄の合意は、(イ)当該事件がわが国の裁判権に専属的に服するものではなく、(ロ)指定された外国の裁判所が、その外国法上、当該事件につき管轄権を有すること、の2個の要件をみたす限り、わが国の国際民訴法上、原則として有効である」。「(ロ)の要件を必要とする趣旨は、かりに、当該外国の裁判所が当該事件について管轄権を有せず、当該事件を受理しないとすれば、当事者は管轄の合意の目的を遂げることができないのみでなく、いずれの裁判所においても裁判を受ける機会を喪失する結果となるがゆえにほかならないのであるから、当該外国の裁判所がその国の法律のもとにおいて、当該事件につき管轄権を有するときには、右(ロ)の要件は充足されたものというべきであり、当該外国法が国際的専属的裁判管轄の合意を必ずしも有効と認めることを要するものではない。……被告の普通裁判籍を管轄する裁判所を第一審の専属的管轄裁判所と定める国際的専属的裁判管轄の合意は、……はなはだしく不合理で公序法に違反するとき等の場合は格別、原則として有効と認めるべきである。」

　【争点】外国の裁判所だけを第一審の管轄裁判所と指定する当事者の合意は、いかなる場合に有効か。

　【結論】特定の外国の裁判所だけを第一審の管轄裁判所と指定する国際的専属的裁判管轄の合

意が、①その事件が日本の裁判所の専属管轄に属せず、②指定された外国裁判所が、その外国法上、その事件について国際裁判管轄権を行使しうる場合には、甚だしく不合理で公序法に違反するとき等の場合以外は、有効である。

【4】特別の事情による訴えの却下（民訴3条の9）

民事訴訟法3条の9は、「裁判所は、訴えについて日本の裁判所が管轄権を有することとなる場合（日本の裁判所にのみ訴えを提起することができる旨の合意に基づき訴えが提起された場合を除く。）においても、事案の性質、応訴による被告の負担の程度、証拠の所在地その他の事情を考慮して、日本の裁判所が審理及び裁判をすることが当事者間の衡平を害し、又は適正かつ迅速な審理の実現を妨げることとなる特別の事情があると認めるときは、その訴えの全部又は一部を却下することができる」と定める。根拠は、法的安定性と具体的妥当性のバランスを図る点にある。【2】において述べたように、民事訴訟法3条の2以下によって管轄原因が認められることを前提として、「特別の事情」による訴え却下がなされることになる。

この条文を用いて訴えを却下したはじめての最高裁判例として、国境を越えるインターネット上の名誉・信用等の毀損について争われた最判平成28年3月10日民集70巻3号846頁（百選84事件）がある。

3 人事訴訟事件の国際裁判管轄

4—2 身分関係事件の
国際裁判管轄の判断枠組み

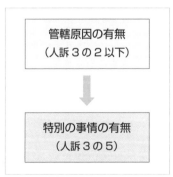

離婚や婚姻無効、嫡出否認といった身分関係事件の国際裁判管轄については、人事訴訟法に規定されている（人訴3条の2から3条の5まで）。かかる規定は平成31年4月1日施行の「人事訴訟法等の一部を改正する法律」により新たに追加されたものである。

もっとも、上記規定は民事訴訟法の国際裁判管轄規定と同様の判断枠組みを採用しており、①国際裁判管轄に関する管轄原因（人訴3条の2から3条の4まで）の有無、②当事者間の衡平、裁判の適正・迅速に反する特別の事情（同3条の5）の有

無により国際裁判管轄地が決定される。

　以下、これまでの議論状況と新規定の概説に分けて説明する。

【1】これまでの議論状況

　従来、新規定が追加されるまでは、人事訴訟事件の国際裁判管轄に関する規定は、通則法5条、6条を除けば明文では存在せず、さまざまな学説・裁判例が存在していた。判例においては、いちおうの基準を示したものとして、離婚の訴えについての最大判昭和39年3月25日（後出重要判例）、最判平成8年6月24日（後出重要判例）の2つの判決がある。もっとも、基準の細部には不明確な部分があり、両判決の関係についても議論があった。

★重要判例（最大判昭和39年3月25日民集18巻3号486頁〔百選86事件〕）

　「離婚の国際的裁判管轄権の有無を決定するにあたっても、被告の住所がわが国にあることを原則とすべきことは、訴訟手続上の正義の要求にも合致し、また、いわゆる跛行婚の発生を避けることにもなり、相当に理由のあることではある。しかし、他面、原告が遺棄された場合、被告が行方不明である場合その他これに準ずる場合においても、いたずらにこの原則に膠着し、被告の住所がわが国になければ、原告の住所がわが国に存していても、なお、わが国に離婚の国際的裁判管轄権が認められないとすることは、わが国に住所を有する外国人で、わが国の法律によっても離婚の請求権を有すべき者の身分関係に十分な保護を与えないこととなり（法例16条〔通則法27条〕但書参照）、国際私法生活における正義公平の理念にもとる結果を招来することとなる。」

【争点】離婚事件の国際裁判管轄は、いずれの地の裁判所に認められるか。

【結論】原則として被告の住所地に認められるが、原告が遺棄された場合、被告が行方不明である場合、その他これに準ずる場合には、原告の住所地たる日本にも国際裁判管轄が認められる。

★重要判例（最判平成8年6月24日民集50巻7号1451頁〔百選87事件〕）

　ドイツ人女性Yとドイツ（当時の東ドイツ）で婚姻した日本人男性Xが、夫婦生活が破綻したため帰国し、日本の裁判所にXとの離婚などを求める訴えを提起したのが本件である。なお、Yはドイツで離婚請求訴訟を提起し認められたものの、Xへの訴状などの送達が公示送達によってなされたため、このドイツの裁判所の判決は日本での外国判決の承認・執行の要件をみたさない（民訴118条2号参照）。

　「離婚請求訴訟においても、被告の住所は国際裁判管轄の有無を決定するに当たって考慮すべき重要な要素であり、被告が我が国に住所を有する場合に我が国の管轄が認められることは、当然というべきである。しかし、被告が我が国に住所を有しない場合であっても、原告の住所その他の要素から離婚請求と我が国との関連性が認められ、我が国の管轄を肯定すべき場合の

あることは、否定し得ないところであり、どのような場合に我が国の管轄を肯定すべきかについては、国際裁判管轄に関する法律の定めがなく、国際的慣習法の成熟も十分とは言い難いため、当事者間の公平や裁判の適正・迅速の理念により条理に従って決定するのが相当である。そして、管轄の有無の判断に当たっては、応訴を余儀なくされることによる被告の不利益に配慮すべきことはもちろんであるが、他方、原告が被告の住所地国に離婚請求訴訟を提起することにつき法律上又は事実上の障害があるかどうか及びその程度をも考慮し、離婚を求める原告の権利の保護に欠けることのないよう留意しなければならない。

これを本件についてみると、……ドイツ連邦共和国においては、……判決の確定により離婚の効力が生じ、XとYとの婚姻は既に終了したとされている……が、我が国においては、右判決は民事訴訟法200条2号〔現118条2号〕の要件を欠くためその効力を認めることができず、婚姻はいまだ終了していないといわざるを得ない。このような状況の下では、仮にXがドイツ連邦共和国に離婚請求訴訟を提起しても、既に婚姻が終了していることを理由として訴えが不適法とされる可能性が高く、Xにとっては、我が国に離婚請求訴訟を提起する以外に方法はないと考えられるのであり、右の事情を考慮すると、本件離婚請求訴訟につき我が国の国際裁判管轄を肯定することは条理にかなうというべきである。」

【争点】離婚事件の国際裁判管轄はいずれの地の裁判所に認められるか。

【結論】原則として被告の住所地に認められるが、例外的に原告の住所地たる日本にも国際裁判管轄が認められる場合がある。

【2】 新規定における管轄原因

⑴被告住所地原則（人訴3条の2第1号、2号）

人事訴訟法3条の2第1号は民事訴訟法3条の2と同様に、被告住所地原則を採用しており、応訴を余儀なくされる被告を保護し、手続的衡平を図っている。身分関係の当事者の一方に対する訴えについて、①被告の住所が日本国内にあるとき、②住所がない場合または住所が知れない場合にはその居所が日本国内にあるときに、日本に国際裁判管轄が認められる。

また、人事訴訟法3条の2第2号によれば、身分関係の当事者の双方に対する訴えにおいては、①被告の一方または双方の住所が日本国内にあるとき、②住所がない場合または住所が知れない場合にはその居所が日本国内にあるときに、日本に国際裁判管轄が認められる。これも被告住所地原則の一種であるといえる。

⑵身分関係当事者の死亡時の住所地（人訴3条の2第3号、4号）

人事訴訟法3条の2第3号は、身分関係の当事者の一方からの訴えについて、他の一方が死亡している場合には、その死亡時の住所が日本国内であるときに、日本に国際裁判管轄を認める。また、同条4号によれば、身分関係当事者の双方に対する訴えにおいて、当事者双方が死亡している場合には、その一方または双方の死亡時の住

所が日本国内であるときに、日本に国際裁判管轄を認める。

　これは、死後認知の訴えなど、身分関係当事者の死亡後の訴えを想定した規定である。

⑶身分関係当事者の国籍（人訴3条の2第5号）

　人事訴訟法3条の2第5号によれば、身分関係の当事者の双方が日本の国籍を有するときには、日本に国際裁判管轄が認められる。「日本の国籍を有する」には、当事者の一方または双方がその死亡時に日本国籍である場合も含む。

　このような国籍による管轄原因を認めた根拠は、日本人の身分関係・身分登録などに日本が利害関係を有することなどにある〈松岡331頁〉。

⑷原告の住所地（人訴3条の2第6号、7号）

　人事訴訟法3条の2第6号は、日本国内に住所がある身分関係の当事者の一方からの訴えについて、当該身分関係の当事者が最後の共通の住所を日本国内に有していたときに、日本に国際裁判管轄を認める。これは、「最後の共通の住所」がある地には、身分関係に関する証拠存在の蓋然性が高いという理由によるものである。

　また、同条7号は、日本国内に住所がある身分関係の当事者の一方からの訴えについて、①他の一方が行方不明であるとき、②他の一方の住所がある国でなされた同一の身分関係についての訴えに関する確定判決が日本国内で効力を有しない場合など、日本の裁判所が審理・裁判をすることが当事者間の衡平を図り、または適切かつ迅速な審理の実現を確保することとなる特別の事情がある場合に、日本に国際裁判管轄を認める。これは、個別に定められた管轄原因に該当しない場合であっても、原告の利益の保護のため日本に国際裁判管轄を認める必要がある場合があると考えられたからである。

4―3　管轄原因の場合分け

原告	被告	条文
	身分関係当事者の一方	人訴3の2①
	身分関係当事者の双方	人訴3の2②④
身分関係当事者の一方		人訴3の2③⑥⑦

【3】 特別の事情による訴えの却下（人訴3条の5）

　人事訴訟法3条の5は、「裁判所は、訴えについて日本の裁判所が管轄権を有することとなる場合においても、事案の性質、応訴による被告の負担の程度、証拠の所在地、当該訴えに係る身分関係の当事者間の成年に達しない子の利益その他の事情を考慮して、日本の裁判所が審理及び裁判をすることが当事者間の衡平を害し、又は適正

かつ迅速な審理の実現を妨げることとなる特別の事情があると認めるときは、その訴えの全部又は一部を却下することができる」と定める。民事訴訟法3条の9とほぼ同様の規定であり、法的安定性と具体的妥当性のバランスを図る趣旨であるが、未成年の子の利益という人事訴訟法に特有の事情も考慮要素とされている。

4 家事審判事件の国際裁判管轄

　養子縁組の許可などといった家事審判事件の国際裁判管轄は、家事事件手続法に規定されている（家事3条の2から3条の14まで）。この規定は、人事訴訟法と同じく「人事訴訟法等の一部を改正する法律」により新たに追加されたものである。

　上記規定も、民事訴訟法や人事訴訟法と同じく、①国際裁判管轄に関する管轄原因（家事3条の2から3条の13まで）の有無、②当事者間の衡平、裁判の適正・迅速に反する特別の事情（家事3条の14）の有無を考慮するという構造になっている。ただし、①については事件類型ごとの管轄原因を定めている点に特徴がある。

　以下、人事訴訟事件と同様に、これまでの議論状況と新規定の概説に分けて検討する。

【1】 これまでの議論状況

　これまで、家事事件の国際裁判管轄に関する規定は存在せず、人事訴訟事件と同様、学説や裁判例によって裁判管轄が決定されてきていた。また、人事訴訟事件の判例も参考にされてきた。

【2】 新規定における管轄原因
⑴養子縁組をするについての許可の審判事件等の管轄権（家事3条の5）
　家事事件手続法3条の5は、養子縁組の許可の審判事件等について、親となるべき者または養子となるべき者の住所が日本国内にあるときは、日本に国際裁判管轄を認める。その根拠は、養親または養子の住所地が養親子関係の適性を判断するのにもっとも適切であると考えられることにある。
⑵親権に関する審判事件等の管轄権（家事3条の8）
　家事事件手続法3条の8は、親権に関する審判事件等について、子の住所が日本国内にあるときは、日本に国際裁判管轄を認める。その根拠は、これらの事件においては、子の利益を図ることが最重要であると考えられるからである。

⑶特別養子縁組の離縁の審判事件の管轄権（家事3条の7）

　家事事件手続法3条の7は、特別養子縁組の離縁の審判事件の管轄権について、紛争の実質が普通養子縁組の離縁と同様であることから、普通養子縁組の離縁の場合（人訴3条の2）と類似した規定をおいている。

⑷その他

　その他にも、相続に関する審判事件の管轄権（家事3条の11）、財産の分与に関する処分の審判事件の管轄権（家事3条の12）などが定められている。

【3】 特別の事情による申立ての却下（家事3条の14）

　家事事件手続法3条の14は、人事訴訟法3条の5と同様の趣旨で、特別の事情による申立ての却下を定めている。この規定により、事案の性質、申立人以外の事件の関係人の負担の程度、証拠の所在地、未成年者である子の利益その他の事情を考慮して、日本の裁判所が審理および裁判をすることが適正かつ迅速な審理の実現を妨げ、または相手方がある事件について申立人と相手方との間の衡平を害することとなる特別の事情があると認められるときは、申立てが却下されることがある。

3. 訴訟手続

　渉外事件が裁判所に係属した場合、実体面に関しては法廷地の国際私法により決定される準拠法が適用されるが、手続面に関しては古くから「手続は法廷地法による」との原則により、法廷地の手続法が適用されるべきであるとされてきた。もっとも、渉外事件の訴訟手続には、国内事件とは異なる考慮が必要な問題が生じる場合があるとされる。そこで、以下では、当事者能力・訴訟能力、当事者適格、送達などについて、国際民事訴訟上、特に生じる問題点を説明する。

1 当事者能力・訴訟能力

　日本の裁判所における訴訟において、外国人・外国法人が当事者となる場合、そもそもこれらの者は当事者として訴えまたは訴えられることができるのであろうか。また、これらの者は単独で有効に訴訟行為ができるのであろうか。これら外国人・外国法人の当事者能力・訴訟能力をめぐって、①法廷地法説と②本国訴訟法説（属人法説）、③折衷説が対立している。

　①法廷地法説は以下のように主張する。すなわち、当事者能力・訴訟能力は手続の問題であるから「手続は法廷地法による」との原則のもと、日本の手続法が適用されるから、「当事者能力、訴訟能力及び訴訟無能力者の法定代理は、この法律に特別の定めがある場合を除き、民法（明治29年法律第89号）その他の法令に従う。訴訟行為をするのに必要な授権についても、同様とする。」と規定する日本の民事訴訟法28条が適用される。そして、同条にいう「法令」とは、通則法により決定される準拠法をいうから、その準拠法上の権利能力・行為能力の存否により、当事者能力・訴訟能力の存否が決定されることになるとする。この説によれば、「法人でない社団又は財団で代表者又は管理人の定めがあるものは、その名において訴え、又は訴えられることができる」とする民事訴訟法29条も法廷地法として当然に外国の非法人にも適用されることになる。

　これに対し、当事者能力・訴訟能力は手続の問題ではあるものの、これについては

本国法によるという条理上の不文規定があるため、外国人・外国法人の当事者能力・訴訟能力の問題は、直接に本国訴訟法によって決定されることになるとするのが②本国訴訟法説である。同説は、団体の当事者能力をその団体の属性のひとつであると考え、その属人法（本国法）により当事者能力・訴訟能力を判断すべきとする。また、民事訴訟法33条が、「外国人は、その本国法によれば訴訟能力を有しない場合であっても」と、行為能力ではなく訴訟能力を直接規定していることから、訴訟能力自体を本国法によって決定するという条理の存在が同条の前提とされているということも根拠とし、当事者能力についても同様に、当事者能力自体を本国法によって決定するという条理の存在が前提とされているとする。ただし、この見解は、本国訴訟法により当事者能力が認められない場合であっても、29条の趣旨から、日本の民事訴訟法上、当事者能力が認められる場合には当事者能力を認める。

　このほかにも、手続の便宜上なるべく当事者能力・訴訟能力が認められるべきであることを理由に、属人法か法廷地法かいずれかで当事者能力が認められればよいとする③折衷説がある。

　裁判例では、①法廷地法説に立つと考えられるものが多いが、②本国訴訟法説に立つと考えられるものも少なくない。たとえば、①法廷地法説に立つと考えられる裁判例としては、韓国において設立された財団法人は本国法上法人格があり、法廷地法たる民事訴訟法28条は法人格のある者に当事者能力を認めているとして、この外国法人に当事者能力を認めたもの（東京高判昭和49年12月20日高民27巻7号989頁）がある。これに対し、②本国訴訟法説に立つと考えられる裁判例としては、本国法上当事者能力が認められる以上あえて民事訴訟法29条の要件の審査の必要はないとしたもの（東京地判昭和35年8月9日下民11巻8号1647頁）がある。

2 当事者適格

　当事者適格とは、訴訟の対象となっている特定の権利・法律関係について、当事者として訴訟を追行し、本案判決を求めることができる資格のことをいう。当事者適格が特に問題となる場合として、本来の権利義務の帰属主体以外の第三者が当事者となる第三者の訴訟担当がある。渉外事件において当事者適格の有無をいかに決するかについては諸説あるが、任意的訴訟担当についての裁判例（後出重要判例、東京地判平成3年8月27日）は、①準拠実体法と②法廷地手続法を考慮に入れて判断していると考えられる。この点、②に関して、わが国においては、任意的訴訟担当が認められるた

めには、ⓐ弁護士代理の原則などの法律上の制限の回避・潜脱のおそれの不存在と、ⓑ任意的訴訟担当を許容する合理的必要性があることを要件とするのが、最高裁判例（最判昭和45年11月11日民集24巻12号1854頁）である。これを受け、後述重要判例（東京地判平成3年8月27日）は、①英国の慣習上、本来の権利主体である保険者が筆頭保険者に対して訴訟追行権を授権することができ、本件保険者全員がこの慣習に従う意思を表明していること（準拠実体法の考慮）、②ⓐ本件筆頭保険者は本件保険者の一員であるから、本件訴訟において他の保険者と実体法上利害関係が一致しており、法律上の制限を潜脱するおそれがなく、ⓑ本件保険者が多数であり、かつ、外国の個人・法人であることから、日本での訴訟追行が困難であり、任意的訴訟担当を許容する合理的必要性があるとして（法廷地手続法の考慮＝任意的訴訟担当の2要件の充足性の判断）、本件筆頭保険者による任意的訴訟担当を許容した。

★重要判例（東京地判平成3年8月27日判時1425号100頁）

「英国の慣習上、多数の保険者が当該保険に関する訴えを提起する場合には、筆頭保険者の名のみにおいて、保険者全員のために訴えを提起することとされている。……原告は、……筆頭保険者となっている。そして、原告は、前記の慣習に従って、他の保険者全員から、原告の名において保険者全員のために訴訟を提起、追行する権限を与えられた。……原告は、エスケナジイ社が付した保険に関する訴訟について、原告以外の保険者全員から訴訟追行権を授権されているのであるから、原告以外の保険者を権利義務の主体とする訴えについては、いわゆる任意的訴訟担当に当たる。ところで、任意的訴訟担当は、民事訴訟法における弁護士代理の原則や、信託法11条が訴訟行為を目的とした信託を禁止している趣旨に照らして、一般に許容することはできないが、当該訴訟担当がこのような制限を潜脱するおそれがなく、かつ、これを認めるべき合理的な必要性がある場合には、これを許容することができるものと解される。……本件の場合、……英国の慣習においては、筆頭保険者による訴訟担当が認められているのであり、実体面においても、原告は、本件保険者の一員であって、本件訴訟において他の保険者と実体法上利害関係が一致しているのであるから、前記のような法律上の制限を潜脱するおそれは認められない。また、このような訴訟担当が英国の慣習として存在し、保険者全員が右慣習に従う旨意思を表明しており、かつ、このことにより特段の弊害が認められない以上、右慣習は十分尊重されるべきであって、本件保険者が多数にのぼり、しかも、外国の個人及び法人であり、日本での訴訟追行が困難であることをも考慮すれば、本件においては、任意的訴訟担当を許容する合理的必要性が認められる。」

【争点】渉外事件において、当事者適格の有無をいかに決するか。
【結論】準拠実体法と法廷地手続法を考慮に入れて判断する。

3 送達・証拠調べ

【1】国際司法共助

　渉外事件においては、外国に当事者や証拠が所在する場合、訴状などの送達や証拠調べをどのように行うかという問題が生じる。この点について、日本は、「民事訴訟手続に関する条約」(民訴条約)、「民事又は商事に関する裁判上及び裁判外の文書の外国における送達及び告知に関する条約」(送達条約)に加盟しており、両条約を日本で実施するために、「民事訴訟手続に関する条約等の実施に伴う民事訴訟手続の特例等に関する法律」、「民事訴訟手続に関する条約等の実施に伴う民事訴訟手続の特例等に関する規則」を定めている。また、個別に二国間で取り決めを結んでいる場合もある。このような、裁判手続の進行を促進するためになされる外国の協力は、国際司法共助とよばれ、外国に当事者や証拠が所在する場合、こういった国際司法共助に関する取り決めによることになる。

【2】民事訴訟法の規定および国際司法共助との関係

　送達に関して、民事訴訟法108条は、日本から外国への送達は、「裁判長がその国の管轄官庁又はその国に駐在する日本の大使、公使若しくは領事に嘱託してする」と定める。そして、①同条によることができない場合、②同条によっても送達できないと認めるべき場合、③同条によって外国の管轄官庁に嘱託を発した後、6か月を経過してもその送達証明書の送付がない場合には、公示送達をなすことが可能である(民訴110条1項3号、4号)。

　証拠調べについて、民事訴訟法184条は、「外国においてすべき証拠調べは、その国の管轄官庁又はその国に駐在する日本の大使、公使若しくは領事に嘱託して」なすこと(同条1項)、「外国においてした証拠調べは、その国の法律に違反する場合であっても、この法律に違反しないときは、その効力を有する」こと(同条2項)を定める。

　なお、民事訴訟法108条および184条1項の日本の大使・公使等による送達・証拠調べは、前述の国際司法共助に関する取り決めなどによって駐在国が認めている場合にかぎりなすことができる。

4 国際的訴訟競合

外国裁判所に係属中の事件について、被告となった者が自己に有利な準拠法が適用される国での訴訟を望む等の理由から、日本で更に訴えを提起する場合がある。これを放置してしまうと、日本と外国で同一事件について2つの判決があり、場合によってはその結論が矛盾する、内外判決の抵触が生じうることになる。そこで、これに対していかに対処すべきかが問題となる。この点、二重起訴の禁止を定める民事訴訟法142条の「裁判所」には外国裁判所は含まれないと解釈する裁判例が多いことから、外国裁判所に係属中の事件について日本で更に訴えが提起された場合に、民事訴訟法142条に反するとして訴えが却下されるとは考えにくい。学説上は、内外判決の抵触の可能性を考えると、外国裁判所に係属中の事件について将来下される判決の日本での承認(民訴118条)が予想されるかぎり、それと抵触する訴えの提起を認めるべきではないとする説(承認予測説)がある。このほか、外国と日本のいずれが適切な法廷地であるかを総合的な比較衡量によって決定しようとする説(比較衡量説)もある〈小林=村上178頁以下〉。いずれの説も有力であるが、裁判実務では、多くの下級審裁判例が比較衡量説を採用してきた。

なお、2010(平成22)年の民事訴訟法及び民事保全法の一部を改正する法律にいたる審議会では、国際的訴訟競合を規律する規定をおくか否かが議論されたが、最終的には条文はおかれなかった。ただし、条文化が見送られたことは、国際的訴訟競合を野放しにするという立法的決断がなされたわけではない。今後も国際的訴訟競合の規律をめぐって裁判例が積み重なり、学説上の議論も進められることになろう。

4—4　国際的訴訟競合となる場合

4. | 外国判決の承認・執行

1 はじめに

外国判決とは、権限ある外国の司法機関のなした終局的判断をいう。そして、この外国判決の既判力や形成力といった効力を内国で認めることを外国判決の承認といい、承認された外国判決に基づいて強制執行をなすことを外国判決の執行という。

外国判決の承認・執行をなすことは国際法上の義務ではないので、各国はこれをいっさい拒否することも可能である。しかし、外国判決の承認・執行には、内国での再度の同一訴訟を回避するという利点や、渉外的紛争を迅速に効率的に解決しうるといった利点がある。ただ、外国判決の承認・執行を無制限に認めてしまうと、外国で十分な防御の機会を与えられないまま敗訴してしまった当事者に酷な結果となる等の問題も生じる。したがって、多くの国は、各国それぞれに定めた要件・手続のもとで、外国判決の承認・執行を行っている。

4—5　外国判決の承認・執行の流れ

外国判決　→　外国判決の承認　→　外国判決の執行

2 外国判決の承認・執行の要件

日本では、外国判決の承認・執行について、外国判決が一定の要件を具備する場合、

特別の手続を要することなく自動的に承認することにしている（民訴118条）。他方、日本で強制執行をなすには、執行判決を得る必要があるというシステム（民執24条）が定められている。強制執行をなすのに、日本での執行判決が必要とされるのは、外国判決のもつ既判力や形成力といった効力と異なり、執行力は承認されるものではなく、執行判決によって執行国法上付与される効力であると解されているためである。ただ、この場合にも、執行判決を付与するかどうかの判断では準拠法の選択、準拠法の解釈適用、事実認定の妥当性など、裁判の当否を調査することは許されていない（民執24条4項）。これは、実質的再審査の禁止とよばれる原則であり、承認・執行があくまで当該事案についての外国の司法的判断を尊重するものであることを根拠とする。

　外国判決が承認されるためには、民事訴訟法118条の柱書と各号に列挙されている、①外国裁判所の確定判決であること、②外国裁判所の裁判権が認められること、③敗訴の被告が公示送達等によらないで訴訟の開始に必要な呼出し・命令の送達を受けたこと、または、これを受けなかったが応訴したこと、④判決の内容および訴訟手続が日本における公の秩序または善良の風俗に反しないこと、⑤相互の保証があること、という5つの要件すべてをみたす必要がある。民事執行法24条5項が、執行判決が付される要件として民事訴訟法118条を準用しているため、外国判決が執行されるための要件も同一である。

　そこで、以下、各要件について検討する。

【1】 外国裁判所の確定判決であること（民訴118条柱書）

　民事訴訟法118条で承認・執行の対象となるのは、外国裁判所の確定判決である。

　まず、「外国」とは、国際法上の国家承認・政府承認の有無にかかわらず、一定の国民と領土を実効的に支配しているもので足りる。

　次に、「裁判所」とは、判決国法上、裁判権の行使権限を認められている司法機関であれば、名称などを問わない。

　そして、「確定」とは、判決国法上の通常の不服申立方法によっては裁判の取消し・変更が許されなくなった状態をいう。この点、離婚の前提としての別居期間中の子の監護についてのイタリアの裁判所の命令は、確定判決にあたらないとした最高裁判例（最判昭和60年2月26日家月37巻6号25頁）がある。

　最後に、「判決」とは、権限ある機関の司法判断としての裁判であることを要し、名称を問わないが、裁判上の和解・公正証書などは含まれない。また、民事判決にかぎられる。

【2】 外国裁判所の裁判権が認められること(民訴118条1号)

(1)総説

　管轄の問題には、直接管轄の問題と間接管轄の問題があるといわれている。直接管轄の問題とは、日本の裁判所に当該事件を裁判するための国際裁判管轄が認められているか否かの問題をいう。他方で、間接管轄の問題とは、判決を言い渡した外国裁判所に当該事件を裁判するための管轄が認められていたか否かの問題をいう。民事訴訟法118条1号は、判決国裁判所がその事件について国際裁判管轄を有することを要件としたものであり、いわゆる間接管轄の問題であるとされる。

　間接管轄については、①間接管轄の判断基準を判決国と承認国のどちらに求めるべきかという問題、②判断基準を承認国に求める場合に、その基準は直接管轄と同じか否かという問題、があるとされている。

(2)間接管轄の判断基準を判決国と承認国のどちらに求めるべきか(①)

　民事訴訟法118条1号が間接管轄を承認の要件とする趣旨は、事件との関連が薄いにもかかわらず、判決国裁判所が不当に管轄を行使し、そのために被告の権利保護が不十分になるという事態を救済することにある〈松岡313頁〉。そこで、判例・通説は一般に、間接管轄の判断基準を承認国である日本法によって決すべきとしている(後出重要判例、最判平成10年4月28日、最判平成26年4月24日民集68巻4号329頁〔百選92事件〕)。判決国法により決するとすると、わざわざ民事訴訟法118条1号が間接管轄の要件をおいた意味がなくなってしまうからである。

(3)判断基準を承認国に求める場合に、その基準は直接管轄と同じか否か(②)

　この点、内外の法的状況の調和を重視して承認を広く認めるべく、直接管轄の基準よりも間接管轄の基準をゆるやかに解すべきとする見解もある。他方で、通説は、間接管轄の基準と直接管轄の基準を表裏一体のものとする、いわゆる鏡像理論を採用する。この理論は、間接管轄も直接管轄もいずれも裁判の国際的な配分という同一問題に関するものであることを理由とする。

　後出重要判例(最判平成10年4月28日)は、間接管轄と直接管轄の基準を表裏一体のものとして考える通説の考え方と大きく異なるものではない、と指摘されている〈木棚ほか348頁〉。

★重要判例(最判平成10年4月28日民集52巻3号853頁〔百選94事件〕)

　「民訴法118条1号所定の『法令又は条約により外国裁判所の裁判権が認められること』とは、我が国の国際民訴法の原則から見て、当該外国裁判所の属する国(以下『判決国』という。)がその事件につき国際裁判管轄(間接的一般管轄)を有すると積極的に認められることをいうもの

と解される。そして、どのような場合に判決国が国際裁判管轄を有するかについては、これを直接に規定した法令がなく、よるべき条約や明確な国際法上の原則もいまだ確立されていないことからすれば、当事者間の公平、裁判の適正・迅速を期するという理念により、条理に従って決定するのが相当である。具体的には、基本的に我が国の民訴法の定める土地管轄に関する規定に準拠しつつ、個々の事案における具体的事情に即して、当該外国判決を我が国が承認するのが適当か否かという観点から、条理に照らして判決国に国際裁判管轄が存在するか否かを判断すべきものである。」

【争点】国際裁判管轄の存否を、いかなる基準によって判断すべきか。

【結論】日本の民訴法の土地管轄に関する規定に準拠しつつ、条理に照らして判断すべきである。

【3】敗訴の被告が公示送達等によらないで訴訟の開始に必要な呼出し・命令の送達を受けたこと、または、これを受けなかったが応訴したこと（民訴118条2号）

民事訴訟法118条2号は、防御の機会を与えられないまま敗訴判決を受けた被告の保護を図るための要件であり、手続的公序一般等を規定する民事訴訟法118条3号の特別規定といえる。

後出重要判例（最判平成10年4月28日）によれば、「訴訟の開始に必要な呼出し若しくは命令の送達」という要件をみたす送達は、①わが国の民事訴訟手続に関する法令の規定に従ったものであることを要しないが、②被告が現実に訴訟手続の開始を了知することができ、かつ、その防御権の行使に支障のないものでなければならず、さらに、③司法共助に関する条約が締結されていて、訴訟手続の開始に必要な文書の送達がその条約の定める方法によるべきものとされている場合には、条約に定められた方法を遵守したものでなければならない、とされている。

この要件について、以前から、アメリカからの直接郵便送達が本要件をみたすかが問題となっていた。アメリカでは、裁判所が発行した訴状・呼出状を原告の弁護士が被告に直接郵送するという送達方法が認められている。そして、日本が加盟している送達条約の10条(a)は、「名あて国が拒否を宣言しない限り」、「外国にいる者に対して直接に裁判上の文書を郵送する権能」の行使を妨げないことを規定しており、2018年まで日本は拒否宣言をしていなかった。そのため、日本在住の被告に対してアメリカから翻訳文が添付されていない英文の訴状・呼出状が送りつけられる事態が生じていたのである。このような翻訳文の添付がない送達によって得られた外国判決の承認・執行を認めることは、防御の機会を与えられないまま敗訴判決を受けた被告の保護を図ることという本要件の趣旨に反すると考えられる。実際に、民事訴訟法118条2号

の要件をみたさないことを理由として、直接郵便送達によって得られたアメリカの判決の承認・執行を拒否した裁判例(東京地判平成 2 年 3 月26日金融・商事判例857号39頁)があった。

　もっとも、2018年12月21日に日本が送達条約10条(a)の拒否宣言を行ったことにより、このような問題は解消されたといえる。

★重要判例(最判平成10年 4 月28日民集52巻 3 号853頁(百選94事件))
　「民訴法118条 2 号所定の被告に対する『訴訟の開始に必要な呼出し若しくは命令の送達』は、我が国の民事訴訟手続に関する法令の規定に従ったものであることを要しないが、被告が現実に訴訟手続の開始を了知することができ、かつ、その防御権の行使に支障のないものでなければならない。のみならず、訴訟手続の明確と安定を図る見地からすれば、裁判上の文書の送達につき、判決国と我が国との間に司法共助に関する条約が締結されていて、訴訟手続の開始に必要な文書の送達がその条約の定める方法によるべきものとされている場合には、条約に定められた方法を遵守しない送達は、同号所定の要件を満たす送達に当たるものではないと解するのが相当である。」
　【争点】 送達の方法は、判決国とわが国の間で締結されている条約が定める方法によることを要するか。
　【結論】 要する。

【4】外国判決の内容・訴訟手続が日本の公序に反しないこと(民訴118条 3 号)

　民事訴訟法118条 3 号は、外国判決の内容が日本の公序に反しないこと(実体的公序)および外国判決の訴訟手続が日本の公序に反しないこと(手続的公序)を要件として定める。

⑴実体的公序

　外国判決の内容が日本の公序に反する場合、当該外国判決の承認・執行は認められない。ここにいう「判決の内容」には、主文のみならず理由も含まれる。

　実体的な公序違反を理由として外国判決の承認・執行を認めなかったものとして、以下のような判例・裁判例がある。

　第 1 に、英米法上、不法行為訴訟において、損害を填補するための補償的損害賠償のほか、加害行為の悪性が高い場合に加害者に対する制裁等を目的として、懲罰的損害賠償が認められる場合がある。この懲罰的損害賠償に関して、契約に際して欺く行為があったとして補償的損害賠償のほかに懲罰的損害賠償を命じたアメリカの判決の執行が求められたケースにおいて、懲罰的損害賠償部分について公序違反として承認・執行を認めなかった最高裁判例(後出重要判例、最判平成 9 年 7 月11日)がある。

　ただ、この判例に対しては、損害の填補ではなく加害者に対する制裁等を目的とす

る懲罰的損害賠償を命ずる判決は、日本からみると民事判決(【1】参照)であるとはいえないとして、承認・執行を否定すべきであったとの見解もある〈澤木=道垣内348頁〉。

★重要判例(最判平成9年7月11日民集51巻6号2573頁〔百選96事件〕)
　「外国裁判所の判決が我が国の採用していない制度に基づく内容を含むからといって、その一事をもって直ちに右条件を満たさないということはできないが、それが我が国の法秩序の基本原則ないし基本理念と相いれないものと認められる場合には、その外国判決は右法条〔現民事訴訟法118条3号〕にいう公の秩序に反するというべきである。……懲罰的損害賠償……の制度は、悪性の強い行為をした加害者に対し、実際に生じた損害の賠償に加えて、さらに賠償金の支払を命ずることにより、加害者に制裁を加え、かつ、将来における同様の行為を抑止しようとするものであることが明らかであって、その目的からすると、むしろ我が国における罰金等の刑罰とほぼ同様の意義を有するものということができる。これに対し、我が国の不法行為に基づく損害賠償制度は、被害者に生じた現実の損害を金銭的に評価し、加害者にこれを賠償させることにより、被害者が被った不利益を補てんして、不法行為がなかったときの状態に回復させることを目的とするものであり……、加害者に対する制裁や、将来における同様の行為の抑止、すなわち一般予防を目的とするものではない。……そうしてみると、不法行為の当事者間において、被害者が加害者から、実際に生じた損害の賠償に加えて、制裁及び一般予防を目的とする賠償金の支払を受け得るとすることは、右に見た我が国における不法行為に基づく損害賠償制度の基本原則ないし基本理念と相いれないものであると認められる。……以上によれば、本件外国判決のうち懲罰的損害賠償としての金員の支払を命ずる部分について執行判決の請求を棄却すべきものとした原審の判断は、是認することができる。」
【争点】懲罰的損害賠償を命じたアメリカの判決の承認・執行は、認められるか。
【結論】公序に反し、認められない。

　第2に、身分事件に関して、アメリカ人の父Xと離婚した母Yとともに日本に在住している子Aについて、少数者に対する日本社会における偏見・差別を考えると子の福祉にとってアメリカで生活するほうが適切であるとして、単独支配保護者(日本の親権者に相当する)を父に変更し子の引渡しを命じたアメリカの判決は、本要件に反するとして承認・執行を認めなかった裁判例(後出重要判例、東京高判平成5年11月15日)がある。子が日本社会になじんでいる場合において、アメリカの判決を日本で承認・執行することは、子の福祉にとってかえって有害であるとされたためである。

★重要判例(東京高判平成5年11月15日高民46巻3号98頁〔百選95事件〕)
　「民訴法200条3号〔現118条3号〕の要件が充足されているか否かを判断するに当たっては、……少なくとも外国においてされた非訟事件の裁判について執行判決をするか否かを判断する場合には、右裁判の後に生じた事情をも考慮することができると解するのが相当である。外国裁判が公序良俗に反するか否かの調査は、外国裁判の法的当否を審査するのではなく、これを承認、執行することがわが国で認められるか否かを判断するのであるから、その判断の基準時

は、わが国の裁判所が外国裁判の承認、執行について判断をする時と解すべきだからである。……本件外国判決は、……アメリカ合衆国で生活させる方がよりAの福祉に適うとの理由により、Aの単独支配保護者をYからXに変更し、それに伴って、Yに対し、XへのAの引渡……を命じたものであり、……いま再び同人をしてアメリカ合衆国において生活させることは、同人に対し、言葉の通じないアメリカ合衆国において、言葉の通じない支配保護者のもとで生活することを強いることになることが明らかである。……Aを、現時点において、右のような保護状況に置くことは、同人の福祉に適うものでないばかりでなく、かえって、同人の福祉にとって有害であることが明らかであるというべきである。したがって、……本件外国判決を承認し、……執行することは、Aの福祉に反する結果をもたらすもので公序良俗に反するというべきである。以上のとおりであるから、本件外国判決は、全体として民事訴訟法200条3号〔現118条3号〕の要件を欠くというべきである。」

【争点】単独支配保護者を父に変更し子の引渡しを命じたアメリカの本件判決は、公序に反するか。

【結論】反する。

　第3に、ネバダ州で代理母より出生した子の親子関係について、遺伝上の父母を法律上の父母とするネバダ州の判決は、人事訴訟判決の審判に類似するものであるが、本要件をみたさず、わが国では承認されないとした最高裁判例(後出重要判例、最決平成19年3月23日)がある。なお、同決定は、代理母を含めた生殖補助医療により出生した子の法律上の親子関係について、「この問題の解決のためには、医療法制、親子法制の面から多角的な観点にわたる検討を踏まえた法の整備が必要であ」り、「できるだけ早く、社会的な合意に向けた努力をし、これに基づいた立法がされることが望まれる」と述べ、わが国における実質法規定の整備を促す異例の言及をしており、今後の動きが注目されている。

★重要判例（最決平成19年3月23日民集61巻2号619頁〔百選57事件〕）

　「どのような者の間に実親子関係の成立を認めるかは、その国における身分法秩序の根幹をなす基本原則ないし基本理念にかかわるものであり、実親子関係を定める基準は一義的に明確なものでなりればならず、かつ、実親子関係の存否はその基準によって一律に決せられるべきものである。したがって、我が国の身分法秩序を定めた民法は、同法に定める場合に限って実親子関係を認め、それ以外の場合は実親子関係の成立を認めない趣旨であると解すべきである。以上からすれば、民法が実親子関係を認めていない者の間にその成立を認める内容の外国裁判所の裁判は、我が国の法秩序の基本原則ないし基本理念と相いれないものであり、民訴法118条3号にいう公の秩序に反する」。

　「現行民法の解釈としては、出生した子を懐胎し出産した女性をその子の母と解さざるを得ず、その子を懐胎、出産していない女性との間には、その女性が卵子を提供した場合であっても、母子関係の成立を認めることはできない」。

「本件裁判は、我が国における身分法秩序を定めた民法が実親子関係の成立を認めていない者の間にその成立を認める内容のものであって、現在の我が国の身分法秩序の基本原則ないし基本理念と相いれないものといわざるを得ず、民訴法118条3号にいう公の秩序に反することになるので、我が国においてその効力を有しない」。

【争点】代理母より出生した子の親子関係について、遺伝上の父母を法律上の父母とするネバダ州の判決は、公序に反するか。

【結論】反する。

　第4に、外国裁判所に係属中の事件について、被告となった者が自己に有利な準拠法が適用される国での訴訟を望む等の理由から、日本で更に訴えを提起するなどの国際的訴訟競合が問題となっている。これに関して、同一事件についてアメリカでX勝訴の判決が確定し、約50日後に日本でY勝訴の判決が確定した後、Xがアメリカでの勝訴判決に基づき日本での強制執行を求めた事例において、内国判決と抵触する外国判決の承認は法体制全体の秩序を乱すものであり本要件に反するとして承認・執行を認めなかった裁判例（後出重要判例、大阪地判昭和52年12月22日）がある。

★重要判例（大阪地判昭和52年12月22日判タ361号127頁〔百選103事件〕）

　「同一司法制度内において相互に矛盾抵触する判決の併存を認めることは法体制全体の秩序をみだすものであるから訴の提起、判決の言渡、確定の前後に関係なく、既に日本裁判所の確定判決がある場合に、それと同一当事者間で、同一事実について矛盾抵触する外国判決を承認することは、日本裁判法の秩序に反し、民事訴訟法200条3号〔現118条3号〕……（に反する）ものと解するのが相当である。」

【争点】外国判決の承認時に既に日本の裁判所の確定判決がある場合に、それと同一当事者間・同一事実について矛盾抵触する外国判決は承認できるか。

【結論】公序に反し、できない。

⑵手続的公序

　外国判決の訴訟手続が日本の公序に反する場合、当該外国判決の承認・執行は認められない。訴訟手続の点で公序違反とされるものとしては、たとえば、詐欺によって得られた判決や、被告の防御権が保障されなかった判決が考えられる。

　この点、手続的な公序違反を理由として外国判決の承認・執行を認めなかった裁判例としては、偽造文書に基づく韓国の裁判所の審判を「詐取」されたものであり本要件に反するとして、承認・執行を認めなかったもの（後出重要判例、横浜地判平成元年3月24日）がある。

★**重要判例**（横浜地判平成元年 3 月24日家月42巻12号37頁）

　「右審判は、……関係者が東京都荒川区長作成名義の昭和27年 7 月16日当時本件婚姻の届出が日本において受理されている旨の文書を偽造し、これを用いて詐取したものであることが認められ、右事実によると、右審判はわが国の公序に反するというべきであるから、民事訴訟法200条 3 号〔現118条 3 号〕に反し、日本においてその効力を認めることはできない。」
　【争点】偽造文書に基づく外国裁判所の審判は承認できるか。
　【結論】公序に反し、できない。

　また、外国の判決書の送達について、手続的公序の具体例をあげた判例として、後出重要判例（最判平成31年 1 月18日）がある。

★**重要判例**（最判平成31年 1 月18日民集73巻 1 号 1 頁〔百選97事件〕）

　「外国判決に係る訴訟手続において、当該外国判決の内容を了知させることが可能であったにもかかわらず、実際には訴訟当事者にこれが了知されず又は了知する機会も実質的に与えられなかったことにより、不服申立ての機会が与えられないまま当該外国判決が確定した場合、その訴訟手続は、我が国の法秩序の基本原則ないし基本理念と相いれないものとして、民訴法118条 3 号にいう公の秩序に反するということができる。」
　【争点】外国の判決書の送達について、いかなる場合に手続的公序違反があるといえるか。
　【結論】不服申立ての機会が与えられないまま外国判決が確定したような場合。

【 5 】 相互の保証があること（民訴118条 4 号）

　民事訴訟法118条 4 号は、相互の保証がある場合にのみ、外国判決の承認・執行を認めることを定める。日本判決を承認・執行するように外国に促すという政策的な目的などから定められた要件である〈松岡322頁〉。「相互の保証」の意義については、日本法の定める要件と同等もしくはゆるやかな要件を外国が定めている場合にのみ「相互の保証」があるとする大審院判例があったが、最高裁判例（後出重要判例、最判昭和58年 6 月 7 日）はこれを変更し、外国における判決承認の要件が、日本のそれと重要な点で異ならず、実質的に同等であれば、「相互の保証」があるとした。

　東京高判平成27年11月25日（百選99事件）はこの最高裁判例と同様の立場をとりつつ、中国との間に相互の保証がないと判断した。

★**重要判例**（最判昭和58年 6 月 7 日民集37巻 5 号611頁〔百選98事件〕）

　「民訴法200条 4 号〔現118条 4 号〕に定める『相互ノ保証アルコト』とは、当該判決をした外国裁判所の属する国（以下『判決国』という。）において、我が国の裁判所がしたこれと同種類

の判決が同条各号所定の条件と重要な点で異ならない条件のもとに効力を有するものとされていることをいうものと解するのが相当である。けだし、外国裁判所の判決(以下『外国判決』という。)の承認……について、判決国が我が国と全く同一の条件を定めていることは条約の存する場合でもない限り期待することが困難であるところ、渉外生活関係が著しく発展、拡大している今日の国際社会においては、同一当事者間に矛盾する判決が出現するのを防止し、かつ、訴訟経済及び権利の救済を図る必要が増大していることにかんがみると、同条4号の規定は、判決国における外国判決の承認の条件が我が国における右条件と実質的に同等であれば足りるとしたものと解するのが、右の要請を充たすゆえんであるからである。のみならず、同号の規定を判決国が同条の規定と同等又はこれより寛大な条件のもとに我が国の裁判所の判決を承認する場合をいうものと解するときは(大審院昭和8年……12月5日判決……)、判決国が相互の保証を条件とし、しかも、その国の外国判決の承認の条件が我が国の条件よりも寛大である場合には、その国にとっては我が国の条件がより厳しいものとなるから、我が国の裁判所の判決を承認しえないことに帰し、その結果、我が国にとっても相互の保証を欠くという不合理な結果を招来しかねないからでもある。以上の見解と異なる前記大審院判例は、変更されるべきである。」

【争点】「相互の保証」の意義をいかに解するか。

【結論】わが国の裁判所がした同種類の判決が、判決国において、民事訴訟法118条各号所定の条件と重要な点で異ならない条件のもとに、効力を有するものとされていることをいう。

3 家事審判事件

これまで、家事審判事件に関する外国判決の承認は、条理により民事訴訟法118条の1号・3号のみを準用するとの見解が有力であった。なぜなら、非訟事件たる家事審判事件は、争訟性が弱いことが多く、被告の保護を図る2号要件や政策的な4号要件は不要であると考えられたためである。これに対し、非訟事件のなかには争訟性が高いものもあり、そのような場合には民事訴訟法118条を全面的に準用してすべての要件を求めるべきとの見解も主張されていた。

本章第2節3、4で述べた「人事訴訟法等の一部を改正する法律」により、家事事件手続法79条の2が追加され、家事審判事件等に関する外国裁判の承認について、民事訴訟法118条の規定が準用されることが明文化されたが、あくまで「その性質に反しない限り」準用すると規定されているにすぎないため、上記議論は今後も残ることとなる。

第**4**章………国際民事訴訟法

5. 裁判権免除

1 はじめに

　裁判権免除とは、国家が行う裁判についての国際法上の制約として、他の主権国家を被告とする裁判を強制的に行ってはならないという原則をいう。すなわち、国際法上、国家やその機関等は他国の裁判権に服さなくてよいことをさす。国家主権の独立・平等の相互的尊重を主たる根拠としている。

　外国等(外国民事裁判権2条参照)に対する民事裁判権免除に関しては、免除対象となる行為の範囲について、絶対的免除主義と制限免除主義の対立がある。絶対的免除主義が国家のあらゆる活動について裁判権からの免除を与えるものであるのに対し、制限免除主義は国家の商業的活動から生ずる訴訟などについては免除しないとするものである。

　日本の判例は、長く絶対的免除主義を採用してきた(大決昭和3年12月28日民集7巻1128頁)。しかし、「国家及び国家財産の裁判権免除に関する国際連合条約」(2004年)年)が採択されるなど、制限免除主義への世界的傾向を受けて、最判平成18年7月21日民集60巻6号2542頁(百選75事件)の判例変更によって、制限免除主義に移行した。そして、日本は、前記の国連条約の内容をふまえて「外国等に対する我が国の民事裁判権に関する法律」(以下「民事裁判権法」という)を制定した。現在、日本では、外国等の民事裁判権免除はこの法律に従って判断される。

4—6　裁判権免除となる場合

2 民事裁判権法の概略

　民事裁判権法では、原則として外国等は日本の民事裁判権から免除される(外国民事裁判権4条)としつつ、例外として免除されない場合が定められている。構造としては、判決手続から免除されない場合(外国民事裁判権5条から16条まで)と、保全および執行手続から免除されない場合(外国民事裁判権17条から19条まで)とに分けて規定されている。また、外国等に対する訴状の送達等に関して民事訴訟法の特則(外国民事裁判権20条から22条まで)が規定されている。

　外国等が日本の民事裁判権から免除されない場合として、たとえば、①外国等が明示的に日本の裁判権に服することに同意している場合(外国民事裁判権5条1項)、②外国等と当該外国等以外の国の国民または法人との間の商業的取引に関する裁判手続の場合(外国民事裁判権8条1項)、③外国等と個人との間の労働契約であって、日本国内において労務が提供されるものに関する裁判手続の場合(外国民事裁判権9条1項)、④外国等が責任を負うべきものと主張される行為(当該行為の全部または一部が日本国内で行われ、かつ、当該行為をした者が当該行為の時に日本国内に所在していた場合にかぎる)による人の死亡・傷害または有体物の滅失・毀損によって生じた損害または損失の金銭による填補に関する裁判手続の場合(外国民事裁判権10条)などが規定されている。

6. | 国際商事仲裁

　国際取引から生じる紛争の解決手段として、仲裁が選択されることが多い。仲裁とは、私人間の紛争を訴訟によらずに解決する手段のひとつで、当事者が仲裁人による仲裁判断に服することを仲裁契約によって合意し、これに基づいて進められる手続をいう。仲裁は、一般に、裁判と異なり、柔軟で比較的迅速な紛争解決が可能であり、紛争の存在・内容を外部に秘密にでき、紛争の特殊性に応じた専門家を仲裁人に選択できるといった利点を有している。これに加え、国際取引紛争においては、当事者が取引相手国の裁判所での紛争解決を避けてより中立的な紛争解決を望む等の理由から、特に仲裁が紛争解決手段として選択されやすいようである。

　国際商事仲裁をめぐる法律上の問題は、まず、仲裁契約があるにもかかわらず、一方当事者が裁判所に訴えを提起した場合、仲裁契約があることで、その訴えが却下されるかという問題があるが、これは法廷地法により判断される。また、仲裁契約の成立・効力については通則法7条[当事者による準拠法の選択]により当事者の指定する準拠法によって判断される。なお、準拠法の明示の指定がない場合であっても、仲裁契約において仲裁地が定められていること等から、仲裁地で適用される法律を準拠法とする黙示の指定が認められるとした判例(後出重要判例、最判平成9年9月4日)がある。

　次に、当事国が仲裁判断に基づいた履行を任意に実行しなかった場合に、その判断を執行することができるかという問題がある。前述の外国判決の承認・執行については、各国で制度が異なるため判決の執行ができるか否かについて不確定要素が大きい。しかし、仲裁判断については、外国仲裁判断の承認及び執行に関する条約(ニューヨーク条約)が、その締結国でなされた仲裁判断(確定判決でないものも含む)の承認・執行を拒否できる事由をきわめて限定しており、条約の締結国が日本を含め90か国以上にのぼるため、承認・執行は原則として保証されているといえる。このことも、国際取引紛争について裁判より仲裁が好まれる理由となっている。

★重要判例(最判平成9年9月4日民集51巻8号3657頁〔百選106事件〕)
　「仲裁は、当事者がその間の紛争の解決を第三者である仲裁人の仲裁判断にゆだねることを合意し、右合意に基づいて、仲裁判断に当事者が拘束されることにより、訴訟によることなく

紛争を解決する手続であるところ、このような当事者間の合意を基礎とする紛争解決手段としての仲裁の本質にかんがみれば、いわゆる国際仲裁における仲裁契約の成立及び効力については、法例7条1項〔通則法7条〕により、第一次的には当事者の意思に従ってその準拠法が定められるべきものと解するのが相当である。そして、仲裁契約中で右準拠法について明示の合意がされていない場合であっても、仲裁地に関する合意の有無やその内容、主たる契約の内容その他諸般の事情に照らし、当事者による黙示の準拠法の合意があると認められるときには、これによるべきである。これを本件についてみるに、前記事実関係によれば、本件仲裁契約においては、仲裁契約の準拠法についての明示の合意はないけれども、『Aの申し立てるすべての仲裁手続は東京で行われ、Xの申し立てるすべての仲裁手続はニューヨーク市で行われる。』旨の仲裁地についての合意がされていることなどからすれば、Xが申し立てる仲裁に関しては、その仲裁地であるニューヨーク市において適用される法律をもって仲裁契約の準拠法とする旨の黙示の合意がされたものと認めるのが相当である。……そして、当事者の申立てにより仲裁に付されるべき紛争の範囲と当事者の一方が訴訟を提起した場合に相手方が仲裁契約の存在を理由として妨訴抗弁を提出することができる紛争の範囲とは表裏一体の関係に立つべきものであるから、本件仲裁契約に基づくYの本案前の抗弁は理由があり、本件訴えは、訴えの利益を欠く不適法なものとして却下を免れない。」

【争点】 黙示の指定であっても、仲裁契約の準拠法の指定と認められるか。

【結論】 認められる。

さらに詳しく

仲裁条項

　国際取引で紛争が発生した場合(例：貨物代金未払に基づく買主に対する代金支払請求、貨物品質劣化に基づく売主に対する損害賠償請求)、実務では仲裁が紛争解決手段として選ばれることが多い。仲裁には、中立な場所で紛争解決を行うことができる、原則として一審制である、厳格な手続によらないで柔軟に紛争解決をすることができるなど、いくつものメリットがある。仲裁人は、貿易取引に関する法律や実務に精通していたり、当該業界で働いていた職務経験があったりすることから、専門的で合理的な判断が期待できる点が、仲裁の大きなメリットである。仲裁提起するためには、売買契約書で有効な仲裁条項を合意しておくことが必要である。もし有効性に疑義のある仲裁条項である場合、相手方から仲裁条項の無効を主張されたり、相手方所在地国で訴訟提起されたりして、本案の審理に入るまで時間がかかってしまう(相手から時間稼ぎの手段として利用されてしまう)からである。

リスクマネジメント

　仲裁条項に基づき仲裁提起したとしても、審理を行い仲裁判断がでて、相手方所在地国の裁判所で仲裁判断を承認・執行するまでに、年単位の時間と数千万円、場合によっては数億円の弁護士費用と仲裁費用がかかることもある。また、その間に相手方の財政状況が悪化したり、相手方が別会社を設立して事業を継続したりする可能性もある。つまり、仲裁も紛争解決手段として万能ではなく、空振りに終わってしまうこともある。そのため、国際取引では相手方とトラブルにならないよう、取引に入る前に相手方の信用調査、財務諸表の分析、担保取得などのリスクマネジメントが大切になる。

7. 国際的な子の奪取

　子が不法に国外から日本に連れ去られ、あるいは不法に日本に留置されている場合、子を監護していた親が子を常居所地国へ返還するよう求める手続等についての取り決めをした「国際的な子の奪取の民事上の側面に関する条約」(以下「ハーグ子奪取条約」という)に日本は加盟し、これに伴いこの条約の国内実施法である「国際的な子の奪取の民事上の側面に関する条約の実施に関する法律」(以下「ハーグ条約国内実施法」という)が制定され、2014(平成26)年4月より施行された。

　運用開始から5年を経た2019(令和元)年5月、ハーグ条約国内実施法の一部を改正する法律案(「民事執行法及び国際的な子の奪取の民事上の側面に関する条約の実施に関する法律の一部を改正する法律案」)が可決成立し、2020(令和2)年4月に施行された。

　上記法改正は実務上大きな意義を有するものである。そこで、以下、ハーグ子奪取条約およびハーグ条約国内実施法について概説した後、改正のポイントを述べる。

1 ハーグ子奪取条約の概要

　ハーグ子奪取条約は、①不法に連れ去られ、または不法に留置されている子の迅速な返還を確保すること、および②一の締約国の法令に基づく監護の権利および接触の権利が他の締約国において効果的に尊重されることを確保することにある(ハーグ子奪取1条)。そして、16歳未満の子が、常居所を有していた締結国から別の締結国へ不法に連れ去られた場合や、留置されている場合に適用される(ハーグ子奪取3条、4条)。これらの場合に、各締結国が指定した中央当局は、相互に協力して子の常居所地国への迅速な返還をめざし(ハーグ子奪取6条、7条)、任意に子が返還されるよう模索する(ハーグ子奪取10条)。それがうまくいかない場合は、子の連れ去り先の国の司法当局・行政当局が、返還命令をだすこととなる(ハーグ子奪取11条、12条)。

　ハーグ子奪取条約は、このほかにも、親子が面会交流できる機会を得られるよう締約国が支援をすることを定めており、不法な連れ去りや留置の防止や子の利益の保護を図っている。

2 ハーグ条約国内実施法の概要

　ハーグ条約国内実施法は、上記のハーグ子奪取条約の的確な実施を確保するため、日本における中央当局を指定し、その権限等を定めるとともに、子をその常居所を有していた国に迅速に返還するために必要な裁判手続等を定めている（ハーグ実施1条）。

　中央当局については、外務大臣であると定め（ハーグ実施3条）、外務大臣が行う援助について、場面に分けて詳細に定めている（ハーグ実施4条から25条まで）。

　子の返還に関する事件の手続等として、日本国への連れ去りまたは日本国における留置のケースにおける、常居所地国への子の返還を求める子の返還申立事件の手続が定められている。まず、申立人は、日本国への連れ去りまたは日本国における留置により子についての監護の権利を侵害された者であり（ハーグ実施26条）、裁判所の管轄は東京家庭裁判所または大阪家庭裁判所である（ハーグ実施32条）。手続は非公開で行われ（ハーグ実施60条）、家庭裁判所は職権調査を行いまた家裁調査官に調査をさせることができる（ハーグ実施77条、79条1項）。なお裁判所は当事者の同意を得ていつでも職権で家事調停に付すこともできる（ハーグ実施144条）。

　子の返還申立事件においては、①子が16歳に達していないこと、②子が日本国内に所在していること、③常居所地国の法令によれば、当該連れ去りまたは留置が申立人の有する子についての監護の権利を侵害するものであること、④当該連れ去りの時または当該留置の開始の時に、常居所地国が条約締約国であったこと、という4要件をみたす場合には、ハーグ条約国内実施法28条の定める返還拒否事由がある場合を除いて、子の返還命令がだされることとなる（ハーグ実施27条）。

　ハーグ条約国内実施法は返還拒否事由として、①申立てが連れ去りまたは留置の時から1年を経過した後にされ、かつ、子が新たな環境に適応していること、②申立人が連れ去りまたは留置の時に監護の権利を行使していなかったこと、③申立人が連れ去りもしくは留置に同意または後に承諾したこと、④常居所地国に子を返還することによって、子の心身に害悪を及ぼすことその他子を耐え難い状況におくこととなる重大な危険があること、⑤子の年齢および発達の程度に照らして子の意見を考慮することが適当である場合において、子が常居所地国に返還されることを拒んでいること、⑥常居所地国に子を返還することがわが国の人権および基本的自由の保護に関する基本原則により認められないものであること、を規定している（ハーグ実施28条1項）。

　家庭裁判所による終局決定に対しては即時抗告ができ、高等裁判所による終局決定に対しては特別抗告および許可抗告ができる（ハーグ実施101条、108条および111条）。な

お、子が常居所国へ返還される前であって、子の返還を命ずる終局決定が確定した後に、事情の変更によりその決定を維持することを不当と認めるにいたったときは、その決定の変更が認められる（ハーグ実施117条）。

　さらに、ハーグ条約国内実施法は、子の返還命令がだされた場合の強制執行の方法について、執行官が子を解放し、第三者に子の返還を実施させる代替執行、または子の返還をするまで金銭の支払を命ずる間接強制によることを定めている（ハーグ実施134条）。

③ ハーグ条約国内実施法改正の概要

　2019（令和元）年の改正においては、子の返還の強制執行手続の実効性確保を目的として、民事執行法およびハーグ条約国内実施法の一部が改正された。主な改正として以下の3点がある。

　改正前のハーグ条約国内実施法では、代替執行をするためには間接強制を前置させる必要があったが、改正法では、一定の要件をみたせば、間接強制の手続を経ずに直接的な強制執行を申し立てることができるようになった（改正ハーグ実施136条、間接強制前置の排除）。

　また、改正前は、代替執行において執行官が子の解放を行う場所に、子の引渡しや返還をしなければならない債務者が存在する必要があったが、改正法では当該債務者の同席を不要とした（改正ハーグ実施140条1項、民執175条6項、債務者同時存在原則の排除）。

　さらに、改正前は、第三者の占有場所で執行官が子の解放を行う場合、当該場所の占有者の同意が必要とされていたが、執行の場所が子の住居である場合には、裁判所の許可により、当該場所の占有者の同意がなくても代替執行可能であると改正された（改正ハーグ実施140条1項、民執175条3項、占有場所以外での執行の実現）。

　　★重要判例（最決平成29年12月21日判時2372号16頁〔百選62事件〕）
　　「抗告人は、本件子らを適切に監護するための経済的基盤を欠いており、その監護養育について親族等から継続的な支援を受けることも見込まれない状況にあったところ、変更前決定の確定後、居住していた自宅を明け渡し、それ以降、本件子らのために安定した住居を確保することができなくなった結果、本件子らが米国に返還された場合の抗告人による監護養育態勢が看過し得ない程度に悪化したという事情の変更が生じたというべきである。そうすると、米国に返還されることを一貫して拒絶している長男及び二男について、実施法28条1項5号の返還

拒否事由が認められるにもかかわらず米国に返還することは、もはや子の利益に資するものとは認められないから、同項ただし書の規定により返還を命ずることはできない。また、長女及び三男については、両名のみを米国に返還すると密接な関係にある兄弟姉妹である本件子らを日本と米国とに分離する結果を生ずることなど本件に現れた一切の事情を考慮すれば、米国に返還することによって子を耐え難い状況に置くこととなる重大な危険があるというべきであるから、同項4号の返還拒否事由があると認めるのが相当である。

　したがって、変更前決定は、その確定後の事情の変更によってこれを維持することが不当となるに至ったと認めるべきであるから、実施法117条1項の規定によりこれを変更し、本件申立てを却下するのが相当である。」

【争点】ハーグ条約国内実施法117条により決定が変更されるのはどのような場合か。

【結論】決定の確定後、居住していた自宅を明け渡し、それ以降、本件子らのために安定した住居を確保することができなくなった結果、子らが返還された場合の監護養育態勢が看過しえない程度に悪化したような場合である。

★重要判例（最判平成30年3月15日民集72巻1号17頁〔百選63事件〕）

(1)人身保護法の「拘束」要件について

　「意思能力がある子の監護について、当該子が自由意思に基づいて監護者の下にとどまっているとはいえない特段の事情のあるときは、上記監護者の当該子に対する監護は、人身保護法及び同規則にいう拘束に当たる」。そして、「自由意思に基づくものといえるか否かを判断するに当たっては、基本的に、当該子が上記の意思決定の重大性や困難性に鑑みて必要とされる多面的、客観的な情報を十分に取得している状況にあるか否か、連れ去りをした親が当該子に対して不当な心理的影響を及ぼしていないかなどといった点を慎重に検討すべきである。」

(2)人身保護法の「顕著な違法性」要件について

　「国境を越えて日本への連れ去りをされた子の釈放を求める人身保護請求において、実施法に基づき、拘束者に対して当該子を常居所地国に返還することを命ずる旨の終局決定が確定したにもかかわらず、拘束者がこれに従わないまま当該子を監護することにより拘束している場合には、その監護を解くことが著しく不当であると認められるような特段の事情のない限り、拘束者による当該子に対する拘束に顕著な違法性があるというべきである。」

【争点】親がハーグ条約国内実施法に基づく子の返還を命ずる終局決定に従わないまま子を監護している場合に、子の釈放を求める人身保護請求は認められうるか。

【結論】認められうる。

第**5**章·········国際取引法

1. はじめに

　国際取引とは、国境を越えた物品・資金・技術の移転およびサービスの提供に関する取引をいう。法によって規律されることによって、国際取引も円滑に進められ、当事者間の紛争も解決される。

　国際取引の分野には、インコタームズ、国際運送、国際保険なども含まれるが、本章では、国際取引のなかでももっとも典型であり、かつ司法試験にも出題されやすい国際物品売買に重点をおいて説明する。特に、国際物品売買契約に関する世界的標準ルールは「国際物品売買契約に関する国際連合条約」(United Nations Convention on Contracts for the International Sale of Goodsを略して「CISG」、または「ウィーン売買条約」ともよばれる)にあるとされる。

　ウィーン売買条約は1980年に採択され、1988年に発効した。日本は、2008年に加入し、2009年8月1日から日本においても発効している。アメリカ、中国、韓国、オーストラリア、ドイツ、フランスなど、多くの国が締約国となっている。ウィーン売買条約は、国際物品売買契約に適用される実体法を統一し、国際社会に共通の私法を提供しようとする多国間条約であり、国境を越える売買契約の成立や、売主・買主の権利義務について規定するものである。

2. ウィーン売買条約

1 適用範囲および総則

【1】適用の要件

　ウィーン売買条約が適用されるためには、まず第1に、①「営業所が異なる国に所在する当事者間」の、②「物品売買契約」であることが必要とされる（ウィーン売買条約1条1項柱書）。①の「営業所」とは、「当事者が2以上の営業所を有する場合には、契約の締結時以前に当事者双方が知り、又は想定していた事情を考慮して、契約及びその履行に最も密接な関係を有する営業所をいう」（ウィーン売買条約10条(a)）。②に関して、売買であっても、「競り売買」や「強制執行その他法令に基づく売買」の場合には、ウィーン売買条約は適用されない（ウィーン売買条約2条）。その理由としては、これらは特殊な扱いがなされる売買として、法の統一になじまないことがあげられている。また、「物品を製造し、又は生産して供給する契約」（いわゆる製造物供給契約）は、原則として売買契約とされる（ウィーン売買条約3条(1)）。

　第2に、③ウィーン売買条約との関連性が必要とされる（ウィーン売買条約1条(1)(a)(b)）。すなわち、ウィーン売買条約1条(1)(a)により、当事者の営業所所在国がいずれもウィーン売買条約の締約国である場合であること、または(b)により、「国際私法の準則によれば締約国の法の適用が導かれる場合」であることが必要とされる。たとえば、通則法7条により日本法が準拠法とされる契約などは、(b)をみたすことになる。

　第3に、④当事者が適用を排除・制限していないことが必要とされる。なぜなら、ウィーン売買条約は原則として、当事者が「適用を制限し、又はその効力を変更することができる」（6条）任意規定であるとされている。なお、ウィーン売買条約が適用されない部分については、国際私法が指定する準拠法によって規律される。

　かりに、契約当事者がウィーン売買条約の適用を排除する意思をもつならば、契約書に明確にその旨を規定する必要がある。たしかに、ウィーン売買条約6条は、「この条約の適用を排除することができる」と規定しているのみで、ウィーン売買条約の黙示の適用除外の余地はあるとも思える。しかし、契約の当事者が、契約書中に単に

「この契約の準拠法は日本法とする」とだけ規定し、条約の適用には言及していない場合であっても、世界各国の多数の裁判例では、条約の適用を排除する趣旨とは解されていない。なぜなら、条約の適用範囲外の問題については、法廷地の国際私法により決まる準拠法によることが予定されているため、条約自体は適用したうえで、条約の適用範囲外の問題については日本法によることにするというのが当事者の意思であるとするならば、「この契約の準拠法は日本法とする」との条項と条約の適用は何ら矛盾しないことになるからである。

【2】 適用範囲

　ウィーン売買条約は、「売買契約の成立」と「売買契約から生ずる売主及び買主の権利及び義務」についてのみ規律するものである（ウィーン売買条約 4 条柱書前段）。そのため、「契約……の有効性」や「売却された物品の所有権について契約が有し得る効果」については規律していない（ウィーン売買条約 4 条(a)(b)）。また、「物品によって生じたあらゆる人の死亡又は身体の傷害に関する売主の責任」（いわゆる製造物責任）についても規律していない（ウィーン売買条約 5 条）。これら規律対象外の問題については、国際私法が指定する準拠法によって規律されることになる。

2 契約の成立

　申込みに対する承諾は、同意の表示が申込者に到達した時にその効力を生ずる（ウィーン売買条約18条(2)第 1 文）。ただし、申込みに基づき、または当事者間で確立した慣行もしくは慣習により、相手方が申込者に通知することなく、物品の発送または代金の支払等の行為を行うことにより同意を示すことができる場合には、承諾は、当該行為が行われた時にその効力を生ずる（ウィーン売買条約18条(3)本文）。

　申込みに変更を加えた承諾は拒絶であるとともに、反対申込みとなる（ウィーン売買条約19条(1)）。ただし、その変更を含む承諾が申込みの内容を実質的に変更しないときは、申込者が遅滞なくその相違について異議を述べないかぎり、承諾により変更された条件で契約が成立する（ウィーン売買条約19条(2)）。実質的な変更の有無は同条(3)に列挙された具体例を参照して行う。

　そして契約は、申込みに対する承諾がこの条約に基づいて効力を生ずる時に成立する（ウィーン売買条約23条）。

3 物品の売買

【1】 総則

　当事者の一方が行った契約違反は、相手方がその契約に基づいて期待することができたものを実質的に奪うような不利益を当該相手方に生じさせる場合には、原則として重大なものとされる（ウィーン売買条約25条本文）。

　また、契約は、当事者の合意のみによって変更し、または終了させることができることとされている（ウィーン売買条約29条(1)）。

【2】 売主の義務

　売主は、契約およびこの条約に従い、物品を引き渡し、物品に関する書類を交付し、物品の所有権を移転しなければならない（ウィーン売買条約30条）。そして、物品の引渡義務の内容、引渡場所・時期、書類交付義務の内容等については、ウィーン売買条約31条から34条までに規定されている。

　ウィーン売買条約35条から44条までには、売主の負う契約に適合した物品を引き渡す義務、および第三者の権利または請求の対象となっていない物品を引き渡す義務、ならびに買主の負う物品の検査・通知義務等について規定されている。

　ウィーン売買条約45条から52条までには、売主による契約違反があった場合の買主の救済方法（履行請求、代替品引渡請求、修補請求、契約の解除、代金減額請求、損害賠償請求）について規定されている。

【3】 買主の義務

　買主は、契約およびこの条約に従い、物品の代金を支払い、物品の引渡しを受領しなければならない（ウィーン売買条約53条）。そして、代金支払義務の内容、代金の支払場所、支払時期等については、ウィーン売買条約54条から59条までに規定されている。ここで、引渡しを受領する買主の義務は、売主による引渡しを可能とするために買主に合理的に期待することのできるすべての行為を行うこと、および物品を受け取ることからなる（ウィーン売買条約60条）。

　ウィーン売買条約61条から65条までには、買主による契約違反があった場合の売主の救済方法（履行請求、契約の解除、損害賠償請求）について規定されている。

【4】危険の移転、売主および買主の義務に共通する規定

　ウィーン売買条約66条から70条までには、危険の移転の効果および時期について規定されている。

　ウィーン売買条約71条以下には、売主および買主の義務に共通する規定がおかれている。すなわち、ウィーン売買条約71条から73条までには、履行期前の債権者の救済方法(履行の停止、契約の解除)および分割履行契約の解除について規定されている。ウィーン売買条約74条から77条までには、損害賠償の範囲、損害賠償額の算定方法、損害軽減義務等について規定されている。

　また、当事者双方は、契約の解除により損害を賠償する義務を除くほか、契約に基づく義務を免れる。契約の解除は、紛争解決のための契約条項または契約の解除の結果生ずる当事者の権利・義務を規律する他の契約条項に影響を及ぼさない(ウィーン売買条約81条)。

【5】おわりに

　以上、ウィーン売買条約について、重要事項を概説した。ウィーン売買条約も含め、細かな論点にこだわらずに、条約の構造や制度趣旨を把握することが重要である。

3. | インコタームズとモントリオール条約

1 インコタームズ

【1】 意義

　国際物品売買契約は当事者間の契約によって規定されるが、その内容は多岐にわたり、当事者が契約を締結する際に個々の契約ごとに契約条件を定めていては煩雑にすぎる。そこで、物品の引渡地、危険の移転時期、運送および保険の手配などの基本的な契約条件については、国際貿易において古くから、定型化した用語によって当事者の権利義務を示すことが行われてきた。基本的な契約条件を一括的に定めたこのような定型的な用語は、貿易条件または取引条件とよばれ、その代表例にFOB (Free On Board=本船渡)やCIF (Cost, Insurance and Freight=運賃保険料込)がある。ところが、このような用語は当事者が契約で用いたものであるために、同じFOBであってもその解釈が国によって異なってしまうという難点が生じた。そこで、貿易条件の解釈の統一の必要性が唱えられ始め、国際商業会議所(ICC)が一連の取引条件の解釈のための規則を定めた。これが「貿易条件の解釈のための国際規則」であり、国際商業条件 (International Commercial Terms)という名称で用いられることから、インコタームズとよばれている。

【2】 特徴

　ウィーン売買条約が、その加盟国であるかぎり、特に当事者がその適用を排除しないかぎり当然に適用されるのに対して、インコタームズは、民間団体であるICCが作成した民間統一規則であって国家法ではないため、契約に適用されるためには、売買の当事者が契約中にその援用を明示しなければならない。

　また、ウィーン売買条約が売買契約において規定されるべき権利義務関係を網羅的に示すものであるのに対して、インコタームズがカバーするのは、売主がどのような物品をどのように引き渡すべきか、その引渡しに関連して当事者がどのような義務を負うか、などの一定の契約条件に限定されている。

さらに、売主と買主の義務と危険移転の時期については、インコタームズにもウィーン売買条約にも規定されているが、両者の規定に相違があるときは、ウィーン売買条約6条の当事者自治の原則によりインコタームズの規定が優先し、ウィーン売買条約の適用は排除される。ウィーン売買条約とインコタームズは相互補完的に共存するのが望ましい。

【3】 内容

　インコタームズ2020には、11個の貿易条件が定められており、それぞれ、物品の引渡地、物品の滅失・毀損に関する危険の移転時期、運送人の選定・運送契約の締結・運賃の支払などの運送の手配、保険契約の締結や保険料の支払などの保険の手配といった基本事項について規定している（表5—1を参照）。

　これらの貿易条件は、売買契約締結の際に売主と買主の合意により、いずれにする

5—1　インコタームズ2020　主な貿易条件の比較[*1]

貿易条件	日本語訳	輸送手段	危険の移転時期	運送の手配	保険の手配
EXW	工場渡	すべて	売主施設その他指定場所で物品を買主の処分に委ねた時	買主	（買主）[*3]
FCA	運送人渡	すべて	売主施設での引渡しなら輸送手段積込時、その他なら指定場所で物品を買主の処分に委ねた時	買主	（買主）[*3]
FOB	本船渡	海上または内陸水路輸送	船上に置いた時	買主	（買主）[*3]
CFR	運賃込	海上または内陸水路輸送	船上に置いた時	売主	（買主）[*3]
CIF	運賃保険料込	海上または内陸水路輸送	船上に置いた時	売主	売主
DAP	仕向地持込渡	すべて	指定の住所で物品を荷卸しできるようになり、物品を買主の処分に委ねた時	売主	（売主）[*3]
DDP	仕向地持込渡（関税込）[*2]	すべて	指定の住所で物品を荷卸しできるようになり、輸入通関を済ませて物品を買主の処分に委ねた時	売主	（売主）[*3]

＊1　下の規則にいくにつれて、売主から買主への危険の移転の時期が遅くなる。
＊2　DDPはDAPとほぼ同様であるが、売主が関税の支払義務を負う点で異なる。
＊3　保険の手配につき、売主にも買主にも義務はないが、危険を負っている者が事実上負担することになる。

かが取り決められる。一見、買主にとっては、運賃や保険料を支払う必要がないCIFまたはCFR（Cost and Freight＝運賃込）が有利にみえるものの、これらの費用は売主が交渉によって売買代金に上乗せすることができるため、この点は差をもたらさない。売主と買主のいずれがより経済的で適切な運送および保険を手配できるかや、売主と買主が所在する国のいずれが安い運賃相場を有しているか等が貿易条件を決定する基準となるであろう。

さらに詳しく
インコタームズ
　実際の貿易取引ではFOB条件とCRF/CIF条件がよく使用される。たとえば、ブラジルから中国に６万トンの大豆を輸出/輸入する取引を想定しよう。FOB条件とCRF/CIF条件いずれの場合も、ブラジルの港で本船に大豆が積み込まれた時に、売主から買主に危険負担が移転する。ただし、インコタームズは危険負担の分岐点や費用負担等について定めたものであり、所有権の移転時期や契約違反に伴う罰則等の概念はない。そのため、これらの条件については、売買契約において個別に別途合意する必要がある（または準拠法に委ねられることになる）。

海事法
　上述のような船舶での貨物運送を伴う国際商取引では、イギリス法が準拠法として合意されることが多い。イギリスは伝統的な海運国であり、裁判所の判決を通じてコモン・ローが形成されていることから、紛争解決の予見可能性が一定程度あるためである。日本法では、商法における海商（第三編）の規定や国際海上物品運送法などが制定されているが、これらの法律が適用される場面は限定的である。とはいえ、法律の基本的概念や仕組は準拠法により大きく変わるものでもないので、まずは日本法をしっかり学習して身につけておくことが大切である。

2 国際海上物品運送法

【1】 適用範囲

　国際海上物品運送契約は、荷主が運送人（船会社）に物品の運送を委託し、運送人がそれを請け負うという契約である。日本では、国際海上物品運送法（以下「国際海運」という）が定められており、この法律の規定は、「船舶による物品運送で船積港又は陸揚港が本邦外にあるもの」のみに適用される（国際海運１条）。

　この法律が締結国において、国際私法を介さずに直接適用されるか否かが問題となるが、通則法７条などを介して、日本法が準拠法として指定された場合のみに適用されると解するのが多数説である。

【2】 運送人の責任

運送人は運送品の受け取りから引渡しまでの間に生じた運送品の滅失、損傷または延着について損害賠償の責任を負う(国際海運3条1項)。運送人は、「注意が尽くされたこと」を証明しなければ責任を免れることができない(国際海運4条1項)。もっとも、4条2項各号の事実があったこと、および運送品に関する損害がその事実により通常生ずべきであることを運送人が証明したときは、「注意が尽くされたこと」を証明しなかったとしても運送人は免責される(国際海運4条2項本文)。ただし、注意が尽くされたならばその損害を避けることができたにもかかわらず、その注意が尽くされなかったことを荷主が証明したときには、運送人は免責されない(国際海運4条2項ただし書)。このことから、4条2項は、運送人の過失の立証責任を荷主に転換する規定であるといえる。

他方で、運送人は航海上の過失から生じた損害については責任を負わない(国際海運3条2項)。これは、航海は高度に技術的であり、運送人としては船長や海員の技能を信頼して任せるほかないためである。したがって、原則として運送人は運送品の取扱いに関する商業上の過失についてのみ責任を負うことになる。なお、船舶における火災については、運送人に故意または過失がある場合には免責されない(国際海運3条2項括弧書)。

また、運送人が設けた免責特約については、運送人によるその濫用を防ぐ趣旨から、荷主に不利益なものは無効とされる(国際海運11条)。

これらの規定によって運送人が責任を負う場合、巨額の賠償責任から運送人を保護する趣旨から、損害賠償をすべき範囲については一定の限度が設定されている(国際海運9条、10条)。

3 モントリオール条約

【1】 適用範囲

モントリオール条約(以下「条約」という)は、航空機により行われる国際運送に適用される統一私法条約である。条約の適用がある国際運送とは、①出発地および到着地がそれぞれ異なる締約国の領域内にある運送、または、②出発地および到着地が同じ締約国の領域内にあり、かつ、予定寄港地が他国の領域にある運送をさす(条約1条2項)。

条約が直接適用されるか否かについては、条約が当事者による準拠法の指定や裁判

管轄合意を制限していることから(条約49条)、直接に適用されるとする見解が有力である。

【2】運送人の責任と裁判管轄地

　運送人は、運送中に貨物の破壊・滅失・毀損の場合における損害について無過失責任を負うが(条約18条1項)、一定の場合には免責が予定されている(同条2項)。また、運送人の責任を免除し、または、条約で定める責任限度額よりも低い限度を定める契約上の規定は、原則として無効とされる(条約26条)。

　また、条約は国際裁判管轄についての規定もおいている。これによれば、運送人の責任に関する訴えは、締結国の領域において、運送人の住所地、運送人の主たる営業所の所在地、運送人が契約を締結した営業所の所在地、到達地のいずれかから原告の選択により提起されることになる(条約33条1項)。ただし、旅客の死亡または傷害から生じた損害についての損害賠償の訴えについては、一定の場合には、事故当時に旅客が主要かつ恒常的な居住地を有していた締結国の領域内の裁判所に提起することもできることに注意が必要である(同条2項)。

5—2　条約の適用がある場合

事項索引

い

遺言……………………………………160
　——の検検………………………………161
遺言の方式に関する法律の抵触に関する
　条約（ハーグ条約）………………10,161
遺言の方式の準拠法に関する法律………161
遺言優遇の原則…………………………162
意思主義……………………107,125,138
慰謝料……………………………………131
異則主義……………………………………98
一般的権利能力……………………………51
一方的要件………………………………118
移動中または運送中の物………………100
インコタームズ…………………………206

う

ウィーン売買条約………………………202
氏の変更…………………………………131

え

FOB………………………………………206

お

親子関係の成立…………………………135

か

外交婚……………………………………121
外国仲裁判断の承認及び執行に関する
　条約（ニューヨーク条約）…………10,195
外国等に対する我が国の民事裁判権に
　関する法律……………………………193
外国判決…………………………………183
　——の執行………………………163,183
　——の承認………………………163,183
外国法………………………………………43
　——の解釈………………………………44
　——の欠缺………………………………45
　——の性質………………………………43
　——の不明………………………………45
外国法事実説………………………………43
外国法法律説………………………………43
外国離婚判決の承認……………………128
外人法…………………………………51,63
隔地的契約…………………………………70
隔地的法律行為……………………………69
隠れた反致論………………………………37
貨幣の準拠法………………………………97
為替手形及び約束手形に関し統一法を
　制定する条約……………………………4
間接管轄…………………………………185
間接指定主義…………………………39,40
間接反致………………………………33,36
間接法……………………………………2,12

き

棄権説………………………………………34
旗国法主義…………………………………99
義務履行地………………………………167
客観主義……………………………………72
強行法規の特別連結………………………3
鏡像理論…………………………………185
共通本国法…………………………………27
挙行地法主義……………………………121
近親婚……………………………………118

け

形式主義…………………………………108
契約上の債務の履行地…………………167
ゲーゲルのはしご…………………………21
血統主義………………………………26,138
ゲルマン主義……………………………138
権利能力……………………………………51

こ

合意管轄…………………………………170
行為能力……………………………………54
公序則………………………………………47
小切手に関し統一法を制定する条約………4
国際海上物品運送契約……………………208
国際(公)法…………………………………2
国際裁判管轄…………………52,128,163
国際裁判管轄権……………………………164
国際私法……………………………………1
　──の消極的抵触………………………31
　──の積極的抵触………………………31
国際司法共助………………………………181
国際私法自体説(国際私法独自説)……13,14
国際商事仲裁…………………………163,195
国際的訴訟競合……………………………182
国際的な子の奪取の民事上の側面に関する
　条約………………………………………197
国際的な子の奪取の民事上の側面に関する
　条約の実施に関する法律………………197
国際取引……………………………………201
国際物品売買契約に関する国際連合条約
　……………………………………………201
国籍…………………………………………25
　──の確定………………………………25
　──の消極的抵触(無国籍)……………26
　──の積極的抵触(重国籍)……………26
国籍主義……………………………………24
戸籍…………………………………………153
国家及び国家財産の裁判権免除に関する
　国際連合条約……………………………193
子に対する扶養義務の準拠法に関する条約
　…………………………………………10,149
子の氏………………………………………153
個別準拠法…………………………………108
個別準拠法は総括準拠法を破る
　…………………………………108,126,156
個別的権利能力……………………………51
個別労働関係民事紛争事件………………170
婚姻

──の形式的成立要件(方式)…………116
──の効力…………………………………116
──の財産的効力(夫婦財産制)………124
──の実質的成立要件……………………117
──の成立要件……………………………116
──の身分的効力…………………………122
婚姻挙行地法主義…………………………121
婚約…………………………………………127

さ

最近似法適用説……………………………45
債権者代位権………………………………94
債権者取消権………………………………95
債権譲渡……………………………………92
債権の消滅時効……………………………97
債権の法律による移転……………………91
財産関係事件の国際裁判管轄……………164
財産的法律行為……………………………54
再致…………………………………………32
再転致(再々致)……………………………32
裁判権免除…………………………………193
裁判離婚主義………………………………129
最密接関係地法………………7,124,133
債務引受……………………………………94
三面的債権関係……………………………90
　──の問題………………………………96

し

CISG………………………………………201
CIF ……………………………………206,208
CFR ………………………………………208
時間的不統一法国…………………………40
事業活動地…………………………………168
時際法………………………………………40
事実主義……………………………………138
実質的再審査の禁止………………………184
実質法…………………………………………2,12
実親子関係…………………………………135
失踪宣告制度………………………………52
実体的公序…………………………………187
実体法………………………………………163

指定概念⋯⋯⋯⋯⋯⋯⋯⋯⋯13
事務管理地法主義⋯⋯⋯⋯⋯⋯87
事務所・営業所所在地⋯⋯167
氏名⋯⋯⋯⋯⋯⋯⋯⋯⋯⋯⋯152
氏名権説⋯⋯⋯⋯⋯⋯⋯⋯⋯153
氏名公法理論⋯⋯⋯⋯⋯⋯⋯153
重婚⋯⋯⋯⋯⋯⋯⋯⋯⋯⋯⋯118
住所主義⋯⋯⋯⋯⋯⋯⋯⋯⋯24
住所地法主義⋯⋯⋯⋯⋯⋯⋯24
主観主義⋯⋯⋯⋯⋯⋯⋯⋯⋯72
準拠法説⋯⋯⋯⋯⋯⋯⋯⋯⋯14
準国際私法⋯⋯⋯⋯⋯⋯⋯⋯38
準正⋯⋯⋯⋯⋯⋯⋯⋯⋯⋯⋯140
渉外的法律関係⋯⋯⋯⋯⋯⋯2
常居所⋯⋯⋯⋯⋯⋯⋯⋯25,28
承継主義⋯⋯⋯⋯⋯⋯⋯⋯⋯155
承認予測説⋯⋯⋯⋯⋯⋯⋯⋯182
消費者契約⋯⋯⋯⋯⋯⋯⋯⋯78
消費者契約事件⋯⋯⋯⋯⋯169
条理説⋯⋯⋯⋯⋯⋯⋯⋯⋯⋯45
所在地の変更⋯⋯⋯⋯⋯⋯⋯105
親権者の指定⋯⋯⋯⋯⋯⋯⋯132
人際私法⋯⋯⋯⋯⋯⋯⋯⋯⋯40
人的不統一法国⋯⋯⋯⋯38,40

せ

請求棄却説⋯⋯⋯⋯⋯⋯⋯⋯45
制限免除主義⋯⋯⋯⋯⋯⋯⋯193
清算主義⋯⋯⋯⋯⋯⋯⋯⋯⋯155
生産物責任(製造物責任)⋯⋯83
　――の特例⋯⋯⋯⋯⋯⋯⋯83
生地主義⋯⋯⋯⋯⋯⋯⋯⋯⋯26
成年擬制⋯⋯⋯⋯⋯⋯⋯⋯⋯122
成年後見⋯⋯⋯⋯⋯⋯⋯⋯⋯58
セーフガード条項⋯⋯139,142
絶対的強行法規⋯⋯⋯⋯⋯⋯3
絶対的免除主義⋯⋯⋯⋯⋯193
折衷主義⋯⋯⋯⋯⋯⋯⋯⋯⋯82
折衷説⋯⋯⋯⋯⋯⋯⋯⋯⋯⋯16
設立準拠法説⋯⋯⋯⋯⋯⋯⋯61
先決問題⋯⋯⋯⋯⋯⋯⋯⋯⋯16

先占説・国家主権説⋯⋯⋯⋯159
専属管轄⋯⋯⋯⋯⋯⋯⋯⋯⋯170
選択的連結⋯⋯⋯⋯⋯⋯21,139

そ

総括財産⋯⋯⋯⋯⋯⋯⋯⋯⋯126
総括指定説⋯⋯⋯⋯⋯⋯⋯⋯34
総括準拠法⋯⋯⋯⋯⋯⋯⋯⋯108
相姦婚⋯⋯⋯⋯⋯⋯⋯⋯⋯⋯118
相互の保証⋯⋯⋯⋯⋯⋯⋯⋯191
相殺⋯⋯⋯⋯⋯⋯⋯⋯⋯⋯⋯96
相続財産
　――の移転⋯⋯⋯⋯⋯⋯⋯156
　――の管理⋯⋯⋯⋯⋯⋯⋯158
　――の構成⋯⋯⋯⋯⋯⋯⋯156
相続説⋯⋯⋯⋯⋯⋯⋯⋯⋯⋯159
相続統一主義⋯⋯⋯⋯⋯⋯⋯155
相続人の不存在⋯⋯⋯⋯⋯159
相続分割主義⋯⋯⋯⋯⋯⋯⋯155
相対的強行法規⋯⋯⋯⋯⋯⋯3
送達条約⋯⋯⋯⋯⋯⋯⋯⋯⋯186
双方の要件⋯⋯⋯⋯⋯⋯⋯⋯118
属人法⋯⋯⋯⋯⋯⋯⋯⋯⋯⋯24
属人法主義⋯⋯⋯⋯⋯⋯⋯⋯117
属地主義の原則⋯⋯⋯⋯⋯111
訴訟手続⋯⋯⋯⋯⋯⋯⋯⋯⋯163
訴訟能力⋯⋯⋯⋯⋯⋯⋯⋯⋯178

た

第三者の訴訟担当⋯⋯⋯⋯⋯179
代用給付権⋯⋯⋯⋯⋯⋯⋯⋯97
代理⋯⋯⋯⋯⋯⋯⋯⋯⋯⋯⋯64
択一的連結⋯⋯⋯⋯⋯⋯⋯⋯21
卓床離婚⋯⋯⋯⋯⋯⋯⋯⋯⋯134
多数法国⋯⋯⋯⋯⋯⋯⋯⋯⋯38
単位法律概念⋯⋯⋯⋯⋯⋯⋯13
単位法律関係⋯⋯⋯⋯⋯11,13
段階的連結⋯⋯⋯⋯⋯⋯⋯⋯21
担保物権⋯⋯⋯⋯⋯⋯⋯⋯⋯101

ち

地域的不統一法国······························38
チサダネ号事件判決··························171
嫡出親子関係································135
嫡出推定····································136
嫡出制度····································135
嫡出否認····································136
仲裁··195
調整問題·····································18
調停離婚····································129
懲罰的損害賠償······························187
直接管轄····································185
直接指定主義·································39
直接郵便送達·································186

て

抵触規則(法選択規則)·························12
抵触規則目的説································15
抵触法··2
適応問題·····································17
手続的公序·······················186,187,190
手続は法廷地法による··························163
手続法······································163
転致(再致)···································32

と

同一常居所地法···························123,132
同一本国法····································27
動産・不動産区別主義··························98
動産・不動産統一主義··························98
当事者自治の原則······························72
当事者適格··································179
当事者能力··································178
同則主義·····································98
特徴的給付···································76
特別縁故者制度·······························159
特別の事情による訴えの却下····················172
特別養子縁組制度····························141
ドミサイル····································25

な

内縁··127
内外人平等主義·······························63
内外判決の抵触······························182
内外法平等····································7
内国関連性···································48
内国取引保護·································126
内国取引保護主義······························56
内国法適用説·································45
難民··27
難民の地位に関する条約····················10,27

に

逃げ帰り離婚································133
二重反致··································34,37
日常家事債務································123
日本人条項······························129,132
任意代理·····································65
任意的訴訟担当·······························179
任意的連結···································21
任意法規······································3
認知主義····································138

の

能動的消費者·································79

は

ハーグ国際私法会議····························10
配分的適用··································118
配分的連結···································21
場所は行為を支配する·······················69,147
反致······································11,31
反致主義·····································32
反致否認主義·································32
反致否認論···································34

ひ

比較衡量説··································182
比較法説·····································14
被告住所地原則···························167,174

非嫡出親子関係……………………135,138
表見代理……………………………………67

ふ

ファミリー事件最高裁判決………………164
夫婦財産契約………………………………126
　──の方式………………………………124
夫婦財産制の清算…………………………131
夫婦の氏……………………………122,152
夫婦の貞操義務……………………………123
夫婦の同一本国法…………………123,132
夫婦の同居義務……………………………123
不統一法国…………………………………38
不統一法国法の指定………………………11
不当利得地法主義…………………………88
不変更主義…………………………………22
不法行為……………………………………81
不法行為地…………………………………168
不法行為地法主義…………………………82
父母両系血統主義…………………………26
扶養…………………………………………149
扶養義務の準拠法に関する条約…………149
扶養義務の準拠法に関する法律
　……………………………123,149,150
分割指定……………………………………74
分裂国家……………………………………41

へ

変更主義……………………………22,125,132

ほ

法人格否認の法理…………………………62
法人の従属法………………………………61
法性決定問題………………………………13
法定代位……………………………………91
法定代理……………………………………65
法定担保物権………………………………102
法廷地………………………………………3
法廷地漁り…………………………………32
法廷地国際私法説(先決問題否定説)………16
法廷地(実質)法説…………………14,178

法廷別居……………………………………134
法適用規範…………………………………12
法の適用に関する通則法……………………9
法律回避……………………………………29
法律関係の性質決定………………………11
　──の問題………………………………13
法律行為の方式……………………………68
法例…………………………………………9
保護国法……………………………………111
保護条項(セーフガード条項)………139,142
保佐…………………………………………58
補充的連結…………………………………21
補充的連結説………………………………46
補助…………………………………………58
本拠地法説…………………………………61
本国訴訟法説………………………………179
本国法主義………………………………24,28
本問題………………………………………16
本問題準拠法所属国国際私法説…………16
本問題準拠法説……………………………16

ま

マレーシア航空事件最高裁判決…………164

み

未承認国法…………………………………41
身分的法律行為……………………………54
民事裁判権法………………………………193
民事訴訟手続に関する条約(民訴条約)………181
民事訴訟法及び民事保全法の一部を
　改正する法律……………………………164
民事又は商事に関する裁判上及び裁判外
　の文書の外国における送達及び告知に
　関する条約(送達条約)…………………181

む

無記名債権…………………………………94
無権代理……………………………………67

も

もっとも密接な関係を有する地の法………7

モントリオール条約……………………209

や

約定担保物権……………………………102

よ

養子縁組………………………………141
　契約型――……………………………141
　決定型――……………………………141
　――の形式的成立要件………………143
　――の実質的成立要件………………141
養親子関係……………………………135
　――の最密接関係地法………………142

り

離縁………………………………………143

領事婚……………………………………121
両性平等…………………………………123

る

累積的適用…………………………86,118
累積的連結………………………………20

れ

連結概念の確定…………………………22
連結素……………………………………20
連結点…………………………………11,20
連結方法…………………………………20

ろ

労働契約…………………………………79
ローマ主義………………………………138

判例索引

〜昭和29年

大決昭 3 ·12·28民集 7 -1128 ··· 193

昭和30〜39年

京都地判昭31· 7 · 7 下民 7 - 7 -1784 ······························· 41

神戸地決昭34· 9 · 2 下民10- 9 -1849〔百選22事件〕 ········· 66,67

大阪地判昭35· 4 ·12下民11- 4 -817 ···························· 23,44

東京地判昭35· 8 · 9 下民11- 8 -1647 ··························· 179

最判昭36·12·27家月14- 4 -177〔百選53事件〕 ·············· 127

東京地判昭37· 7 ·20下民13- 7 -1482 ··························· 94

最大判昭39· 3 ·25民集18- 3 -486〔百選86事件〕 ············ 173

昭和40〜49年

東京家審昭41· 9 ·26家月19- 5 -112〔百選69事件〕 ········ 158,160

東京地判昭42· 7 ·11判タ210-206 ································· 93

徳島地判昭44·12·16判タ254-209 ································ 97

最判昭45·11·11民集24-12-1854 ································· 180

秋田地決昭46· 1 ·23下民22- 1 = 2 -52 ······················ 105,106

東京高判昭49·12·20高民27- 7 -989 ···························· 179

昭和50〜59年

最判昭50· 6 ·27家月28- 4 -83 ···································· 49

最判昭50·11·28民集29-10-1554〔百選81事件〕チサダネ号事件 ··· 171

最判昭52· 3 ·31民集31- 2 -365 ··································· 49

大阪地判昭52·12·22判タ361-127〔百選103事件〕 ············· 190

最判昭53· 4 ·20民集32- 3 -616〔百選37事件〕 ········ 74,76,102,103

東京高判昭54· 7 · 3 高民32- 2 -126 ···························· 37

神戸地判昭54·11· 5 判時948-91 ······························ 49,50

最判昭56· 7 · 2 民集35- 5 -881 ·································· 47

最判昭56·10·16民集35- 7 -1224〔百選76事件〕マレーシア航空事件 ····· 164,165

最判昭58· 6 · 7 民集37- 5 -611〔百選98事件〕 ··············· 191

最判昭59· 7 ·20民集38- 8 -1051〔百選13事件〕 ·············· 49

昭和60〜63年

最判昭60· 2 ·26家月37- 6 -25 ···································· 184

徳島家審昭60· 8 · 5 家月38- 1 -146 ···························· 37

大阪地判昭62· 2 ·27判時1263-32〔百選67事件〕 ············ 157,160

平成元〜 9 年

横浜地判平元・3 ·24家月42-12-37···················· 190,191
東京地判平 2 · 3 ·26金融·商事判例857-39 ····················· 187
東京地判平 2 ·11·28判時1384-71 ···················15,144
水戸家審平 3 · 3 · 4 家月45-12-57〔百選 4 事件〕 ········· 132,133
東京地判平 3 · 3 ·29家月45- 3 -67〔百選10事件〕··············49
横浜家審平 3 · 5 ·14家月43-10-48〔百選50事件〕·················· 130
東京地判平 3 · 8 ·27判時1425-100················· 179,180
横浜地判平 3 ·10·31家月44-12-105 ···················15
盛岡家審平 3 ·12·16家月44- 9 -89················· 142
名古屋高判平 4 · 1 ·29家月48-10-151 ···················· 117
東京高判平 5 ·11·15高民46- 3 -98〔百選95事件〕·················· 188
神戸地判平 6 · 2 ·22家月47- 4 -60··················· 131
最判平 6 · 3 · 8 民集48- 3 -835〔百選 1 事件〕···················· 157
最判平 6 · 3 · 8 家月46- 8 -59〔百選 6 事件〕··················36
名古屋家審平 6 · 3 ·25家月47- 3 -79〔百選70事件〕···················· 159
松山地判平 6 ·11· 8 判時1549-109〔百選24事件〕··················99
東京家審平 7 ·10· 9 家月48- 3 -69··················· 144
最判平 8 · 6 ·24民集50- 7 -1451〔百選87事件〕··················· 173
最判平 9 · 7 ·11民集51- 6 -2573〔百選96事件〕··········· 187,188
最判平 9 · 9 · 4 民集51- 8 -3657〔百選106事件〕 ···················· 195
最判平 9 ·11·11民集51-10-4055〔百選83事件〕ファミリー事件·············· 164,165,166

平成10〜19年

水戸家審平10· 1 ·12家月50- 7 -100〔百選55事件〕·········· 136
最判平10· 3 ·12民集52- 2 -342 ···················49
最判平10· 4 ·28民集52- 3 -853〔百選94事件〕 ·········· 185,186,187
横浜地判平10· 5 ·29判タ1002-249〔百選 8 事件〕·················39
最判平12· 1 ·27民集54- 1 - 1 〔百選 2 ·54事件〕···················· 16,17,137
東京地判平13· 5 ·28判タ1093-174··················74
東京地判平13· 5 ·31民集57- 6 -655 ·················· 158,160
最判平13· 6 · 8 民集55- 4 -727〔百選79事件〕 ·················· 169
最判平14· 9 ·26民集56- 7 -1551〔百選41事件〕·················· 111,113
最判平14·10·29民集56- 8 -1964〔百選23事件〕··················99
最判平18· 7 ·21民集60- 6 -2542〔百選75事件〕 ·················· 193
最判平18·10·17民集60- 8 -2853〔百選42事件〕················· 112
最決平19· 3 ·23民集61- 2 -619〔百選57事件〕 ·················· 189

平成20年〜

青森家十和田支審平20· 3 ·28家月60-12-63〔百選 7 事件〕·················37
知財高判平20·12·24民集65- 9 -3363··················· 113

熊本家審平22・7・6判例集未登載 ··· 49
東京地判平23・6・7判タ1368-233〔百選3事件〕 ························· 42
東京地判平25・12・25〔百選77事件〕 ····································· 167
水戸地判平26・3・20判時2236-135〔百選25事件〕 ··········· 80,102,103
最判平26・4・24民集68-4-329〔百選92事件〕 ·················· 168,185
大阪高判平26・5・9判時2231-53〔百選11事件〕 ······················· 49
東京地判平26・7・8判タ1415-283〔百選68事件〕 ···················· 157
名古屋家豊橋支審平26・7・17判タ1420-396〔百選58事件〕 ········· 142
東京高判平27・11・25〔百選99事件〕 ····································· 191
最判平28・3・10民集70-3-846〔百選84事件〕 ························· 172
大阪地堺支判平28・3・17〔百選78事件〕 ································· 168
東京地判平28・9・26〔百選31事件〕 ·· 80
東京地判平28・9・28裁判所ウェブサイト ································· 113
大阪高判平28・11・18判時2329-45〔百選47事件〕 ···················· 117
東京地判平28・11・30判タ1438-186〔百選36事件〕 ···················· 84
水戸家判平28・12・16判タ1439-251〔百選45事件〕 ··················· 117
東京高決平29・5・19家判12-58〔百選61事件〕 ························ 144
東京高判平29・6・29自保ジャーナル2006-85〔百選20事件〕 ·········· 62
最決平29・12・21判時2372-16〔百選62事件〕 ·························· 199
東京高判平30・1・16〔百選34事件〕 ·· 82
最判平30・3・15民集72-1-17〔百選63事件〕 ························· 200
東京地判平30・3・26金融・商事判例1596-17〔百選15事件〕 ············· 4
東京高決平30・4・19判時2403-58〔百選64事件〕 ····················· 149
東京地判平30・10・25〔百選26事件〕 ·· 75
東京高判平31・1・16判時2433-70〔百選33事件〕 ····················· 89
東京家判平31・1・17家判22-121〔百選51事件〕 ······················ 130
最判平31・1・18民集73-1-1〔百選97事件〕 ·························· 191
東京地判令元・8・27〔百選28事件〕 ·· 77

♠伊藤　真（いとう　まこと）

　1981年、大学在学中に1年半の受験勉強で司法試験に短期合格。同時に司法試験受験指導を開始する。1982年、東京大学法学部卒業。1984年、弁護士として活動しつつ受験指導を続け、法律の体系や全体構造を重視した学習方法を構築し、短期合格者の輩出数、全国ナンバー1の実績を不動のものとする。

　1995年、憲法の理念をできるだけ多くの人々に伝えたいとの思いのもとに15年間培った受験指導のキャリアを活かし、伊藤メソッドの司法試験塾をスタートする。

　現在は、予備試験を含む司法試験や法科大学院入試のみならず、法律科目のある資格試験や公務員試験をめざす人たちの受験指導をしつつ、「一人一票実現国民会議」および「安保法制違憲訴訟」の発起人となり、弁護士として社会的問題にも積極的に取り組んでいる。

　「伊藤真試験対策講座」〔全15巻〕（弘文堂刊）は、伊藤メソッドを駆使した本格的テキストとして多くの読者に愛用されている。本講座は、実務法律を対象とした、その姉妹編である。
（一人一票実現国民会議URL:https://www2.ippyo.org/）

伊藤塾
〒150-0031　東京都渋谷区桜丘町17- 5　03(3780)1717
https://www. itojuku. co. jp

国際私法［第 4 版］【伊藤真実務法律基礎講座 4 】

2004（平成16）年12月30日　初版 1 刷発行
2006（平成18）年12月15日　第 2 版 1 刷発行
2013（平成25）年 1 月30日　第 3 版 1 刷発行
2022（令和 4 ）年 2 月15日　第 4 版 1 刷発行

監修者　伊　藤　　真
著 者　伊　藤　塾
発行者　鯉　渕　友　南
発行所　㈱ 弘　文　堂　　101-0062 東京都千代田区神田駿河台 1 の 7
　　　　　　　　　　　　　TEL 03(3294)4801　　振替 00120-6-53909
　　　　　　　　　　　　　https://www. koubundou. co. jp
装　丁　笠井亞子
印　刷　三美印刷
製　本　井上製本所

ISBN978-4-335-31289-2

伊藤真実務法律基礎講座

伊藤メソッドで実務法律を学ぼう！「伊藤真試験対策講座」の実務法律版。
実務に役立つ各法律の全体像とどうしても知っておきたい基礎知識を短時間
でマスターできるコンパクトなテキスト。実務に必要な重要論点・法律問題
をピックアップし、法的問題に取り組むための基本的な考え方を示す通説・
判例をすっきり整理。実務で起こる具体的な紛争を解決するための基礎力が
身につく、実務法律を初めて学ぶ人に最適のシリーズ！

- ➍「伊藤真試験対策講座」の実務法律版。
- ➍ 実務法律を初心者にもわかりやすく解説。
- ➍ 実務で起こる様々な紛争を解決するための基礎力を養成。
- ➍ 実務法律の全体像を短時間でマスター可能。
- ➍ 実務に必要な基礎知識を網羅。
- ➍ 図表の多用・2色刷によるビジュアルな構成。
- ➍ 具体的な事例と判例を重視した内容。
- ➍ 各種試験を突破して実務の世界にいままさに入ろうとしている人、
  実務家として走り出したばかりの人、
  企業の法務部や現場で実務法律と格闘しているビジネスパーソン、
  さらに、各種資格試験のみならず大学の学部試験対策にも最適。

労働法[第4版]	2400円
倒産法[第2版]	2100円
知的財産法[第5版]	2000円
国際私法[第4版]	2400円
民事執行法・民事保全法	2500円
経済法[第2版]	2100円
国際公法	2200円

(以下、随時続刊)

弘 文 堂

＊価格(税別)は2022年2月現在

伊藤真試験対策講座

論点ブロックカード・フローチャートなど司法試験受験界を一新する勉強法を次々と考案し、導入した伊藤真が、全国の受験生・法学部生・法科大学院生に贈る、初めての本格的な書き下ろしテキスト。伊藤メソッドによる「現代版基本書」！

- ●論点ブロックカードで、答案の書き方が学べる。
- ●フローチャートで、論理の流れがつかめる。
- ●図表・2色刷りによるビジュアル化。
- ●試験に必要な重要論点をすべて網羅。
- ●短期集中学習のための効率的な勉強法を満載。
- ●司法試験をはじめ公務員試験、公認会計士試験、司法書士試験に、そして、大学の期末試験対策にも最適。

憲法[第3版]	4200円
行政法[第4版]	3300円
刑法総論[第4版]	4000円
刑法各論[第5版]	4000円
スタートアップ民法・民法総則	3700円
物権法[第4版]	2800円
債権総論[第4版]	3400円
債権各論[第4版]	4400円
親族・相続[第4版]	3500円
商法〔総則・商行為〕・手形法小切手法[第3版]	4000円
会社法[第3版]	4000円
刑事訴訟法[第5版]	4200円
民事訴訟法[第3版]	3900円
労働法[第4版]	3800円
倒産法[第2版]	3500円

弘文堂

＊価格（税別）は2022年2月現在

伊藤塾呉明植基礎本シリーズ

愛弟子の呉明植が「伊藤真試験対策講座」の姉妹シリーズを刊行した。切れ味鋭い講義と同様に、必要なことに絞った内容で分かりやすい。どんな試験でも通用する盤石な基礎を固めるには最適である。 伊藤塾塾長 **伊藤 真**

- ▶どこへいっても通用する盤石な基礎を固める入門書
- ▶必要不可欠かつ必要十分な法的常識が身につく
- ▶各種資格試験対策として必要となる論点をすべて網羅
- ▶一貫して判例・通説の立場で解説
- ▶シンプルでわかりやすい記述
- ▶つまずきやすいポイントをライブ講義感覚でやさしく詳説
- ▶書き下ろし論証パターンを巻末に掲載
- ▶書くためのトレーニングもできる
- ▶論点・項目の重要度がわかるランク付け
- ▶初学者および学習上の壁にぶつかっている中級者に最適

憲法	3000円
民法総則［第2版］	3000円
物権法・担保物権法	2500円
債権総論	2200円
債権各論	2400円
親族・相続	
刑法総論［第3版］	2800円
刑法各論［第3版］	3000円
商法(総則・商行為)・手形法小切手法	
会社法	
民事訴訟法	
刑事訴訟法［第3版］	3900円

弘文堂

＊価格(税別)は2022年2月現在